장벽의 시대

사진 저작권

20-21쪽: iStock.com/real444, 58-59쪽: Herika Martinez/AFP/Getty Images, 102-103
쪽: iStock.com/Joel Carillet, 140-141쪽: Ahmad Al-Rubaye/Stringer/Getty Images,
170-171쪽: STRDEL/AFP/Getty Images, 210-211쪽: Stefano Montesi/Corbis News/
Getty Images, 246-247쪽: The Washington Post/Getty Images, 292-293쪽: Dan Kit-
wood/Getty Images

지도: JP Map Graphics Ltd

지도 자료

33쪽과 38쪽: The Economist/2010 China census, 68쪽: Openstreetmap.org, 87쪽: Pew
Research Center, 149쪽과 152쪽: CRS, Pew Research Center, CIA World Factbook,
187쪽: Diercke International Atlas, 224쪽: John Bartholomew & Co, 313쪽: BBC.

장벽의 시대

초연결의 시대,
장벽이 세상을 바꾸고 있다

팀 마샬 지음 | 이병철 옮김

바다출판사

내 어머니 마거릿 맥도널드와
다리를 세우는 데 보낸 삶에 바친다.

일러두기

1. 인명, 지명을 비롯한 외래어는 국립국어원의 외래어표기법을 따랐으나 몇몇 경우 일상
   적으로 널리 쓰이는 용례가 있으면 이를 참고하였다.
2. 단행본과 정기간행물 등은 겹꺽쇠(《 》)로 표기했으며, 논문·기사·단편·시·장절 등의
   제목은 홑꺽쇠(〈 〉)로 표기했다.
3. 본문의 각주는 내용의 이해를 돕기 위해 옮긴이가 붙인 것이다.

이 책이 한국에서 출판되어 영광입니다. 한국어로 번역된 외국 저작은 점점 늘어나고 있으며, 이 책이 그중 하나라는 사실은 현대의 한국이 얼마나 외부에 열려 있는지, 그리고 서로 연결된 우리 세계의 나라들 가운데 어떤 위상을 차지하고 있는지를 보여줍니다.

아시아는 21세기를 이끌어갈 '신흥 도시boom town'입니다. 아시아의 정치와 그 지역에서 전개되고 있는 기술 혁신은 우리 시대를 형성하고, 다음과 같은 몇 가지 핵심적인 질문에 답하는 데 도움을 줄 것입니다. 한미 동맹은 미국의 고립주의 시대를 견뎌낼 수 있는가? 한국인들이 태평양 시대에 맞춰 21세기의 분열을 극복할 수 있는가? 인공지능은 우리를 통합하는 데 사용될 것인가, 아니면 분열하는 데 사용될 것인가?

이 책의 주제는 우리 시대의 많은 민족과 국가의 현실을 반영하지만, 시간이 흐르면서 이 분열을 극복할 수 있음도 보여줍니다. 한반도에서도 그렇게 될 것입니다.

팀 마샬
2020년 봄

무리짓기와 경계의 본능

이스라엘과 서안지구를 가로막는 장벽은 세계에서 가장 소름 끼치고 적의에 찬 구조물 중 하나다. 가까이에서 보면, 어느 쪽에 있든 보는 사람을 짓누르고 제압하면서 우뚝 솟아 있다. 아무런 장식도 없는 거대한 철골과 콘크리트를 마주하면 그 규모뿐 아니라 그것이 상징하는 것 때문에 움츠러든다. 당신은 한편에 있고, '그들은' 다른 편에 있다.

30년 전에 개방성과 국제주의의 새로운 시대를 예고하기라도 하듯 장벽 하나가 무너졌다. 1987년에 로널드 레이건 대통령은 분단된 베를린의 브란덴부르크 문으로 가서 소련의 최고 지도자에게 이렇게 요구했다. "미스터 고르바초프. 이 장벽을 부숴버려요!" 2년 후 장벽은 무너졌다. 베를린, 독일 그리고 그다음에는 유럽이 다시 한번 통합되었다. 의기양양했던 그 시절, 몇몇 지식인은 역사의 종언을 예언했다. 그러나 역사는 끝나지 않는다.

근래에 "이 장벽을 부숴버려요"라는 외침은 '요새 정신fortress mentality'과의 논쟁에서 지고 있다. 그 외침은 귀 기울여달라고 힘겹게 호소하지만, 엄청난 규모의 대량 이주, 지구화에 대한 반발, 민족주의nationalism의 부활, 공산주의의 몰락 그리고 9·11 테러와 그 후유증에 맞서기에는 역부족이다. 이것들이 다가올 수년간 우리 세계의 형태를 만들어낼 단층선이다.

우리는 이스라엘의 장벽, 미국-멕시코 장벽, 그리고 유럽의 몇몇 장벽에 관해 많은 이야기를 듣는다. 하지만 많은 사람이 깨닫지 못하는 것은 장벽이 어디서나 국경선을 따라서 세워지고 있다는 점이다. 우리 대부분이 눈치채지도 못한 사이 시멘트가 발라지고 콘크리트가 깔리는 것은 세계적인 현상이다. 수천 킬로미터의 장벽과 담장이 21세기의 세계 곳곳에 세워졌다. 적어도 65개 나라가, 전 세계 국민국가의 3분의 1 이상이 국경선을 따라 장애물을 설치했다. 제2차 세계대전 이후 세워진 것 중 절반은 2000년 이후에 생겨났다.

유럽에만 한정해도 최근 몇 년 안에 냉전의 절정기보다 더 많은 장벽, 담장, 장애물이 들어서게 될 것이다. 그것들은 그리스와 마케도니아를, 마케도니아와 세르비아를, 그리고 세르비아와 헝가리를 분리하면서 시작되었고, 우리가 길게 뻗은 철조망에 덜 놀라게 되었을 때, 다른 나라들도 선례를 따랐다. 슬로베니아는 크로아티아와의 국경선에 철책을 세웠고, 오스트리아는 슬로베니아에 대해 울타리를 쳤고, 스웨덴은 덴마크에서 넘어오는 불법 이민자들을 막기 위해 장애물을 설치했고, 에스토니아, 라트비아, 리투아니아는 모두 러시아 국경선에 방어 요새들을 짓기 시작했다.

유럽만 그런 것은 분명 아니다. 아랍에미리트(UAE)는 오만과의 국경선을 따라 울타리를 쳤고, 쿠웨이트도 이라크와의 국경선에 똑같이 했다. 이라크와 이란은 물리적인 분리를 유지하며, 이란과 파키스탄의 국경선 700킬로미터 전부도 그렇다. 중앙아시아의 우즈베키스탄은 육지에 둘러싸여 있음에도 이웃한 다섯 나라인 아프가니스탄, 타지키스탄, 카자흐스탄, 투르크메니스탄, 키르기스스탄으로부터 자신을 차단했다. 타지키스탄과의 국경에는 심지어 지뢰를 매설했다. 브루나이와 말레이시아, 말레이시아와 태국, 파키스탄과 인도, 인도와 방글라데시, 중국과 북한, 남한과 북한 등 전 세계를 분리하는 장애물에 대한 이야기는 계속된다.

이 장벽들은 국제 정치에 관해 많은 것을 이야기하지만, 그것들이 표현하는 열망은 그것들이 자리한 국민국가의 경계를 뛰어넘는다. 유럽 전역에서 세워지는 장벽의 일차적인 목적은 이민자들의 물결을 멈추는 것이지만, 장벽은 또한 유럽연합European Union(EU)의 구조 안에, 그리고 그 회원국들 내부의 더 광범위한 분리와 불안정성에 관해 많은 것을 말해준다. 도널드 트럼프Donald Trump 대통령이 제안한 미국-멕시코 국경 장벽은 이민자의 유입을 막기 위한 것이지만, 또한 그를 지지하는 많은 사람들이 변화하는 인구통계에 느끼는 광범위한 공포를 이용하는 것이기도 하다.

분리는 모든 수준—개인적, 지역적, 국가적, 국제적 수준—에서 정치를 만들어낸다. 모든 이야기는 양면성을 띠며, 모든 장벽도 그러하다. 오늘날 세계에서 어떤 일이 벌어지고 있는지를 이해하려면 무엇이 우리를 나누었고, 무엇이 계속해서 그렇게 하는지를 깨달아야 한다.

．．．

스탠리 큐브릭Stanley Kubrick의 1968년 공상과학 걸작 〈2001: 스페이스 오디세이〉의 첫 장을 떠올려보라. '인간의 여명'이라는 제목이 붙은 장이다. 선사시대의 아프리카 사바나에서 작은 무리의 원시인/유인원이 평화롭게 물을 마시고 있을 때 또 다른 무리가 나타난다. 그들은 자기 집단과 나누어 먹을 때는 아주 행복하지만, '다른' 무리와는 그렇지 못하다. 떠들썩한 싸움은 새로운 집단이 물웅덩이를 차지하는 데 성공하는 것으로 끝난다. 이 지점에서 만일 새로 등장한 자들이 벽돌을 만들고 시멘트 같은 것을 혼합할 줄 알았더라면 그들은 장벽을 세워 새로운 재산을 보호할 수 있었을 것이다. 그러나 이것이 몇백만 년 전의 상황이라는 점을 생각한다면, 그들은 며칠이 지난 후 처음의 무리가 자기 영역을 탈환하기 위해 전쟁을 준비하고서 돌아올 때 다시 끝까지 싸워야만 한다.

우리는 언제나 우리의 공간을 좋아했다. 무리를 이루고, 수많은 외부자에 경계심을 느끼고, 인지된 위험에 반응을 보이는 것은 매우 인간적인 것이다. 우리는 생존만이 아니라 사회적 결속을 위해서도 중요한 유대관계를 형성한다. 우리는 집단 정체성을 발전시키는데, 이것은 종종 다른 집단과 갈등을 빚기도 한다. 우리 집단들은 자원을 위해 경쟁하지만, 정체성 갈등의 요소도 있다. '우리와 그들'의 서사가 그것이다.

초기 인류사에서 우리는 수렵-채집인이었다. 우리는 정주하지 않았고 남들이 탐낼 만한 영구적이고 고정적인 자원들을 획득하지도 못했다. 그러다가 지금 우리가 터키와 중동이라고 부르는 지역에서 인간들은 농경을 시작했다. 먹을거리를 찾고 가축을 방목하기 위해 넓은 지역을 떠도는 대신에, 그들은 밭을 일구고 결실을 기다렸다. 갑자기 (진화의 맥락에서) 우리 중 더욱더 많은 사람이 장애물을 세워야 할 필요를 느꼈다. 우리 자신과 가축을 보호하기 위한 장벽과 지붕, 우리 영토를 표시하기 위한 담장, 침탈당한 영토를 되찾기 위한 요새, 그리고 새로운 체제를 보호하기 위한 수비대가 그것이다. 그런 장벽들은 기능적이었고 종종 잘 작동했다.

장벽의 시대가 우리에게 도래했고 이 거대한 요새들은 그 후 우리의 상상력을 사로잡았다. 우리는 여전히 서로에게 트로이, 예리코, 바빌론의 장벽들, 중국의 만리장성, 그레이트 짐바브웨의 성벽, 하드리아누스의 장벽, 페루의 잉카 성벽, 콘스탄티노플과 다른 많은 곳의 장벽에 대해 이야기한다. 계속해서 그 장벽들은 시간, 지역, 문화를 관통하여 현재까지 뻗어간다. 하지만 이제 장벽들에는 전기가 흐르고, 꼭대기에는 탐조등과 CCTV가 갖추어져 있다.

그러나 이러한 물리적인 분리는 정신적인 분리―우리 문명을 인도했고 우리에게 정체성과 소속감을 부여한 위대한 관념들―에도 반영된다. 가령 기독교의 대분열, 수니파와 시아파의 분열, 그리고 좀더 최근의 역사에서 보이는 공산주의, 파시즘, 민주주의 간의 싸움이 그것이다.

2005년에 나온 토머스 프리드먼Thomas Friedman의 《세계는 평평하다The World is Flat》는 세계화가 불가피하게 우리를 서로 더 가깝게 해줄 것이라는 믿음에 바탕을 두었다. 세계화는 국제무역을 증대시켰다. 당신이 마우스를 클릭하면 상하이의 누군가가 어떤 것을 상자에 담아 당신에게 보내줄 수 있다. 하지만 그것이 반드시 통합은 아니다. 세계화는 또한 장벽을 쌓도록 우리를 부추겼다. 특히 돈이 고갈되었던 2008년의 금융위기 이후가 그러했다. 인지된 추가적 위협들—테러, 폭력적 분쟁, 난민과 이민, 커져가는 빈부격차—에 직면할 때, 사람들은 자신의 집단에 더 단단히 매달리게 된다.

우리가 처해 있는 새로운 분리의 시대는 디지털 시대의 발전을 반영하고 그로 인해 악화된다. 페이스북의 공동 설립자 마크 저커버그Mark Zuckerberg는 소셜 미디어가 우리를 통합하리라 믿었다. 그는 이후에 자신의 실수를 인정했다. 어떤 측면에서 그것은 우리를 더 가깝게 해주었지만, 동시에 그것은 새로운 사이버 부족들에게 목소리와 조직적인 능력을 부여했는데, 그들 중 일부는 월드와이드웹을 통해 욕설과 분열을 분출하는 데 시간을 보낸다. 이제는 지금껏 존재한 것만큼 많은 부족이, 부족들 간의 많은 충돌이 존재하는 듯이 보인다. 오늘날 우리가 당면한 문제는 다음과 같다. 우리의 현대 부족은 어떤 형태를 취하는가? 우리는 우리 자신을 계급, 인종, 종교, 국적에 따라 규정하는가? 그리고 이러한 부족들은 공존할 수 있을까?

이 모든 것은 '우리와 그들' 개념과 우리가 마음속에 쌓아놓은 장벽들로 귀결된다. 때때로 '타자'는 다른 언어나 다른 피부색, 다른 종교나 다른 일련의 신념을 갖고 있다. 이를 보여주는 사례가 최근에 내가 런던에 있을 때 일어났다. 당시 나는 세계 곳곳에서 온 30명의 젊고 진취적인 언론인 집단을 교육하는 데 도움을 주고 있었다. 나는 최대 100만 명이 사망한 이란-이라크 전쟁을 언급했고, '무슬림을 죽이는 무슬림'이라는 서툰 표현을 사용했다. 한 젊은 이집트 기자가 자리에서 벌떡 일어나서 그렇게 말하는 것은 용납할 수 없다고 소리쳤다. 나는 그 끔찍한 전쟁의 통계자료를 언급했고, 그는 "네, 하지만 이란인들은 무슬림이 아닙니다"라고 대답했다.

불현듯 가슴이 철렁 내려앉으며 깨닫게 되었다. 대다수 이란인은 시아파이다. 그래서 나는 그에게 물어보았다. "당신은 시아파가 무슬림이 아니라고 말하는 겁니까?"

"네, 시아파는 무슬림이 아닙니다"라고 그는 답했다.

그런 분리는 자원을 위한 경쟁에 기반을 둔 것이 아니라, 자신이 생각하는 것이 유일한 진리이며 다른 견해를 가진 사람들은 덜 떨어진 사람이라는 주장에 기반을 두고 있다. 우월함에 대한 그런 확신과 더불어 장벽은 빠르게 솟아오른다. 자원을 위한 경쟁을 끌어들인다면 장벽은 더 높이 솟아오른다. 우리는 지금 그 지점에 있는 것으로 보인다. 세계는 과거보다는 여러 면에서 더 낫다. 최근 수십 년간 수억 명의 사람이 극도의 빈곤으로부터 구제되었고, 말라리아 감염률은 낮아졌으며, 소아마비는 거의 박멸되었고, 유아 사망률도 낮아지고 있다. 당신은 16세기에 살겠는가, 21세기에 살겠는가? 엄청난 권력과 부를 가졌음에도 엘리자베스 1세는 극도로 고통스러운 치통 때문에 오늘날 서구에 사는 대부분 사람보다 훨씬 더 고생했다. 그러나 우리는 이러한 많은 진보를 위험에 빠트리려 하고 있다. 베를린 장벽의 붕괴에서 정점에 달한 전후 시대는 새로운 국면에 접어들었고, 그 국면에서 중심적인 기반은 극단의 사이런 소리가 점점 더 커져가는 가운데 더욱더 압박을 받고 있다. 반드시 후퇴하고 있는 것은 아니지만, 통합을 이루고자 한다면 엄존하는 분리를 이해하고 인정하며 때로는 심지어 수용해야 할 필요가 있다.

이 책에서 나는 장벽이라는 표현을 장애물, 울타리, 그리고 모든 다양한 분리에 대한 약칭으로 사용한다. 우리는 각 장에서 대부분 벽돌과 모르타르, 또는 콘크리트와 철사로 이루어진 물리적인 장벽들을 보게 될 것인데, 그것들은 분리의 '이유why'가 아니라 분리의 '결과what'이며 이야기의 시작일 뿐이다.

나는 모든 분리된 지역을 망라할 수는 없었다. 대신에 나는 세계화된 세계에서 정체성에 대한 도전을 가장 잘 보여주는 지역들에 초점을 맞추었다. 이민의 효과(미국, 유럽, 인도 아대륙), 통합과 분리 모두를 위한 힘으로 작용하는 민족주의(중국, 영국, 아프리카), 종교와 정치의 교차점(이스라엘, 중동)이 그것들이다.

중국에서 우리는 국가의 통합에 위험을 야기하고 경제 발전과 권력에 위협이 되기에 정부가 인민들에게 통제력을 행사해야만 하는, 국경 안에 수많은 분열 요소―가령 지역적 불안정과 부의 불균형 같은―가 있는 강력한 국민국가를 본다. 미국 역시 비슷한 이유들로 분열되어 있다. 트럼프의 시대는 자유의 땅에서 인종 관계를 악화시켰으며, 또한 그 어느 때보다 더 대립되는 공화당과 민주당 간의 전례 없는 분열을 드러내 보였다.

이스라엘과 팔레스타인의 분리는 이미 확고하지만, 각각의 주민들 내부에 훨씬 더 많은 하위 분리 요인들이 있기에 해결책에 합의하려는 시도는 불가능에 가깝다. 종교적이고 민족적인 분리는 또한 중동 전역에 폭력을 촉발하는데, 시아파와 수니파 간의 투쟁이 그 핵심을 이룬다. 각각의 사건은 복합적인 요인의 결과이지만, 그중 많은 부분이 종교, 특히 사우디아라비아와 이란 간의 지역적인 경쟁 관계로 귀결된다. 인도에서는 현재 그리고 향후 수년 안에 일어날 인구 이동이 많은 경제 난민과 기후 난민뿐 아니라 종교적 박해를 피하려는 사람들의 처지를 잘 보여준다.

아프리카에서 식민주의의 결과로 그어진 국경선들은 여전히 강하게 남아 있는 부족 정체성과 화해하기가 어렵다는 것을 증명하고 있다. 유럽 전역에 걸쳐 유럽연합이라는 개념 자체가 장벽이 다시 세워짐에 따라 위협받고 있다. 이는 냉전 시대의 차이가 완전히 해소되지 않았다는 것, 그리고 민족주의가 국제주의 시대에도 결코 실제로 사라지지 않았다는 것을 증명한다. 그리고 영국이 유럽연합을 탈퇴할 때, 브렉시트Brexit는 영국 전체의 분열, 즉 오랫동안 확립된 지역적 정체성을 보여줄 뿐 아니라, 세계화 시대에 형성된 좀더 최근의 사회적·종교적 긴장을 보여준다.

공포와 불안정의 시대에, 사람들은 인지된 위협에 맞서 자신을 보호하기 위해 계속해서 서로 무리를 지을 것이다. 그런 위협은 국경으로부터만 생겨나지 않는다. 위협은 내부로부터도 생겨난다. 중국이 잘 알고 있듯이.

차례

1

중국
만리장성과 방화벽

"현실 세계에서처럼,
가상 세계에도 자유와 질서는 필요하다."

시진핑

만리장성은 중국 중부와 네이멍구를 가르는 국경선을 따라 뻗어 있고, 길이는 2만 킬로미터가 넘는다.

중국의 황제들은 언제나 이질적이고 분열된 영지를 통합된 전체로 통일하기 위해 분투했다. 시진핑習近平 주석도 별반 다르지 않다. 그는 황제로 불릴 수 없을지도 모르지만, 다음과 같은 그의 공식 직함은 황제와 같은 위상을 은연중에 드러낸다. 중국 공산당 총서기, 중화인민공화국 주석, 중앙군민융합발전위원회 주임 등 그 목록은 계속된다.[1] 그는 단순한 최고 지도자가 아니라 명실상부한 최고 지도자이다.

국정을 포함해서 그가 지도하는 모든 것은 광대하다. 중국의 지리학적 표준시간대는 미국과 마찬가지로 다섯 개이다. 이 공간 내에 수십 개의 서로 다른 언어를 사용하는 다양한 민족의 14억 사람들이 살고 있다. 중국은 공산주의적 성격을 띤 다민족 제국이다. 다섯 개의 지리학적 표준시가 있을 수도 있지만, 오직 단 하나의 공식적인 시간만을 사용한다. "지금 몇 시죠?"라는 질문에 대한 답은 "베이징에서 말하는 시간이죠"이다. 이러한 중앙의 지배는 오래된

---

1 2017년 현재 시진핑의 공식 직함은 15개에 달하는 것으로 알려져 있다.

일이지만, 21세기의 황제는 그의 전임자들은 거의 누리지 못한 호사를 누린다. 그는 하늘에서 제국을 조망할 수 있다. 히말라야 산맥에 둘러싸이고, 황해와 고비 사막까지, 아래로는 남중국해까지 이르는 지역만이 아니라, 이제는 전 지구에 걸쳐 있는 경제적 제국 말이다.

시진핑은 자신의 권력을 행사하는 데 능숙하다. 그는 많은 전임자보다 더 자주 여행한다. 그는 새로운 중국의 통합된 경제력을 자신하면서 세계의 수도들로 날아가지만, 공항으로 가는 도중에도 중앙의 통제력을 유지하는 데 중국의 지도자들이 얼마나 조심했는지를 항상 상기하게 될 것이다. 이 과정에서 그들은 분열 속에서도 조용히 통합을 촉진하는 데 도사가 되었다.

베이징에서 만리장성으로 향하는 공항고속도로를 따라서 운전할 때, 주민 내부의 분열을 외부인이 알아차리기란 처음에는 쉽지 않지만 나중에는 차차 쉬워진다. 시진핑은 단번에 이런 것들을 알 수가 있다. 많은 일이 그의 생애에, 어떤 일들은 그의 치하에서 발생했기 때문이다.

번쩍이는 조명의 사원들이 있는 도심에서부터 소비주의와 부자들을 위한 고급 아파트 단지까지, 그 도로는 점점 더 증가하는 중산층이 거주하는 고층 아파트 수 킬로미터를 지나간다. 더 외곽지역에는 해마다 계속해서 시골에서 수도를 비롯한 대도시로 유입되는 공장 노동자와 산업 노동자가 있다. 지역 주민은 어느 아파트 단지가 더 살기 좋은지, 그리고 어느 아파트 단지가 유입에 대처하기 위해 급하게 지어졌는지 알아볼 수 있다. 소도시와 작은 마을로 들어가면 네온도 거의 없고 덜 상업화되어 있다. 중국의 이 지역에서 마을들은 지저분하고 칙칙하고 편의시설이라곤 거의 없이 삭막하다. 외국인의 눈에는 단지 압도적인 회색의 느낌만이 있다. 이것이 아마도 도시와 농촌 간, 부자와 빈자 간의 가장 큰 분열일 것이고, 나중에 보게 되겠지만 공산당 통치 세력에게는 골칫거리다. 공산당은 인민공화국의 통합과 안정은 그 격차를 줄이는 데에 대부분 달려 있으며, 만일 실패한다면 인민에 대한 장악력도 약해지리라는 것을 잘 알고 있다.

통합은 중국의 성공에 언제나 결정적이었고, 동시에 가장 큰 과제 중 하나이기도 했다. 과거에 이 나라를 통합하는 데 물리적이고도 상징적인 역할을 했던 것 하나가 만리장성이었다. 시진핑이 공항을 지나서 계속 고속도로를 따라간다면, 더욱더 북동쪽을 향하는 8차선 고속도로에 진입하게 될 것이고, 그 길로 세계인의 상상력을 사로잡았던 구조물에 도착하게 될 것이다. 만리장성의 무텐위 慕田峪 구간에 가까워질수록 고속도로는 2차선으로 줄어들고, 건물의 수도 더 적어지며 풍경은 점점 더 녹색이 된다. 도로는 만리장성으로부터 몇 킬로미터 떨어진 주차장으로 이어지며, 거기서는 도로가 끝나는 곳까지 데려다줄 마차로 갈아타야 한다. 그다음에는 정상까지 가는 케이블카를 타거나 어쩌면 염소 떼가 뒤따를지도 모를 가파른 3킬로미터를 걸어가야 한다. 가이드 없는 염소 투어는 선택사항이 아니다. 염소들은 우리를 따라오고 싶으면 따라올 것이고, 그러고 싶지 않으면 따라오지 않을 것이다. 어떤 루트를 선택하든, 애쓴 것 이상의 가치를 갖는 무언가를 마침내 보게 될 것이다.

산꼭대기를 따라서 구불구불 이어지는 수 킬로미터의 벽돌 구조물을 처음 둘러봤을 때, 나는 그랜드캐니언에서만큼 압도되지는 않았다. 두바이에 있는 세계 최고층 빌딩 부르즈 할리파만큼의 위압감도 느끼지 않았다. 냉전시대의 정점에 베를린 장벽을 방문했을 때처럼 거기에서 발산되는 정치 이데올로기를 느끼지도 못했다. 그러나 다른 무언가가 있었다. 나는 옳든 그르든, 이전보다 중국을 조금은 더 잘 이해했다고 느꼈다.

그 경험은 나를 어떤 종류의 전문가로 만들지도 않았다. 오히려 그와는 거리가 멀었다. 하지만, 그 순간 나는 '고대 문화'와 '인류 역사의 가장 위대한 업적' 같은 표현을, 그리고 중화인민공화국의 많은 사람이 여전히 세계를 중국인과 비중국인으로 나누는 그 생각을 훨씬 더 잘 이해하게 되었다. 결국 장벽은 극히 단순한 생각을 바탕으로 세워진 것이다. 장벽의 한쪽은 문명이고 다른 한쪽은 야만이라는 생각 말이다.

장벽의 남쪽으로는 한족이 거주하는 중국의 중심 지역이 놓여 있었다. 북쪽으로 산맥 너머 멀리에는 스텝 지대와 몽골 사막이 시작되었고, 오른편으로는 만주 그리고 왼편으로는 신장웨이우얼 자치구(신장지구)에 둘러싸여 있었다. 장벽이 존재하기 전, 그러니까 약 2500년 전에는 북쪽의 산맥이 화베이 평원의 비옥한 땅에서 정주 사회를 발전시킨 한족에게 어느 정도 방어물을 제공했다. 그러나 세 방면에서 침략해오는 무리 혹은 대규모 군대는 산을 통과하여 중세 국가와 베이징, 뤄양, 카이펑 같은 도시의 평야 지대로 들어갈 통로를 찾곤 하였다. 그리하여 수 세기에 걸쳐 중국인들은 절대화된 '우리와 그들'이라는 전형적인 상징을 개발해냈다.

　　미국의 위대한 중국 연구가 존 킹 페어뱅크John King Fairbank는 어쩌면 만리장성에 대한 최고의 서술 중 하나일지도 모를 다음과 같은 말을 했다. "스텝 지대와 경작 지대를 나누고, 유목과 농경을 나누며, 야만과 문명을 나누는 구획선." 그리고 이것은 그 시대의 지배적 태도인 '중화주의', 즉 중국이 세계의 문화적 중심이고 가장 진보한 문명이라는 믿음과 부합한다. 또한 한족은 중국의 황제는 하늘이 위임한 지상 유일의 통치자이며, 따라서 합법적인 전 세계의 황제라고 믿었다. 그러므로 다른 모든 통치자들은 부하일 뿐 아니라 다른 모든 문명은 열등하다는 결론이 도출되었다. 다른 민족들로 이루어진 가까운 이웃들은 설사 자신의 지역적 지도자를 가질 수 있다고 해도 황제의 통치 아래에 놓여야만 했다. 근처의 야만족 국가들도 왕을 가질 수 있지만, 그들이 중국 황제보다 못하다는 것을 인정해야만 했다. 그리고 심지어 신장, 자바, 그리고 일본처럼 훨씬 더 먼 지역조차 '조공국'으로 간주되었고, 중국에 조공을 바쳐야만 했다. 이것은 친구를 얻기 위해 고안된 세계관이 아니었지만 확실히 사람들에게 영향을 미쳤고, 오랫동안 작동하였다.

　　수 세기에 걸쳐 만리장성은 중국을 정치적 실체로서 결속시키고, 서쪽과 북쪽 지역에서 농지를 개발하기 위한 안정을 제공하면서 중국의 안보를 강화했다. 장벽이 서쪽으로 뻗어 나갔을 때 그것은 또한 실크로드 지역을 보호했고, 따라서 경제 성장을 증대시켰다. 나란히 이어진 장벽을 이어 최장 거리에 달했을 때, 방어 체계는 2만 킬로미터 이상을 뻗어 나갔다. 그 규모를 실감 나게 표현하자면, 서로 나란히 서 있는 네 겹의 장벽이 미국 동쪽 해안에서 태평양까지 가로지르고도 많은 벽돌이 남을 정도이다.

만리장성이 나라를 통합하는 데 수행한 물리적 역할은 차츰 감소하고 있을지라도, 그것은 민족의식의 중요한 상징으로 남아 있다. 1949년 공산당이 권력을 잡았을 때 마오쩌둥毛澤東은 〈류판산六盤山〉이라는 대장정에 관한 시에서 그 장벽을 언급했다.

하늘은 높고 구름은 엷은데
야생 거위가 남쪽으로 사라지는 것을 보네
장성에 이르지 못하면 대장부가 아니라네
2만 리 이상을 행진했다네

세 번째 행은 훗날 '장성에 이르지 못하면 대장부가 아니다'라는 속담이 되었다. 이 말은 '큰 난관을 이겨내지 못하면 영웅이 될 수 없다'는 의미이다.

그 시는 새로운 정권에서는, 공산주의자들이 장성에 대해 상충하는 견해를 가진 것으로 보였기 때문에 약간의 문제를 일으켰다. 많은 공산주의자가 그것을 봉건적 과거의 상징으로 보았고, 그것이 역사에 맡겨져야 한다고 믿었으며, 심지어는 사람들이 그것을 파괴하도록 부추기기까지 했다. 그러나 마오쩌둥이 장성에 관해 시를 썼기에 다른 공산주의자들은 '마오 정신'을 보여주기 위해 그곳을 방문하고 싶어 했다. 무텐위 구간에 가면, 산 정상에 '마오 주석에 충성'이라고 쓰여 있는 하얀색의 커다란 글씨를 볼 수 있을 것이다. 그리고 장성은 1949년에 채택된 국가國歌에도 언급되었기에, 공산당이 그것의 문화적·역사적 중요성을 인식하고 있다는 것은 분명했다. 대부분 그들은 적어도 우선은 그것을 무시하기로 작정했다. 그러나 문화대혁명 기간에 가장 열성적인 홍위병들은 적극적으로 장성의 부분들을 파괴했다. 그들에게 장성은 새로운 중국에서는 설 자리가 없는 '네 가지 철폐해야 할 악습[파사구破四舊]'―낡은 관습, 낡은 문화, 낡은 습관, 낡은 생각―의 일부였다.

마오쩌둥은 1976년에 죽었고, 그와 함께 문화대혁명도 끝났다. 1978년 이후 새로운 지도자 덩샤오핑鄧小平은 장성에 대한 조직적인 복구 작업을 개시했다. 그는 천천히 시작했지만―마오 이후 처음 몇 년은 조심해야 할 시간이었기에―1984년 무렵에는 "우리 중국을 사랑하고 우리 만리장성을 복원하자"라고 선언할 만큼 충분히 자신감을 갖게 되었다. 이러한 특별한 시도를 하는 과정에서 덩샤오핑은 관광과 외화에 눈독을 들인 것 같다. 공산당 지도층은 자본주의를 일부분 수용하기 시작했고, 중국이 세계의 다른 지역들에 비해 얼마나 뒤처져 있는지를 잘 알고 있었다. 그래서 재건하려는 시도(반쯤은 성공한)와 방문객들을 유인하려는 노력과 병행하여, 장성을 훼손하거나 반출하거나 장성에 낙서하는 것을 불법화하는 법률이 통과되었다.

비록 몇몇 역사가들이 중국인보다 유럽인이 만리장성에 더 열광했으며, 이것이 중국의 구조를 인식하고 확인하는 데 공헌했다고 주장할지라도, 만리장성은 중국인들과 세계 나머지 사람들 모두의 대중적인 상상력에 엄청난 역할을 했다. 따라서 장성은 중국뿐 아니라 바깥에서도 중국을 규정하는 데 도움을 주었다.

실제로 그 장벽은 군사적인 측면에서는 단지 부분적으로만 성공적이었다. 의심할 여지 없이 그것의 조기 경보 체계, 요새 그리고 전략적 요충지는 일정한 방어 수단을 제공했지만, 이미 보았듯이 그것들은 완전히 난공불락이라고 보기는 어려웠다. 그러나 한족을 '외부 민족들[오랑캐들]'로부터 분리하는 방어의 상징으로 작용한 그 역할은 말할 수 없이 귀중했다. 오늘날 그것은 위대한 고대 문화의 아이콘으로 남아 있다.

. . .

그러나 위대한 근대 문화의 아이콘은 무엇인가?

진 왕조를 세운 진시황은 기원전 221년에 전쟁 중인 일곱 나라를 하나의 중국으로 통일하는 데 성공했다. 하지만 그것이 23세기 동안 지속되었다고 해서 이후에도 저절로 지속된다는 뜻은 아니다. 중국인은 외부인에게 자기 나라의 문제나 분열에 관해 얘기하기를 꺼린다. 영국이나 프랑스에서는 자기 나라가 엉망이 돼가고 있다고 흔쾌히 말해줄 사람을 찾으러 멀리까지 갈 필요가 없겠지만, 중국에서 자기 나라를 비판하는 것은 비애국적이고 체면을 구기는 일로 간주된다. 물론 중국이 일당 독재국가라는 점에서 그것은 위험천만할 수도 있다.

그럼에도 23개의 성, 네 개의 직할시, 다섯 개의 자치구, 두 개의 특별행정구에는 여러 문제와 분열이 존재한다. 가장 큰 문제 중 하나는 한족의 중심부와 그것을 반원형으로 둘러싸고 있는 비非 한족 지역 사이의 문제이다. 북동쪽에는 만주, 북쪽에는 네이멍구, 북서쪽에는 신장, 그리고 서쪽에는 티베트가 있다. 이 지역들은 안보, 천연자원 그리고 무역에 중요하지만, 그들 모두는 중국의 통치에 우호적이지 않다. 만주는 현재 한족이 완전히 장악하고 있지만, 다른 지역들은 그들 자신의 정체성, 언어, 관습, 그리고 신장과 티베트는 그들 자신의 종교(이슬람교와 불교)를 유지하려고 분리 운동을 하고 있다.

중국은 수 세기 동안 신장지구와 위구르인들을 통제하려고 노력했지만, 주민들은 베이징의 지배를 결코 전적으로 받아들이지 않았다. 18세기와 19세기에 일련의 봉기가 일어났고, 1930년대에는 심지어 단명하기는 했지만 동투르키스탄공화국을 세우기도 했다. 그러자 마오쩌둥은 1949년 신장을 병합하였고, 현재 그 면적은 중국 영토의 약 6분의 1에 달한다. 신장이 얼마나 불모지이고 인구가 적은지를 이해하려면, 다음과 같은 사실을 지적할 가치가 있다. 그 면적은 인도의 대략 절반 정도지만 인구는 인도 인구의 2퍼센트도 안 된다.

그 사이에 한족 거주민들이 신장으로 대규모 이주했고, 몇 년 만에 현재 2200만 인구의 절반 가까이 이른 것으로 보인다. 이런 일이 아무런 반대 없이 진행된 것은 아니었다. 위구르인들은 더 좋은 일자리에서 쫓겨났으며 국가가 통제하는 건설회사에서 조직한 무장단체의 박해를 받았다고 불만을 토로한다. 그리고 간헐적인 소요와 인종 분규가 일어나기도 한다. 저항은 종종 법적인 체계를 통해 행사되기도 하지만, 부분적으로 이라크와 시리아로부터 돌아온 무슬림 전사들이 부추기는 소규모 테러리스트 운동 역시 존재한다. 중앙아시아 국가에 있는 지하디스트 조직들은 그들에게 자금과, 필요하다면 은신처도 제공하는 것으로 생각된다. 이라크에서 훈련받고, 중국에 그들의 깃발을 꽂겠다고 맹세하며, 피가 '강을 이루게' 될 것이라고 위협하는 위구르 사람들을 보여주는 동영상을 이슬람 국가(IS) 테러 집단이 공개했을 때 경보음이 울리기 시작했다.

2017년 봄 위구르족과 한족의 접경 지역에서 인종 폭동이 발발했다. 중무장한 정부군의 대규모 무력 진압이 뒤따랐다. 지역 공산당 지도자는 군사들이 "인민 전쟁의 광대한 바다에 테러리스트의 시체를 묻어야"한다고 건의했다. 시진핑은 약간은 자제해 신장을 보호하기 위해 '철의 만리장성'을 세워야 하며 인종적 분열은 용서하지 않을 것이라고 경고하는 것으로 만족했다. 그는 "마치 우리가 우리 자신의 눈을 사랑하는 것처럼 우리는 인종적 통일을 사랑해야 한다"고 말했다. 2018년 초에 시진핑의 이러한 통일에 대한 견해는 100만 명의 공산당 당원들을 위구르인 지역에 파견하는 명령으로 이어졌다. 이러한 강요된 '홈스테이'를 받아야 했던 사람들은 '손님들'에게 정치적 견해를 세세하게 알려줌으로써 민족 관계를 위해 본분을 다하도록 고무된다. 중국식 홈스테이는 조지 오웰George Orwell의 '애정부Ministry of Love'와 만나지만 거기서 101호실은 당신의 거실이 되어버린다.[2]

---

2   조지 오웰의 소설 《1984》에서 '애정부'는 전체주의 국가 오세아니아의 네 개 정부 부서 중 하나이고, 101호실은 고문이 자행되는 장소이다.

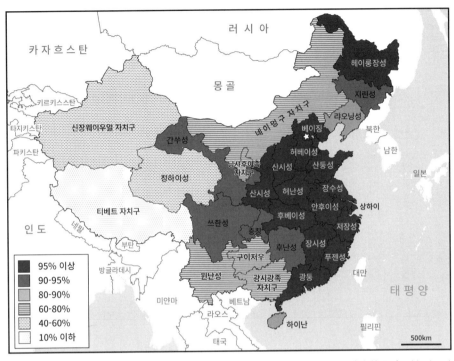

중국의 지역별 한족 인구 분포(2010)

　　동요가 있긴 해도 베이징이 꽉 쥔 손을 느슨하게 할 약간의 기
회가 있다. 그 지역은 완충지대 역할을 하며, 새로운 실크로드에 있
고, 따라서 무역에 중요하며, 에너지를 갈망하는 중국에 절실하게
필요한 막대한 양의 석탄을 보유하고 있다. 그러나 그렇다고 해도
당국자들은 거기서 일어나는 사건들을 심각하게 우려한다. 그와 같
은 분열과 불화는 권력의 유일한 원천이자 인민의 수호자인 공산당
의 이미지를 훼손한다.

　　티베트도 마찬가지다. 전략적으로 티베트는 인도가 국경선을

따라 고지대를 지배하는 것을 막으면서 중심부를 위한 완충지대로 기여한다. 거의 틀림없이 히말라야 산맥이 장애물로 작용하는데, 아마도 이 때문에 두 나라 사이에 중대한 충돌이 발생하지 않았을 것이다. 중국의 수자원은 이 덕에 보호되었다. 많은 강이 티베트에서 발원하기에, 티베트는 '아시아의 급수탑'이라고 불린다.

티베트의 세 성省을 기준으로 티베트의 면적을 측정한다면, 약 250만 제곱킬로미터인데, 이는 거의 프랑스의 네 배 크기이고, 중국 대륙 면적의 약 4분의 1과 같다. 그러나 베이징이 티베트를 언급할 때는 1950년에 중국이 티베트 군대를 물리친 후에 세운 티베트 자치구만을 의미한다. 그것은 나머지 지역이 다른 중국 지역에 흡수되었기 때문에 원래 세 성 크기의 절반보다 작으며, 티베트 인구의 단지 3분의 1만을 포함할 뿐이다.

위구르의 무슬림들과 마찬가지로 티베트의 불교 신자들은 한족 중국인과는 구별되는 강한 정체성을 간직하고 있다. 그러나 두 지역 모두에서 자치에 대한 희망은 거의 사라져버렸다. 티베트에서는 현재 인구의 절반이 한족으로 추산된다. 정확한 수치는 얻기 어렵지만 그 지역 전체에 걸쳐 약 600만 명의 티베트인과 600만 명의 한족이 사는 것으로 생각된다. 비록 시골 지역에는 티베트인들이 다수지만, 더 큰 도시들에서 그들은 종종 자신들과 다른 이웃이지만, 가깝게 지낸다.

한족 내부의 분열이 완화된 것처럼, 민족 간 분열을 다룰 수 있다고 중국 정부는 믿고 있다. 그리고 중국에서의 오랜 번영과 통합의 전망에 가장 큰 위협이 될 수도 있는 것이 바로 이 분열이다.

공산당은 그것을 매우 심각한 위협으로 바라보고 있다. 공산당은 역사의 교훈을 배웠고, 국민의 분열로 정부가 약해지면 무슨 일이 일어나는지 알고 있다.

19세기에 중국은 무역이 이루어지는 과정에서 중요한 반전을 경험했다. 중앙아시아를 통한 육지 무역이 언제나 경제적 우선권을 누렸지만, 이제 해양 노선이 주요한 통로가 되었다. 이러한 반전은 중국이 선택한 것이 결코 아니었다. 영국을 비롯한 외국 열강들이 유리한 교역 조건을 중국에 강요하기 위해 군사력을 사용했다. 그 결과 무역의 중심은 태평양 연안으로 이동했고, 이는 그 지역의 공동체들이 발전하는 데 도움을 주었다. 그러나 이는 또한 내륙의 무역 전망을 약화시켰고, 내륙의 기반시설에 투자되는 재화의 양을 감소시키는 결과를 초래했다. 따라서 연안 지역은 번성한 반면에, 찢어지게 가난한 농민들은 찢어지게 가난하게 남았고, 외국인들은 더욱더 힘을 갖게 되었다. 이것은 지역에 대한 중앙의 권위를 손상시켰고, 국가 분열의 부분적인 원인이 되었다. 이렇게 국민들이 분열된 상태에서 중앙은 유지될 수 없었다. 이제 철저히 약해진 중국은, 첫째로 '야만적인' 식민주의자들, 그다음으로 내전, 그리고 끝으로 1931년에 시작된 오래된 적인 일본의 침략에 직면하여 무력했다. 제2차 세계대전 후에, 공산주의자들이 내전에서 이겼을 때 그들은 어떻게든 나라를 되돌려야 한다는 것을 알고 있었다. 공산주의 정권은 자유주의적 성향도 없었고, 규칙이나 권력 분산에도 관대하지 않다. 외국인들은 빠져나갔고, 공산당 간부들은 지역 수도들로 들어갔다. 마오쩌둥 치하에서 그들은 지역에서 일어나는 모든 반대의 징후를 잔인하게 억압했으며, 1949년부터 다시 그 나라의 수도가 된 베이징에 기반을 둔 당에 모든 권력을 집중했다.

발전된 세계와의 많은 교역 관계가 끊어졌는데, 이는 부분적으로 저 위대한 공산주의 이념인 평등으로 귀결되었다. 지역 간의 특수한 불균형이 해소되면서, 연안 지역들도 거의 내륙만큼 가난해졌다. 다수의 공산당 지배층을 차치하면, 대부분의 인민은 마오쩌둥이 권력을 공고화하고 비한족 지역들을 통제한 수십 년간 계속해서 가난했다.

마오쩌둥은 나라를 재통일했는지는 모르지만 그 덕에 발전은 희생되었다. 정확히 그 시기에 아시아의 다른 국가들은 세계 경제에 출현하여 급속도로 발전하고 있었다. 일본, 한국, 싱가포르 같은 나라들은 경제적인 측면에서 중국을 능가하고 있었고, 어떤 나라는 군사적 능력에서도 그러했다. 만약 이러한 추세가 계속되었고, 중국인들이 얼마나 뒤처졌는지가 분명하게 드러났다면, 그것은 중국의 국방 안보와 내부 응집력 모두를 위협할 것이었다.

마오쩌둥의 후계자 덩샤오핑은 깊은 호흡을 하고 도박을 감행했다. 중국 소비자들이 너무 가난해서 중국이 생산할 수 있는 많은 상품을 구매할 수 없다면, 경제는 다시 한번 바깥 세계에 문호를 개방해야만 했다. 이것은 태평양 연안을 통한 무역을 의미했다. 그러면 연안 지역이 내륙 지역보다 더 빨리 다시 번영하게 될 것이고, 그것은 19세기와 20세기의 분열을 되풀이할 위험을 의미했다.

시간과의 싸움이었고, 여전히 그러하다. 또한 무슨 일이 있더라도 가차 없는 속도를 유지해야만 하는 경제 정책에 의존하는 전략이기도 하다. 중국은 계속해서 물건을 만들어내야만 한다. 세계는 이 물건들을 계속해서 사주어야 한다. 만일 수요가 하락한다 해도, 정상적인 자본주의 시스템이 그렇듯이 중국은 물건 만들기를 멈출 여유가 없다. 중국은 생산을 지속해야 하고, 공장을 계속 가동해야 하며, 은행에 보조금을 지급해야 한다. 무역수지와는 상관없이 어떤 상품은 헐값으로 해외에 수출하고, 감당할 수 있는 일부 내국인들에게 훨씬 더 많이 팔아야 한다. 시스템을 멈추게만 하지 않으면 된다. 시스템이 돌아가면 중국 전체가 돌아갈 테니까.

이것은 얼마나 많이 필요로 하는지와는 상관없이, 정부가 시키는 대로 많은 트랙터를 생산한 구 소비에트 공산당 체계의 매혹적인 자본주의적 판본이다. 그 덕에 수억 명의 중국인이 빈곤에서 벗어났지만, 환경이 파괴되고, 연안 지역과 내륙 지역의 부자와 빈자의 차이가 더 벌어지는 대가를 치르게 되었다.

도시 노동자와 농촌 노동자 간의 임금 격차는 과거 몇 년 사이에 조금 좁혀졌지만, 지금은 도시의 어떤 사람은 농촌 노동자의 세 배나 되는 소득을 기대할 수 있을 정도다. 중국의 소득 불평등 수준은 세계 최상위이며, 중국의 부를 만드는 기계는 다수가 아니라 소수에게―또는 고위층과 비슷한 뜻의 중국 속어 '조씨 가족趙家人'에게―봉사한다는 느낌을 준다. 그 표현은 루쉰의 《아Q정전》(1921)에서 시작되었다. 거기에는 부유한 가문을 언급하면서 "네가 조라는 성씨를 가질 만하다고 생각하냐?"라는 구절이 나온다. 그 구절은 2015년에 중국 인터넷에 등장하기 시작했고, 이제 '조씨와 조씨가 아닌 사람'은 '가진 자와 못 가진 자'와 같은 뜻으로 쓰인다.

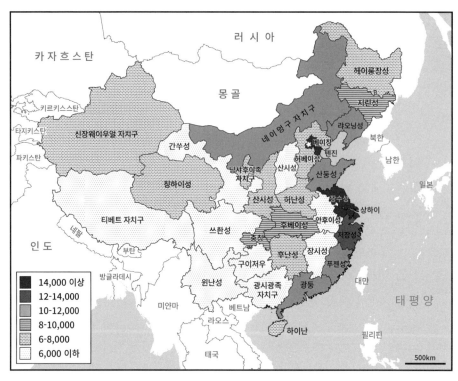

중국의 지역별 부의 분배, 1인당 GDP(2010)(단위: 달러)

　　모든 나라에는 부의 불평등이 있고 비슷한 속담도 있지만, 중
국에서의 차이점은 그 격차의 크기와 가난한 쪽에 있는 사람들의
숫자에 있다. '중국민의 복지'를 연구한 베이징대학교의 2015년 중
국가정추종조사中國家庭追踪調査 보고서는 전반적으로 부의 불평등이
더욱 악화되고 있다는 결론을 내렸다. 보고서에 따르면 1퍼센트의
가정이 중국의 부 3분의 1을 갖고 있는 반면, 하위 25퍼센트 가정은
단지 1퍼센트의 부를 가질 뿐이라는 것이다. 그 불균형은 1979년의

경제 개방으로부터 비롯된 것으로 추정할 수 있다.

정부는 그러한 분열이 야기할 문제점과 위험을 잘 인식하고 있다. 특히 2015년에 실시된 인터넷 여론조사의 결과가 보여주듯이, 건강과 교육에도 연쇄적으로 작용하는 부의 불평등이야말로 사람들이 정부가 다루어주길 바라는 최고의 이슈였다. 《인민일보人民日報》에 보도된 기사에는, "이러한 불평등이 꾸준히 심화되고 있다. 불평등이 효과적으로 해결되지 못한다면, 사회적 안정을 위협하고 따라서 장래의 사회 발전에 장애가 될 것이다"라는 언급이 있다.

심지어 세대 간의 분열도 있다. 어떤 노인들은 마오쩌둥과 '평등'했던 시절에 대한 향수를 갖고 있다. 그들은 자기들보다 더 도시적이고, 더 잘 교육받고, 소비 지향적이거나 적어도 그렇게 되고자 하는 젊은 세대를 미심쩍은 눈으로 바라본다. 공산당의 미래는 그들에게 무엇을 전달하느냐에 달려 있으며, 그 역도 마찬가지다.

중국 사회의 균열이 커지도록 놓아둘 수는 없다. 그 문제를 다루기 위해 정부가 의도하는 방식 중 하나는 훨씬 큰 도시의 소비 지향적 인구를 창출하여 해외 수출이 어려워질 때 경제에 미치는 충격을 상쇄하는 것이다. 다양한 추정치가 있지만, 이번 세기에만 최소한 1억 5000만 명의 사람들이 농촌 지역을 떠났고, 그 숫자는 증가할 것으로 예상된다. 농촌에서 이주하는 사람들은 젊은층이며, 그 안에서도 남성의 숫자가 불균형적으로 많은데, 기혼 남성들은 때때로 가족들이 농사일을 계속하도록 남겨둔 채 도시의 일자리를 찾아 떠돈다. 사정이 이러함에도, 현재까지도 약 9억 명의 중국인들은 농촌 지역에서 살고 있고, 약 5억 명이 도시 환경에서 살고 있다는 점은 대단히 중요하다.

변화의 속도는 빨랐고, 앞으로도 빠를 것이다. 2026년까지 베이징은 또 다른 2억 5000만 명이 이주하기를 희망하는데, 이는 그때까지 중국 인구의 절반이 도시인이 되리라는 것을 의미한다. 이 목표를 달성한다는 것은 사람들의 삶의 뿌리를 대규모로 뽑아내는 것이며, 이와 나란히 마을을 파괴하고 도시, 대도시, 도로와 초고속 철도를 건설하는 것을 의미한다. 그 운동의 대다수는 서쪽에서 동쪽으로 이어지며, 서쪽은 여전히 더 높은 문맹률을 가진 채 더 고립되는 반면, 동쪽은 특히 해안선 쪽으로 더욱더 도시화되고 기술, 산업, 비즈니스가 우위를 차지한다.

그러나 도시로의 대량 이주는 도시 인구 내에서의 또 다른 격차, 부자와 빈자 간의 격차를 다시 드러내고 심화시킨다. 그 격차는 중국의 사회 구조에 뿌리를 둔 등록제도의 한 형태인 호구제도에서 발생했다. 호구제도는 농촌 사람을 이등 시민으로 보는 인식을 확고하게 하는 데 일조한 것들 중 하나다.

호구제도는 시기상 만리장성보다 앞서며, 모든 가족 구성원을 등록하기 시작한 하왕조(기원전 2070~기원전 1600년)까지 거슬러 올라간다. 1953년에 공산당은 고대의 제도를 계속해서 사용했을 뿐 아니라 농촌 거주자와 도시 거주자를 분류하기 시작했다. 이것은 모든 사람을 예의 주시하기 위한 것만이 아니었다. 그것은 그 당시에는 유입 인구를 흡수할 여력이 없던 도시 지역으로 사람들이 이주하는 것을 막기 위해, 그리고 지난 세기의 농촌과 도시 간의 불평등을 반복하는 것을 피하기 위해 의도된 것이었다.

이 제도는 오늘날에도 여전히 존재한다. 이 제도에 따르면 모든 사람의 성명, 부모의 성명, 생년월일, 배우자 등등이 등록되어야 하는데, 이는 많은 나라에서 하고 있는 것과 마찬가지다. 그러나 중국에서는, 당신이 어디에 등록되는지가 당신이 어디에 살지, 그리고 결정적으로 당신이 국가의 보조를 어디에서 어떤 형태로 받을지를 결정한다. 핵심적인 분리는 지방 대 비지방 그리고 농촌 대 비농촌이라는 범주에서 나타난다.

당신의 가족이 비농촌 지역인 상하이에 등록되어 있다고 해보자. 이 덕에 당신은 도시의 광범위한 건강과 교육 서비스에 접근할 수 있다. 예를 들어, 《차이나이코노믹리뷰China Economic Review》의 기사에 따르면 1998년에 베이징의 학생 1인당 재정 지원은 구이저우성貴州省보다 12배나 컸고, 2001년에 그 비율은 15배로 증가하였다. 반면에 당신의 가족이 상하이에서 서쪽으로 1500킬로미터 떨어진 지역의 농촌 출신으로 등록된다면, 당신이 가는 학교는 상하이의 평균적인 수준에 못 미치는 학교일 것이고, 사회적 서비스의 제한된 범위도 마찬가지일 것이다. 게다가 당신이 하는 일은 등골이 휘는 중노동이지만, 간신히 먹고사는 수준의 농업으로 귀결될 뿐이다.

그래서 당신은 공장에서 일자리를 구하기 위해 상하이로 이주한다. 당신의 임금은 곧바로 올라갈 것이고, 당신은 고향으로 약간의 돈을 부칠 수 있을 것이다. 그러나 당신은 '농촌 출신'으로 등록되어 있고, 따라서 당신에겐 상하이의 사회보장과 의료 지원을 받을 자격이 없다. 결혼하거나 자녀를 낳을 경우, 자녀가 상하이에서 교육받도록 등록할 수가 없다. 그 결과 현재 사회복지로부터 부분적으로 단절된, 농촌 지역에서 이주한 노동자들로 이루어진 도시 하층계급이 양산되었다. 그들은 농촌에서 이등 시민이었고, 이제 도시에서도 이등 시민으로 간주된다.

정부는 이 문제를 해결하려고 할 때 진퇴양난에 빠진다. 하나의 선택지는 농촌의 사회적 재정 지원에 혁명을 시도하여 농촌 지역을 도시의 수준까지 끌어올리는 것이다. 그러나 그와 같은 시도는 엄청난 자금이 들 뿐 아니라, 경제 정책이 잘 작동하려면 여전히 도시의 소비 인구를 창출해야 할 필요가 있는 바로 이 시기에 농촌에 사람들을 계속 붙들어둘 수도 있다는 것을 정부는 알고 있다. 설상가상, 이미 도시에 있는 사람들이 고향으로 돌아가는 것을 선택할지도 모른다. 만약 그런 일이 일어난다면, 경제 기적은 파산하고, 실업이 급증하고, 사회적 무질서가 뒤따르게 될 것이다.

어떻게 해서든 베이징은 장부의 균형을 맞출 필요가 있다. 베이징은 농촌 지역에서 온 사람들을 위해 도시의 호구제도에 재정 지원을 해야 하는 반면, 또한 도시가 계속해서 성장함에 따라 사회복지 일반에 대한 재정 지원도 늘려야 한다. 그다음에는 어떻게든, 이상적으로는 농촌의 생활 수준을 향상시키는 동시에 도시로의 이주를 계속 장려하고, 가급적이면 내륙에 새로운 도시를 만들어내야 한다.

이것은 상당한 도전이며, 그 방법은 간단치 않다. 막대한 비용은 별개로 하더라도, 그렇게 많은 새로운 도시 환경을 창출하고 전국적으로 확산하는 일은 물류적인 도전이다. 베이징은 지방 정부가 지역적 수준에서 세금을 부과하고, 토지 매매를 통해 세입을 늘리고, 적절한 순간에 그 수익을 지출할 수 있도록 더 많은 권한을 부여할지에 대한 생각을 갖고서 장난을 치고 있다. 그런 생각이 잘 작동할지도 모른다. 그러나 실패할 경우, 베이징은 지방 정부를 구제해야만 할 것이다. 그리고 성공한다고 해도, 공산당이 두려워하는 것, 즉 지역주의를 부채질할 수도 있다.

덩샤오핑은 자신의 도박이 이러한 많은 문제를 일으키리라는 점을 알고 있던 것으로 보인다. 1986년의 유명한 인터뷰에서 CBS 뉴스의 마이크 월리스Mike Wallace는 당시 82세의 공산당 지도자에게 1970년대부터 그가 한 말로 생각되는 "부자가 되는 것은 영광이다"라는 그 놀라운 구절에 관해 물어보았다. 덩샤오핑은 이렇게 대답했다.

마르크스주의에 따르면, 공산사회는 물질적 풍요에 바탕을 둡니다. …… 따라서 부자가 되는 것은 죄가 아니에요. 그러나 우리가 의미하는 부자가 된다는 말은 당신들이 의미하는 것과는 다릅니다. 사회주의 사회에서 부는 인민에게 속합니다. 사회주의 사회에서 부자가 된다는 것은 전체 인민을 위한 번영을 뜻합니다. 사회주의의 원칙은 이렇습니다. 첫째, 생산의 발전, 둘째, 공동의 번영. 우리는 공동의 번영을 더 빨리 이루려는 목적을 위해, 어떤 사람과 어떤 지역이 먼저 번영하게 되는 것을 허용합니다. 그것이야말로 우리의 정책이 양극화로, 즉 부자를 더 부유하게 하고 빈자를 더 가난하게 하는 상황으로 이끌지 않을 이유입니다.

그는 반은 맞았고, 반은 틀렸다. 반이 틀렸다는 것은 부자가 더 부유해졌기 때문이고, 반이 맞았다는 것은 엄청난 빈부격차에도 불구하고 빈자가 더 가난해지지는 않았기 때문이다. 실제로 많은 사람이 더 부자가 되었다.

중국은 약 4억 명의 중산층을 만들어냈고 수억 명 이상을 절망적인 빈곤 상태에서 탈출시켰다. 분명 진전이 있었지만 다시 후퇴할 가능성을 배제할 수는 없다. 그러나 대부분의 사람들이 이전에 얼마나 가난했으며 그런 가난에서 벗어날 기회가 거의 없었고, 결국 오늘날 성인의 조부모 대부분은 중세 사회에서 농민이었다는 것을 기억할 수 있는 중국인은 충분히 많다. 이로 인해 공산당이 그 문제를 처리할 시간적 여유가 조금 더 주어지지만, 만일 빈부격차가 조만간 좁혀지지 못한다면 마침내 '조씨가 아닌 사람'의 원한이 커질 것이다.

정부가 직면한 또 다른 문제는 인구의 노령화이다. 물론 이것은 중국만의 문제는 아니다. 그러나 이것은 '한 자녀' 정책 때문에 중국에는 특별한 문제이며, 인구가 다른 나라들보다 훨씬 빠르게 노령화되고 있다는 것을 의미한다. 10년도 못 가서 노년층의 숫자는 2억에서 3억으로 증가할 것이다. 정부는 그러한 인구통계학적인 변화에 대비하고 있는가? 정부의 경제 정책은 젊고 풍부한 노동력에 의존해왔다. 이러한 이용 가능한 노동자—그리고 납세자—가 적어지는 것에 비례하여 동시에 노령 인구에 대한 돌봄을 제공해야 할 재정적 부담이 증대할 것이고, 경제적 진보를 위기로 내몰게 될 것이다.

이번에도 해결책은 분명하지 않다. 한 가지 선택지는 은퇴 연령을 5년 늘리는 것이지만, 그것은 단순히 문제를 연기하는 것일 뿐이며, 그사이 다른 문제를 일으킨다. 교육제도가 대량으로 배출하는 대학 졸업자들은 일자리가 필요하다. 실업과 승진 기회의 부족은 이미 어려운 문제가 되었고 노년층이 더 늦게 은퇴한다면 사태는 더 나빠질 것이다. 대안은 사회복지가 연금을 제공할 수 있도록 보장하고 '한 자녀' 정책을 폐기하는 것이다. 후자는 2015년에 이루어졌지만, 정부는 아직도 전자를 위한 재원을 마련할 방도를 찾는 중이다.

이것들은 한족들 내에서 고조되는 다중적인 분열을 나타내는데, 더 악화될 경우 잠재적인 위협이 된다. 경제 정책을 순조롭게 유지하고 외딴 지역을 잘 살펴볼 수 있으려면, 당국은 중국의 핵심 지역에 대한 통제력을 유지해야만 한다. 당국의 해결책은 반대 의견이 유포되는 것을 막고, 반대 세력이 결집하는 것을 금지하기 위해 정보의 흐름을 통제하는 것이다. 통합하기 위해서는 분리해야만 하며, 그래서 인터넷 시대에 중국의 만리방화벽Great Firewall이 등장하게 되었다.

여기서 모순적인 정책들이 생겨난다. 정보를 억압하는 동시에 전국적으로 그리고 바깥 세계와의 데이터 교환에 더욱더 기반을 두는 활력적인 경제를 만들어낸다는 것은 모순적이다. 인터넷 시대 초기에는 중국의 유일한 권력과 정보의 원천이라는 지위를 기를 쓰고 지켜내려는 정부에게 이것은 문제도 아니었다. 접근이 제한되었고, 따라서 모든 내부의 대중매체는 국가의 통제 아래 있었으며, 웹에 연결된 소수의 인터넷 카페나 대학은 물리적·전자공학적으로 손쉽게 감시될 수 있었다. 2005년에는, 전 인구의 10퍼센트만이 인터넷에 접속했다. 그러나 이제 그 수치는 50퍼센트로 올랐고, 계속 상승하고 있다. 그 숫자는 사용자가 약 7억 명이라는 말이며, 이는 전 세계 온라인 인구의 대략 4분의 1에 해당한다. 그리고 이것은 통제하기가 더 어렵다는 말이 된다.

디지털 세계에서 중국 인민들을 바깥 세계로부터 계속 단절시키는 것은 그들을 서로 분리하는 것보다 쉬웠다. 바깥 세계가 만리방화벽이라고 부르는 것이 중국에서는 '황금 방패Golden Shield'로 알려져 있다. 외부로 향한 이 방화벽은 민주주의, 자유 언론, 그리고 언플러그드 문화와 같은 유해한 관념들로부터 중국인을 보호하기로 되어 있다. 비록 방화벽을 뚫도록 고안된 가상사설망(VPN) 서비스 같은 몇몇 '차선책'이 있다고 해도, 대부분 중국인은 《타임Time》, 드롭박스Dropbox, 《이코노미스트Economist》, 페이스북Facebook, 유튜브Youtube, 국제사면위원회, 《티베트포스트Tibet Post》, 노르웨이 방송사, 《르몽드Le Mond》나 폰허브PornHub와 같은 다양한 사이트에 접속하지 못한다.

반면에 잠재적으로 정치적인 사이버 네트워크가 출현하는 것을 막고 나라의 한 부분, 가령 신장에서 일어나는 일에 나머지 지역이 침묵하도록 하는 내부의 벽이 있다. 공산당은 특히 같은 생각을 가진 집단들을 조직하는 데 이용되는 소셜 미디어를 두려워한다. 그들은 나중에 공공장소에서 시위를 하고, 더 나아가 폭동을 이끌 수도 있기 때문이다.

중국의 법과 정치를 연구하는 네덜란드 라이덴대학교의 로히어르 크리머스Rogier Creemers는 중국의 인터넷에 대한 세계적 전문가 중 하나다. 그는 바깥 세계가 디지털 혁명에 대해 중국 정부가 취하는 태도를 충분히 이해하지 못한다고 주장한다. "비교하자면 우리는 일반적으로 인터넷을 장밋빛으로 본다고, 즉 모든 사람이 자유롭고, 정보의 자유, 민주주의 등이 있는 것으로 본다고 말하곤 한다. 중국은 처음부터 훨씬 더 회의적이었다. 그들은 새로운 기술이 새로운 결과를 가져올 것이고, 우리가 그 결과를 처리해야 할 필요가 있다고 생각했다. 중국 사람들이 네트워크 보안에 관해 말할 때, 그들은 단지 기술적인 완성도[가령 전력선과 같은 물리적인 시스템을 손상되지 않게 보호하는]나 사이버 범죄를 의미하지 않는다. 그들은 경제적·사회적 안정을 약화시킬지도 모르는 인터넷 기술의 전체적인 역할을 의미한다. 따라서 예를 들면, 온라인에 떠도는 소문처럼, 우리가 사이버 보안으로 간주하지 않는 것들도, 그들은 그렇게 간주한다."

중국인은 디지털 영역을 통제하는 데서는 세계 제일이다. 물론 중국이 독재국가이기 때문에, 이것은 서구에서보다는 중국에서 더 쉽게 실행된다. 개방 사회가 똑같은 수준의 통제력을 행사하기는 훨씬 더 어렵다. 이것은 민주주의의 강점인 동시에 약점이기도 한데, 러시아는 이를 십분 활용하려고 했다.

블라디미르 푸틴Vladimir Putin 대통령 아래에서, 러시아는 내부의 반대자들을 약화시키기 위해 수년간 노력을 기울였다. 고전적인 사례는 RT라는 텔레비전 방송이다. 그 방송은 이전에는 영어, 프랑스어, 스페인어, 아랍어로 방송하는 '러시아 투데이Russia Today'로 알려져 있었다. 시청자는 적지만, 방송에서 나온 클립을 소셜 미디어에 여섯 개 언어로 올려서 더 많은 시청률을 올리기도 한다. RT의 일부 보도는 균형 잡혀 있지만, 많은 경우 보도를 관통하는 분명한 크렘린의 방침이 있다. 외국에서 일어난 사소한 부패 사건 이야기나 소규모 시위는 쇠퇴하고 부패하고 불안정한 나라라는 전체적인 인상을 주면서 주요 사건으로 과장된다. RT 외에도 스푸트니크를 비롯한 여러 방송국 등의 언론사를 추가할 수 있다. 좀더 최근에는 의도적으로 사람들의 편견을 이용해 먹으면서 의도된 허위 정보를 퍼뜨리고 온라인 담론을 혼란에 빠뜨리는 트위터봇과 무작위로 보이는 소셜 미디어 계정들의 융성을 목도했다. 그것들은 모두 함께 크렘린이 서구 국가들을 서로 분열시키는 데 일조하고 그 나라에 대한 국민의 신뢰를 약화시키고자 한다.

중국 역시 '당의 노선에 충실한 매체'에 관여하지만, 그런 메시지들을 적수들에게 강요하는 데 덜 공격적으로 보인다. 그럼에도 중국이 그렇게 하는 것은 외부에서 전달되는 메시지로부터 자신을 보호하려는 것이다. 중국은 구글, 페이스북, 트위터 같은 회사들의 자체 버전을 런런왕人人网(renren.com), 바이두百度(baidu.com), 웨이보微博(weibo.com)[3]의 형태로 갖고 있지만, 그것들은 심하게 감시받는다. 검열의 수준은 지역에 따라 다양한데, 예를 들어 티베트와 신장에서 방화벽은 더 높고 더 두껍다. 상하이의 대학생은 VPN을 이용

---

3 런런왕은 중국판 페이스북이고, 바이두는 중국 최대의 검색 사이트이며, 웨이보는 마이크로 블로그를 뜻하는 중국판 트위터라고 할 수 있다.

하여 금지된 외국 뉴스에 접근하고도 들키지 않을 수 있겠지만, 위구르의 성도省都인 우루무치의 대학생은 아마도 시 경찰 본부에서 그 기술에 관한 토론에 초청을 받을지도 모른다. 누가 VPN을 사용하고 있는지, 그리고 어떤 목적을 위해 사용하는지 추적하는 방법이 있으며, 정부는 그것에 관한 모든 것을 알고자 한다. 정부는 몇몇 국내외 기업과 개인들이 사업 목적으로 그 기술을 사용하리라는 것을 알지만, 대체로 눈감아주는 편이다. 그러나 2009년 위구르에서 활동가들이 페이스북에 접속하는 데 성공했는데, 그 사건 후 페이스북은 중국에서 지속적으로 법적인 문제에 부딪히고 있다.

2013년까지 일련의 스타트업 미디어 플랫폼이 인터넷이 제공하는 기회를 엿보았다. 일부는 아주 인기가 많았지만 곤경에 처하게 되었고 금지당했다. 예컨대, 2015년 가을에 스타트업 뉴스 사이트인 이니티움 미디어Initium Media가 홍콩에서 창업했다. 꼭 일주일 후에 톈진의 북부 도시에 있는 화학 공장에서 폭발이 있었다. 이니티움의 기자들은 어렵사리 보안 통제선을 지나 현장에 도착하여 173명이 사망했다는 것을 알아내었고, 공장주가 깊이 연루되어 있다는 후속 보도를 냈다. 며칠 후, 아무런 공식적인 발표도 없이 그 사이트는 중국 본토에서 차단당했고, 회사의 사업 모델을 바꾸어 다소 작은 시장인 중국 바깥의 중국인들에게 보도하는 데 집중하도록 강요받았다.

당국은 2010년에 특히 스마트폰이 이용 가능해지고 가격도 적당해져 사람들이 쉽고 빠르고 언제라도 정보를 전파할 능력을 갖추게 되었을 때 경각심을 가졌다. 따라서 크리머스 박사가 설명하듯이, 지도부는 소셜 미디어를 사적인 영역으로 밀어 넣을 수 있는 많은 정책과 규제를 활용했다. "예를 들어 지도부는 웨이보 플랫폼의 인기를 떨어뜨리고, 위챗Wechat을 광범위하게 권장했다. 왜일까? 위챗은 공적이지 않기 때문이다. 만일 당신이 당신의 채팅 집단 내에서 무언가를 공유한다면, 그것은 수많은 사람들에 의해 공유되지 않을 것이며, 공유된 것은 느리게 공유된다. 이는 감시를 더 수월하게 한다. 그것이 분리하고 통치하는 것이다."

2017년에 새로 법제화된 중국의 사이버 보안 법안은 은유적으로 말하면, 이전의 그 어떤 장벽보다 높게 세워졌다. '디지털 주권'을 보장하기 위해 제정된 그 법안은 공산당의 해석대로 하기 위해 고안된 고전적인 '포괄적' 법안이다. 예를 들어 한 외국 회사가 중국의 중요한 정보 구조의 어떤 부분에 관련되어 있다면, 그 회사는 모든 정보를 중국 내부의 물리적 데이터베이스에 저장해야만 한다. 무엇이 '중요한' 것인지는 정의되지 않았다. 정부는 이러한 정보에 접근할 수 있으며, 이 정보는 정보국의 검사를 통하지 않고서는 중국 바깥으로 보내질 수가 없다. 외국과 국내의 소셜 미디어 회사는 사용자들의 모든 등록 세부사항을 보관한 다음, 적어도 여섯 달 동안 그들의 온라인 활동을 추적하고 기록하여, 정부가 요구할 때 그 데이터를 넘겨줄 준비를 해두어야 한다. 법률상의 언어는 아주 느슨해서, 이론적으로는 중국에 사무실이 있는 모든 외국 회사가 중국 내부에서 중국 시민들에 관해 갖고 있는 모든 정보를 저장해야 한다. 또한 회사는 정부가 회사의 데이터 저장을 검사할 때는 적극적으로 협조하는 데 동의해야만 한다.

이 모든 것에 비용이 드는데, 국내 기업들은 차라리 다른 데에 썼을 비용이고 외국 기업들은 멈칫거렸을 비용이다. '지적 재산'에 대한 위험에 관한 추가된 우려와 더불어, IT와 신기술 회사들은 특히 좀더 우호적인 사업 환경에 대신 투자하기로 결정할 수도 있을 것이다. 이는 이론상으로는 국내 회사들이 발전할 공간을 열어놓을 수도 있겠지만, 그들도 결국에는 정보와 아이디어의 자유로운 흐름에 대한 규제 탓에 방해받게 된다. 심지어 입법이 이루어지기 전인 2016년에도, 《워싱턴포스트Washington Post》는 중국에 있는 미국상공회의소를 인용하여, 회원사 중 5분의 4가 인터넷 규제와 검열로 인해 사업상 부정적인 영향을 경험했다고 보도했다.

크리머스 박사는 공산당을 정치적 불안정의 어떤 징후를 찾기 위해 꾸준히 지평선을 탐지하는 '최종적인 위기관리 회사'로 서술한다. 그에 따르면, 인터넷이 처음 중국에 들어왔을 때, 중국 당국은 그것을 어떻게 다룰지 알아내는 데 몇 년이 걸렸지만, 이제 그들은 어디에 노력을 집중해야 하는지 아주 분명히 알고 있다.

정부가 개발한 가장 중요한 전술은 조직화된 반대를 사전에 방지하는 것이다. 그들은 교차적인 이해관계가 실현되도록 허용하지 않을 것이다. 그들은 인민들을 계속 갈라놓아서 계급, 지리 또는 그 무엇에 따라 조직화할 수 없게 해야만 한다고 믿는다. 전통적인 미디어는 범위가 제한되도록 조직되어 있었다. 예컨대 철강 산업을 위한 직업적인 신문은 오직 철강에 관해서만 기사를 썼고, 지역 신문들은 그들 지역에 관해서만 보도할 수 있었다. 따라서 하나의 배출구가 불량이 된다고 해도 피해는 제한적이었다. 인터넷은 그 모델을 망쳐 버렸다. 최근의 역사에서 최초로 개별 중국인들은 대중적인 소통 수단에 접근했고, 몇 년간 인터넷이 미쳐 날뛰었다. 일부 사람들은 정부가 편집증적이라고 생각한다. 나는 확신하지는 못하지만, 정부가 아주 냉정하게 모든 것을 알고 있다고 생각한다.

권력 독점에 대한 위험이 늘어남을 깨달은 시진핑은 사이버 전략을 만드는 집단들에게 자신에게 직접 보고하도록 지시함으로써 중국의 사이버 전략을 철저히 점검하도록 압박했다. 시진핑에게 커뮤니케이션의 증대는 잠재적인 위협이기에 검열이 맨 꼭대기에서 시작된다.

시진핑은 인터넷의 잠재력을 충분히 인식한 최초의 중국 지도자다. 직무를 맡은 2013년 이후 그는 중국 내부와 외부의 모든 사이버 전략을 직접 감독했다. 정부의 주요한 사이버 담당 부서는 모두 그가 의장으로 있는 위원회에 직접 보고한다. 그는 이 권력을 정책 입안뿐 아니라, 그의 페르소나를 둘러싼 모종의 '인격 숭배'를 도모하는 데도 이용했다. 공산당은 '핵심 지도자Core Leader'라는 칭호를 그에게 '부여하기'까지 했는데, 이것은 그를 마오쩌둥과 덩샤오핑만이 차지하고 있는 영웅의 자리에 앉히는 것이고, 절대 권력에 가까운 어떤 것을 암시하는 것이다. 핵심 지도자의 얼굴은 이제 중국 어디에나 있다. 광고판, 사무실, 그리고 베이징과 상하이부터 만리장성에 이르기까지 온 나라의 관광객 상점에서 판매 중인 수백만 개의 상품에서 당신을 굽어본다.

2017년 후반 중국 공산당 제19기 전국대표회의에서 시진핑은 권력을 한층 더 공고히 다졌다. 그는 지지자들이 정치국원으로 선출되도록 보장해주었고, 그 결과 이제는 그들이 '새로운 시대에 맞는 시진핑 중심의 중국적 사회주의 사상'이라는 개념을 홍보한다. 지도자의 생각이 '사상'으로까지 격상된 것은 마오쩌둥 이후 최초였고, 이것은 중국의 정치적 조건에서는 최고의 지위이다. 뒤이어 2018년 3월에 그는 주석직 연임 제한 규정을 삭제하는 것을 허용했는데, 이로써 이론상 그는 죽을 때까지 주석이 될 수 있다.

. . .

그러나 또 다른 디지털상의 분열이 있는데, 이것은 영어를 하는 소수의 중국인과 못하는 중국인 사이의 분열이다. '톈안먼 광장, 봉기, 탱크'라는 단어를 독일어로 된 바이두 검색창에 입력하면, 당신은 아마도 독일어로, 1989년의 사건으로 링크될 것이다. 동일한 단어들을 중국어로 입력하면, 당신은 아마도 다음과 같은 화면을 보게 될 것이다. "관련 법률과 규정, 그리고 정책에 따라, 일부 결과는 표시되지 않습니다"라는 문구 혹은 운이 좋다면, 세계의 위대한 관광명소 중 하나를 담은 멋진 합성사진을 보게 될 것이다.

중국 미디어 프로젝트의 공동 책임자인 데이비드 반두르스키 David Bandurski는 중국의 사이버공간 관리 부서에서 사용하는 '긍정적 에너지'라는 새로운 용어의 도입을 지적했다. 그가 주장하기에, 이 용어는 당국자가 수용할 수 있는 내용을 완곡하게 표현한 것이지만, 일부 중국인 학자들은 "'긍정적 에너지'를 촉진한다는 미명 아래 이루어질 '우파들'에 대한 일제 단속 가능성을 우려한다." 2016년까지 그 부서의 우두머리는 루웨이魯煒였는데, 그는 정보의 힘을 이해하는 사람이었다. 루웨이는 사이버 관련 업무를 맡기 전에는 신화통신사의 여러 직책을 두루 역임했다. 그 후에 그는 중국 공산당 선전부 부부장으로 승진했는데, 이는 본질적으로 중국의 모든 미디어를 통제하는 직위를 의미한다. 중국이 덩샤오핑의 '중국적 사회주의'라는 구절을 연상시키는, '중국적 사이버 거버넌스'를 가진다고 말한 사람이 바로 루웨이였다. 루웨이는 중국이 "외부 세계에 매우 친절하지만, 나는 누가 내 집에 손님으로 올지 선택할 수 있다"고 덧붙였다.

인터넷 검열은 중국의 경제적 잠재력을 제약한다. 중국은 여전히 전 세계의 40퍼센트에 달하는 디지털 소매 매출을 올리는 전자상거래의 세계적 리더이다. 하지만 인터넷 소매 상거래와 혁신은 다른 것이다. 중국은 훨씬 더 큰 내수 시장을 창출할 뿐 아니라 최고급 상품을 만들고 최첨단 기술을 개발하고 싶어 한다. 비록 아이폰이 중국에서 만들어진다고 해도, 그 디자인과 기술은 저 멀리 실리콘밸리에서 온다는 것을 중국은 매우 잘 알고 있다.

이것은 당분간 지불할 가치가 있는 가격이라고 정부는 믿는다. 그것은 균형을 잡아가는 행동의 일부이자 시간이 걸리는 모험이기도 하다. 공산당은 14억 인구를 먹여 살리고, 그들을 위한 일자리를 찾고, 그들이 만들 수 있는 물건들을 찾고, 그들이 그 물건들을 팔 수 있는 시장을 발견할 수 있게 해줄 필요가 있다. 동시에 공산당은, 민주주의를 열망하는 학생들이든, 독립을 생각하는 티베트인들이든, 파룬궁을 수련하는 종교적인 형태이든, 심지어는 자유에 대한 예술적인 표현이든 간에, 어떤 조직적인 저항의 가능성도 분쇄해야 한다고 믿는다. 그것이 경제 기적을 희생하여 정보의 자유로운 흐름을 억제하는 것을 뜻한다면, 그렇게 하라.

진시황은 전국戰國을 통일할 수 있다는 자신의 능력을 확신했을 때 비로소 전국의 내부 장벽을 무너뜨렸다. 2000년 이상의 세월이 흐른 후에도 지도부의 권력, 그리고 한족과 나라의 통일은 여전히 우선순위이다. 그 통일이 중국을 나머지 세계로부터 분리하고 그 자신을 분열시키는 디지털 장벽을 통해서 달성된다고 해도 말이다.

2

미국
세계 제국의 폐쇄성

"내게 50피트 장벽을 보여 달라.
그러면 나는 당신에게 51피트 사다리를 보여주겠다."

재닛 나폴리타노Janet Napolitano(전 미국 국토안보부 장관)

멕시코의 시우다드후아레스를 뉴멕시코주 선랜드 공원으로부터 분리하는 미국-멕시코 국경 장벽의 일부.

도널드 트럼프가 제45대 미국 대통령으로 당선된 다음날, 신보수주의 평론가 앤 콜터Ann Coulter는 취임 첫 100일 동안의 우선 과제를 꼼꼼하게 계획한 '세부 일정표'를 발표했다. 그녀는 이렇게 시작했다. '첫째 날: 장벽 세우기 시작.' 그다음에는 이렇게 나아갔다. '둘째 날: 장벽 세우기 계속.' 계속해서 '셋째 날: 장벽 세우기 계속. 넷째 날: 장벽 세우기 계속.' 이렇게 계속되어 '100번째 날: 장벽의 진전에 관해 미국 국민에게 보고. 장벽 세우기 계속'으로 끝난다. 이것은 조회 수를 노리는 오만한 저널리즘에 기댄 막 나가는 기사이다. 이런 기사는 콜터가 주택담보대출을 갚는 데는 도움이 되겠지만, 그녀가 그런 일이 일어날 거라고 생각할 만큼 어리석지는 않았을 것이다. 그리고 물론 그런 일은 일어나지 않았다.

수개월 동안 트럼프는 미국으로의 불법 이민을 막는 데 도움이 되도록 미국-멕시코 국경에 장벽을 세우는 것을 약속해왔다. 비록 그가 대개는 (발레리 지스카르데스탱Valéry Giscard d'Estaing 대통령에 관한 프랑스식 표현을 사용하자면) '그 자신의 비범한 재능에 조언을 구하는' 것처럼 보이긴 해도, 백악관에 들어가기 전에 이미 그는 장벽 건설

비용, 그에 대한 정치적 반대, 그리고 마찬가지로 중요한 그 장벽이 세워지게 될 지형에 관한 정보를 들었다. '장벽, 위대하고 크고 아름다운 장벽'에 관한 연설은 그의 핵심 지지자들에게는 잘 먹혔다. 그러나 그것은 대규모 토목 사업을 시작하기에는 토대가 빈약했고, 그의 머릿속에 있는 계획은 머지않아 현실의 벽에 부딪혔으며, 워싱턴 DC의 모래 수렁에 맞닥뜨렸다.

트럼프가 당선되고 몇 주 안에, 린지 그레이엄Lindsey Graham 같은 보수적인 공화당 상원의원은 그 모래 수렁에서 기어오르고 있었다. 연방의회에서 가장 영리한 수완가 중 하나인 그레이엄은, 마치 대통령의 연설이 제2차 세계대전 중에 프랑스 레지스탕스에게 "여기는 런던! 장은 긴 콧수염이 있다This is London! Jean has a long moustache"라고 암호화된 BBC 라디오 방송의 스타일로 전달된 것처럼, '장벽'이라는 단어가 '더 나은 국경 안보를 위한 암호문'이라고 말하기 시작했다.

그것은 암호문이 아니었다. 트럼프는 그 장벽이 평균 9미터 높이의 성형 콘크리트 판재로 건설될 것이라고 구체적으로 못을 박았다. 그러나 그처럼 은유적인 표현인 척하는 것은 공화당이 너무 많은 피해를 입지 않고 진행할 수 있도록 해주는 유용한 언어적 속임수였다. 트럼프 대통령은 잔여 회계연도에 정부 지출을 지원하는 1조 1000억 달러에 서명했다. 장벽을 위해 떼어놓은 돈은 모두 0달러였다.

이는 아마도 세계에서 가장 유명한 실재하지 않는 장벽일 것이다. 그러나 그것이 아직 건설되지 않았다고 해도, 그것은 어떻게 분리가 추진되어왔고 계속해서 추진되고 있는지를 보여주는 강력한 상징이며, 문화적·정치적으로 막강하고 거대한 미국이라는 존재의 상징이다.

그럼에도, 재원 부족이 대통령을 멈추게 하지는 못했다. 미국 세관국경보호청(CBP)은, 그 장벽이 "해머, 자동차용 잭, 곡괭이 …… 프로판가스, 부탄가스 또는 그밖의 유사한 휴대용 도구들로부터" 네 시간까지 타격을 견뎌낼 만큼 충분히 강해야 한다는 조항을 붙여서, 입찰자들에게 트럼프의 장벽을 세우라고 요구했다. 다른 규칙은 그 장벽이 "물리적으로 으리으리한 높이"여야 하고 "오르기 불가능"해야 한다는 것이었다. 200개 내외로 마감된 제안서들은 흥미로웠다.

캘리포니아의 로드하드리안Rod Hadrian 사에서 온 한 참가자는 그와 똑같은 이름의 로마 황제(영국에서 외적을 막기 위해 방벽을 세운 하드리아누스 황제―옮긴이)가 낯선 무리를 막아내는 데 거둔 제한된 성공을 태연하게 지나쳤다. 피츠버그에 본사가 있는 클레이튼인더스트리스Clayton Industries 사에서 온 또 다른 참가자는 다음과 같은 답을 갖고 있다고 말했다. 멕시코 쪽 국경선에는 체인으로 이어진 담장, 그리고 미국 쪽에는 장벽을 세우고, 그 둘 사이에는 방사능 폐기물로 채워진 도랑이 흐르게 하는 것이다. 일리노이주의 클래런스에서 온 크라이시스리솔루션시큐리티서비스Crisis Resolution Security Services 사는 포탑과 총안銃眼이 있는 성벽을 완비한, 중국의 만리장성과 똑같아 보이는 디자인을 제출했다. 그것은 9미터 높이의 다져진 흙으로 된 벼랑길 위에 8미터 높이의 콘크리트 장벽 두 개를 세우는 것이었다. 중국의 만리장성처럼, 꼭대기 부분을 따라서 보행 통로가 있었지만, 그 회사의 창업자인 마이클 하리Michael Hari는 또한 그 벽을 따라서 자전거를 타고 그것을 관광명소로 바꿀 가능성을 보았다. 전직 보안관 대리인 하리는 불법으로 미국에 들어오려는 사람들이 안타깝긴 하지만 애국심 때문에 디자인을 제출한다고 말했다. 그는 《시카고트리뷴Chicago Tribune》에서 이렇게 말했다. "우리는 그 장벽을 이민에 대한 물리적 장애물로 볼 뿐 아니라, 외부인들로부터 문화, 언어, 유산을 지켜내기 위한 미국인의 결의의 상징으로 봅니다."

이것이 문제의 핵심이다. 장벽은 불법적으로 넘어오는 것을 줄일 수 있다. 비록 이 특수한 국경 장벽이 특히 구멍투성이라고 해도, 장벽은 그 이상의 역할을 한다. 즉 장벽은 "무언가 이루어지기를 원하는" 사람들이 무언가 이루어지고 있다고 느끼게 해준다. 《폭력적 국경Violent Borders》을 쓴 하와이대학교의 리스 존스Reece Jones 박사가 말하듯이, "그것들은 인지된 문제들에 대항하는 행동의 강력한 상징이다." 중국의 만리장성은 문명 세계를 야만으로부터 분리하려는 목표를 가졌다. 트럼프의 장벽은 미국인과 비미국인을 분리하는 것을 목표로 한다. 미국인들을 통합하는 것은 국가의 이상이며, 이제 일부 사람들에게 트럼프의 장벽은 그 개념의 보존과 신성함을 의미한다. 그것은 "미국을 다시 위대하게" 만든다는 생각을 지지하며, "미국을 최우선"으로 하기 위해 존재하는 지지를 상징한다.

모든 나라에는 분열이 있다. 건국의 아버지들은 이를 알고 있었고, 하느님 아래 모두가 평등한 하나의 국가를 세우려고 시도했다. 건국 초기의 결함들, 특히 노예제는 잘 알려져 있다. 그러나 시련의 역사 후에 미국은 헌법적이고 법률적인 용어로, 시민의 권리와 평등을 보호하고 내적인 분열을 극복하려고 노력하는 자유로운 국가가 되었다. 이것은 그 자체로 주목할 만한 업적이다. 법적인 평등은 실질적인 평등을 달성하기 위한 강력한 토대이다.

미국의 이상 중 하나는 모든 미국 시민이 미국인으로 규정되는 것이다. 즉 인종, 종교, 민족적 배경이 아니라 공유된 가치로 묶이는 하나의 국민으로 규정되는 것이다. 미국 국새國璽의 독수리 부리에 물려 있는 모토는 '다수로부터 하나로E pluribus unum'이다. 대부분의 국가 이상으로, 미국은 전 세계에서 온 사람들을 하나의 국가로 융합하는 데 어느 정도 성공했다. 예를 들어, 레바논이나 시리아에서 국가 정체성은 민족적, 종교적, 또는 종족적 정체성보다 뒤에 놓인다. 그럼에도 어떤 부분은 광채와는 거리가 멀고 다른 부분은 녹슬고 있다는 것을 보기 위해 '언덕 위의 빛나는 도시'를 너무 가까이서 살펴볼 필요는 없다.

각각의 장벽은 고유한 이야기를 들려준다. 이라크의 국경선에 있는 사우디아라비아의 장벽은 기능적이며, 실제로 기능하고 있다. 그것은 '타자'에 대한 사우디아라비아의 의심을 보여주는 증거로 세워진 것이 아니다. 그 경계선 건너편의 '타자들'은 대개 사우디아라비아 왕국의 사람들과 종교, 언어, 문화가 동일하기 때문이다. 미국은 다르다. 장벽 지지자들에게 장벽이 매우 중요한 까닭은, 미국으로 들어오는 사람들의 '타자성' 때문이며, 몇몇이 '미국적' 문화라고 여기는 것을 그들이 약화시킬 수 있다는 두려움 때문이다. 장벽을 반대하는 사람들에게, 장벽은 자유, 해방, 평등이라는 미국의 가치에, 그리고 미국 그 자체에 대립된다. 장벽을 둘러싼 논쟁은 다가올 세기에 '미국적'이라는 말이 무엇을 의미하고, 누가 그것을 규정하는가에 관한 논쟁의 핵심으로 다가온다.

. . .

미국 인구조사국에 따르면, 2015년 텍사스의 인구는 2750만 명이었고, 그중 38.8퍼센트가 히스패닉이었다. 비당파적인 싱크탱크인 퓨리서치센터Pew Research Center의 연구는 2014년 텍사스주에는 450만 명의 이민자가 있었고, 그중 다수는 스페인어 사용자였음을 보여준다. 이러한 추세는 그 지역의 몇몇 다른 주에서도 발견된다. 애리조나주 피닉스 남쪽으로 펼쳐진 평평한 사막지대를 지나서 약 300킬로미터 떨어진 국경을 향해서 갈수록, 즉 남쪽으로 가면 갈수록 더욱더 많이 스페인어를 듣게 되고, 좀더 히스패닉하게 살아가게 된다. 이러한 추세가 늘어나면서 수십 년 안에 여러 주는 학교와 정부 기관에서 영어와 동등하게 스페인어를 사용할 법적인 권리를 부여하게 될 것이다. 연방 수준에서 미국은 어떤 공식 언어도 없지만, 50개 주 중에서 30개 주에서는 일반적으로 공식 언어가 영어로 통용된다. 그러나 텍사스와 뉴멕시코를 포함한 몇몇 주는 이미 영어와 스페인어 둘 다 정부 문서에 사용하고 있으며, 세월이 지남에 따라 불가피하게 더욱더 많이 뒤따르게 될 것이다. 스페인어와 스페인 문화가 점점 더 지배적으로 됨에 따라, 어떤 지역들은 연방제로부터 훨씬 더 큰 자율성을 요구하기 시작할 수도 있다. 이런 일은 수십 년이 걸릴 수도 있지만 실제로 일어날 가능성이 매우 크다. 역사에는 그런 방식으로 진화하는 국민국가의 사례가 널려 있다.

따라서 일부 미국 유권자는 인구통계학적 변화에 따라 미국이 더는 백인이 다수를 차지하고 영어를 사용하는 국가가 되지 못할 것이라고 우려한다. 그리고 이것은 현재 미국 정치를 추동하는 이슈들 중 하나이다. 이민 배척 정책은 트럼프의 당선으로 정점에 이른 것으로 보이며, 콘크리트 장벽의 건설은 미국 역사의 특별한 시기를 상징하게 될 것이다. 그러나 미국-멕시코 국경이 오랫동안 골칫거리였음을 이해하는 것이 중요하다. 현재의 국경선은, 멕시코-미국 전쟁을 종식시킨 1848년의 과달루페이달고 조약Treaty of Guadalupe Hidalgo에 따라서 그어진 것이었다. 언젠가 그 국경선이 바뀌리라는 것은 상상할 수 없는 일이다.

정확히 어디에 구분선을 그을 것인가 하는 문제는, 주요 항구인 뉴올리언스를 통해 미국으로 흘러 들어가는 미시시피강 수계의 시작을 알린 1803년 루이지애나 매입 이후 국가 안보의 중요 사항이 되었다. 당시 스페인 사람들은 텍사스를 '새로운 스페인'의 일부로 통제했고, 이는 잠재적으로 적대적인 군대가 뉴올리언스의 타격 범위 안으로 접근할 수 있다는 것을 의미했기에 미국인들에게는 근심거리가 되었다. 미국인들은 그 지역을 통제하고자 했다. 미국인들은 텍사스가 매입한 루이지애나의 일부라고 주장했다. 스페인은 의견을 완전히 달리했지만, 처음부터 약자의 처지였다. 1793년

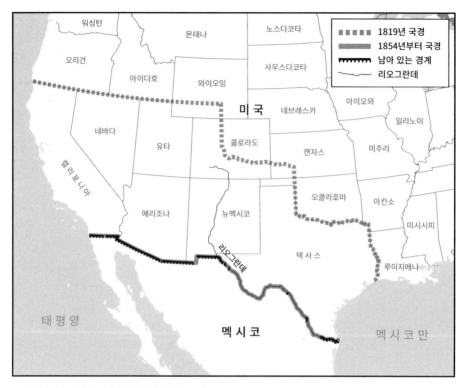

1819년과 2017년의 미국-멕시코 국경, 장벽 포함

의 스페인 인구조사에 따르면, 텍사스에는 비원주민 미국 거주자가 5000명 미만이었다. 스페인은 멀리 떨어져 있었고, 유럽에서 치른 전쟁으로 이미 약해졌으며, 확장하려는 야망을 품은 미국은 텍사스에 이웃하고 있었다.

1819년, 이어지는 일부 협상에 따라 두 나라는, 미국이 그 지역에 대한 어떤 요구도 하지 않기로 하고 플로리다가 미국에 귀속하며 스페인은 텍사스를 계속해서 통제한다는 데 합의했다. 그러나

1821년 멕시코는 스페인과의 독립전쟁에서 승리했고, 텍사스를 영토의 일부라고 주장했다. 여전히 그 당시 토착 인구의 수가 크게 열세였기에, 멕시코는 자신의 주도권을 위협하는 가장 큰 존재가 코만치comanche 국가이며, 따라서 통제를 공고히하는 정책의 우선순위가 텍사스의 인구를 늘리는 것이라고 느꼈다. 그러나 이것은 실제로는 정반대의 결과를 낳는 데 도움이 되었을 뿐이다.

더 많은 미국인이 코만치와 멕시코 원주민 사이에서 완충장치로 작용하고 쉽게 주민들 속으로 흡수될 것으로 생각했기에, 멕시코 정부는 멕시코 출신뿐 아니라 미국 출신 식민지 주민들을 끌어들이기 위한 온갖 유인책을 제공했다. 실제로, 이민자들은 3년 만에 멕시코 시민권을 부여받았다. 그러나 새로운 이민자들은 멕시코 문화의 어떤 측면에 저항했고, 정부가 바란 대로 동화되지 않았다. 특히 두 가지 장애물이 있었는데, 그것은 종교와 노예제였다.

들어온 대부분의 미국인은 신교도였고, 그들 중 일부는 독실했다. 그들은 멕시코가 그 영토의 유일한 종교이기를 고집한 가톨릭을 포용하려고 하지 않았다. 그들 중 다수는 또한 노예 소유자였던 반면, 멕시코는 1829년에 노예제를 공식적으로 불법화하면서 폐지를 지지했다. 비로소 문제를 인식한 멕시코는 이민을 제한하려 했지만, 사람들은 계속 불법적으로 들어왔고, 1834년 무렵에는 그 숫자가 현저하게 늘어나 멕시코 주민들보다 거의 열 배나 되기에 이르렀다. 점증하는 적대감은 워싱턴 DC의 마음에 들었고, 워싱턴은 멕시코의 통치에 저항하는 반란을 부추겼다. 그 결과 텍사스는 1836년 스스로 공화국을 선언했다. 그다음에 텍사스는 미합중국에 가입하려 했지만, 수년 동안 워싱턴은 그 요청을 거부했다. 두 가지 중요한 문제가 있었다. 첫째, 뉴올리언스와 멕시코 사이의 사실상 완충지대가 이미 만들어졌고, 멕시코인들의 심사를 뒤집어놓는 일이 가치 있는 일로 간주되지 않았다. 둘째, 연방은 노예제에 대해 혼란스러웠고 텍사스는 노예제 국가였다. 그럼에도 1845년에 워싱턴은 동의했다. 텍사스는 28번째 주가 되었고, 미국의 남쪽 국경선은 이제 리오그란데에 다다랐다.

그다음에 미국은 계속 서쪽으로 향해 멕시코-미국 전쟁을 일으켰다. 1846년에 리오그란데에서의 작은 전투가 도화선에 불을 붙였다. 그 전쟁은 1848년까지 계속되었고, 전쟁이 끝났을 때 멕시코는 과달루페이달고 조약에서 오늘날의 뉴멕시코, 애리조나, 네바다, 유타, 캘리포니아의 거의 전부를 포함하여, 영토의 약 3분의 1을 잃었다. 그랬다. 멕시코는 약했고, 미국은 강했다. 그러나 이러한 상황이 영원히 지속되지는 않을 것이다. 국경선은 과거에도 바뀌었고, 다시 바뀔 수 있다. 미국인들은 그 사실을 인식하고 있다. 그들은 오랫동안 남쪽 국경선을 따라서 스스로 저지선을 쳐왔고, 이는 공화당만의 특징은 아니다.

1848년에 멕시코-미국 전쟁이 끝난 뒤 두 나라 사이에 경계선을 조사하고 확정하려는 노력이 6년간 이루어졌지만, 처음에는 단지 52개의 표지가 3200킬로미터의 국경선을 표시했고, 그 경계선은 대체로 단지 우연히 지켜졌을 뿐이다. 그러나 금주령 시행 시기 (1920-33년)에 멕시코로부터의 알코올 밀수가 급격히 증가했고, 그 문제에 맞서기 위해 1924년에 미국 국경순찰국이 설치되었다. 1년 후에 엘파소시는 '아주 단단하고 높은 주류 밀매자 방지 철책'을 세우도록 권고받았다. 물론 그것은 국경선을 넘는 불법적인 주류의 유입을 저지하는 데 결코 완전히 성공하지 않았다. 결국 엄청난 이익이 생겨날 수 있었다. 세월이 흘러 금주법은 종료되었지만, 불법적인 상품은 계속 국경을 넘었다. 미국인들은 마약 소비를 늘리기 시작했고, 술 대신에 점점 더 많은 양의 마리화나, 헤로인, 코카인이 수요에 맞추어 배로 건너왔고, 동시에 일자리를 찾기 위해 북쪽으로 향하는 사람들의 수도 더욱 늘어났다.

멕시코로부터 미국으로 넘어가는 이주자의 흐름에서 특별한 전환점은 대공황기에 일어났다. 미국 전역에 심각한 경제적 문제들이 생겨나자, 이주자들이 미국인의 일자리를 차지하는 것이 핵심 문제로 부각했고, 특히 멕시코인이 표적이 되었다. 멕시코인의 본국 송환 동안, 50만 명에서 200만 명의 사람들이 멕시코로 추방되었고, 그들 중 다수는 실제로 미국에서 태어난 시민이었다. 미국은 제2차 세계대전에 참전했을 때 한 번 전략을 변경하였다. 다수의 미국 노동자들이 전시 경제로 흡수되자, 1942년부터 급속히 발전하는 전후 미국 경제를 뒷받침하기 위해 특히 농업 노동자를 끌어들이려는 혼신의 노력을 기울였고, 이런 추세는 1960년대 중반까지 지속되었다.

경제 침체와 이민자의 증가로 이민의 기준을 새로 바꾸어야 할 필요가 생겨 정부의 이민 정책은 다시 바뀌었고, 장벽은 본격적으로 높아지기 시작했다. 1978년에 이민귀화국Immigration and Naturalization Service(INS)은 꼭대기에 철조망이 있는 3.6미터 높이의 담장 두 개를 텍사스에 세우려고 입찰에 부쳤다. 휴스턴 출신의 한 계약자는 날카로운 면도날이 있는 와이어가 '[담장을] 기어오르려는 사람의 발가락을 절단'할 것이라고 이민귀화국을 확신시켰다. 이미 담장 건설이 늘어나고 있었지만, 이 특별한 발언 탓에 그 계획을 '토르티야 커튼Tortilla Curtain'[4]이라고 부르는 비평가들과 더불어 국민적 관심과 분노를 유발했다. 그 이슈는 국민 의식 안에 이미 자리하고 있었지만, 이 사건은 대중적인 인식을 한층 높이는 데 도움이 되었고, 이후로도 계속 높아지고 있다.

손발가락 절단이라는 축복받지 못할 일에도 불구하고 담장 건설은 계속되었지만, 이민의 수준은 현저하게 감소하지 않았다. 1986년 로널드 레이건Ronald Reagan 대통령은 거래를 했다. 1982년 이전부터 미국에서 살고 있는 약 300만의 불법 이민자들이 '사면'을 받았다. 그 대신에, 의회는 강화된 국경 보안뿐 아니라 기업이 불법 이민자들을 고용하는 것을 막기 위해 더 엄격한 규제를 승인하였다.

그 후 몇 년간 장벽이 추가로 세워졌지만, 예산이 한정된 탓에 베트남 전쟁 때 임시 항공기 활주로로 사용된 유공철판 같은 폐자재들을 사용하기도 했다. 남부 캘리포니아에 길게 뻗은 장벽은 이러한 금속판 수백만 개를 사용하여 건설되었지만, 비용을 줄이기 위해 금속판을 수직이 아니라 수평으로 세웠다. 그것들은 더 넓은 면적을 덮었지만 당연히 더 낮아졌고, 금속판은 주름이 잡혀 있었

---

4 토르티야는 멕시코의 얇게 구운 옥수수 빵을 뜻한다.

기 때문에 넘어가는 데 조금의 도움이라도 필요한 사람에게는 간편한 발판을 제공하기도 했다. 아무리 담장이 높이 세워지더라도 사람들은 여전히 비교적 쉽게 넘어갈 수 있었다. 국경순찰대 대원들은 다양한 장벽이, 단지 사람들이 미국으로 들어올 수 있는 속도를 늦추어서, 그들을 좀더 쉽게 체포하도록 해주는 방법일 뿐, 그들이 들어오는 것을 멈추게 하는 수단이 아니라고 생각하기 시작했다.

2000년대 초 조지 부시 대통령이 취임하고 9·11 사태의 여파로, 미국 행정부는 대부분의 경계선을 따라서 전례 없는 분리를 시행하는, 완전한 국경 요새화 프로그램을 개시하였다. 의회는 또 다른 1100킬로미터에 장벽이 세워질 수 있도록 동의하는, 안전장벽법안Secure Fence Act을 승인하였다. 그 법안에 찬성한 사람 중에는 힐러리 클린턴Hillary Clinton과 버락 오바마Barack Obama도 있었다. 그러나 이러한 개선과 초당적인 지원이 있고 나서도, 그 장벽은 국경순찰대 대변인 마이크 스키올리Mike Scioli가 2008년에 표현한 것처럼, '사막의 과속방지턱' 이상이 되지 못했다.

오바마 대통령이 백악관에 왔을 때 960킬로미터가 넘는 장벽이 있었고, 그는 담장을 계속 세우고 늘렸다. 어떤 지역에서는 2층으로, 이따금 3층으로까지 세웠다. 그의 임기 동안 불법 이민자를 꾸준히 강제 추방했고, 미국 입국이 가로막힌 사람들도 증가했다. 이로 미루어 볼 때, 2006년 4월 그가 상원 연설에서, 미국으로 유입되는 '불법 체류자의 홍수'를 허용하는 이민 제도가 '고장났다'고 표현한 것은 별로 놀랍지도 않다.

미국 국민은 우호적이고 관대한 사람들입니다. 그러나 우리 나라에 불법적으로 입국하는 사람들과, 그들을 채용하는 사람들은 법의 지배를 존중하지 않습니다. 그리고 우리는 테러리스트들이 우리의 국경을 위협하는 시대에 살고 있기 때문에, 단지 들키지 않고 증명서도 없고 검사도 받지 않은 채 사람들이 미국으로 쏟아져 들어오는 것을 허용할 수 없을 뿐입니다. 미국인들이 더 나은 국경 보안과 이민법의 더 나은 집행을 요구하는 것은 옳습니다. …… 그리고 어떤 외국인 노동자가 고용되기 전에, 그 일자리는 먹고살 만한 제대로 된 임금으로 미국인들에게 주어져야 합니다.

오바마는 증명서도 없는 이민자들이 그늘로부터 나와서, "우리 사회로의 완전한 참여를 향한 길로 들어서기"를 요구할 때 좀더 부드러운 어조를 택했다. 덧붙여 그는 이렇게 말했다. "…… [이것은] 단지 인도주의적인 이유에서만도 아니고, 법을 위반한 이 사람들이 그들의 아이들에게 더 나은 삶을 제공하려고 노력하는 최상의 동기로 그렇게 했기 때문도 아닙니다. 이것이 우리가 바로 지금 우리의 국경 안에 있는 인구를 다룰 수 있는 유일하고 실질적인 방법이기 때문입니다." 이것은 그 문제에 대한 실용적인 접근이었다. 이미 거기 있는 이민자들을 확인하고 추방하는 일에 따른 어려움을 인정하고 그들에게 여지를 제공하지만, 동시에 불법 이민이 문제임을 인정하며 그 '홍수'를 막을 조치를 취하려는 것이었다.

그러나 이민자들의 흐름을 막기 위해 국경선을 따라 장벽을 세우려는 오바마와 그의 전임자들의 모든 시도가 성공적이었는지는 의문의 여지가 있다. 허가받지 않은 이주자의 수는 2007년 1240만 명에서 2011년 1110만 명으로 하락했다. 그러나 그 원인이 장벽 때문인지, 증가된 강제 추방 때문인지, 아니면 변화하는 경제적 조건 때문인지는 정확히 환산할 수 없다.

문제의 일부는 여전히 미국 안에 기회가 있다는 것이다. 일자리를 찾고 있는 사람들뿐 아니라 기꺼이 그 노동자들을 착취하려는 비양심적인 고용주들에게도 말이다. 여기서 우리는 일부 반이민 주장의 배후에 있는 위선의 한 면을 마주한다. 크든 작든 수많은 미국 기업은 엄청난 수의 불법 이민자를 고용한다. 그들에게 적은 임금을 주고, 아무런 법적 권리를 주지 않으며, 당국에 그들의 존재를 감춘다. 정부는 고의로 불법 이민자를 고용하는 많은 미국 경영진을 체포하기 시작할 수 있었다. 이런 움직임이 건설 계약과 과일 수확을 위해 값싼 노동력에 의존하는 기업들에게 얼마나 인기가 있는지는 별개의 문제다.

궁극적으로, 뚫을 수 없는 장벽은 별로 없다. 사람들은 수완이 좋으며, 절실한 사람들은 그 장벽 위로든 아래로든 다른 길을 찾아낼 것이다. 추가 장벽은 단순히 불법 이민자가 될 사람들을 경비가 없고 사람이 살지 않는 지역으로 점점 더 몰아붙일 뿐이다. 이런 지역들은 종종 사막에 있으며 대개 걸어서 건널 수밖에 없는데, 이는 수천 명의 사람들이 약속의 땅에 도달하려고 시도하다가 죽는다는 것을 의미한다.

사람들이 들어오는 것을 막는 방법상의 문제를 해결하는 것처럼 보이지만, 동시에 사람들이 빠져나가는 것을 막는 무언가를 세운다는 데 아이러니가 있다. 많은 사람이 실제로 미국에 관광비자로 합법적으로 입국한다. 최근 10년 동안 남쪽에서 북쪽으로 넘어온 사람들의 절반 이상이 계속 머물렀다. 그러나 기능하고 있는 장벽은 그들이 일단 '불법적 상황'이 되어버리면 집으로 돌아가는 것을 더 어렵게 만든다. 말하자면, 당신이 피닉스에서 불법적으로 일하고 있다면, 당신의 일이 잘 안 풀리고 있을지라도 빠져나가는 길에 체포되리라는 것을 알면서 떠나려고 노력할 유인이 별로 없다.

이 모든 상황에서 또 다른 아이러니는 멕시코의 이민법이 매우 엄격하고, 해마다 미국보다 더 많은 사람을 추방한다는 점이다. 멕시코의 이민 정책은 1974년에 제정된 이민에 대한 일반법에 토대를 두고 있는데, 그 법은 멕시코로 오고자 하는 사람이 '국가의 인구통계학적 균형'을 어지럽힐 경우 추방될 수 있다고 규정하고 있다. 미국의 법은 외국인에게 엄격하지만, 멕시코의 법은 더 엄격하다. 예를 들어, 당신이 허가 없이 두 번째로 멕시코에서 체포될 경우 당신은 징역 10년형을 받을 수 있다. 미국의 공화당 정치인들은 멕시코 정치인들이 이러한 법을 상기하도록 하곤 한다. 일부는 북미자유무역협정(NAFTA)에 속하는 세 나라 모두 멕시코 법에 기반을 둔 공통된 이민법을 갖기를 제안한다.

미국의 이민 정책은 또한 미국과 서구 세계의 테러 사건 증가에 영향을 받았다. 트럼프는 여행 금지, 장벽, 추방과 억제 결정으로 전임자들보다 이민에 더 강경하게 대응했다. 이 중에 어떤 것이 도움이 되는지는, 특히 장벽에 관해서는 논쟁의 여지가 있다. 우선 테러리스트가 멕시코 국경을 넘어 미국으로 들어왔다는 어떤 증거도 없다. 국토안보부는 국경 남쪽이 우려된다는 주장과 모순되는 언급을 여러 차례 하였다. 예를 들면, 2014년 국토안보부는 "테러리스트 조직이 남서쪽 국경을 넘으려고 적극적으로 계획하고 있다는 것을 암시하는 어떤 믿을 만한 정보"도 없다고 말했다.

난민들의 입국을 허용하는 데에 많은 위협이 따른다는 것을 나타내는 (적어도 공적인 영역에서) 제한된 정보가 있다. 워싱턴 DC에 본부가 있는 자유주의적 싱크탱크 카토연구소Cato Institute의 이민 전문가 알렉스 노라스테Alex Nowrasteh는 미국에서 일어난 40년 동안의 테러 공격을 연구하여 다음과 같은 결론을 내렸다. 그 시기 동안 325만 명의 난민 중에 단지 20명만이 미국 땅에 테러를 시도하거나 저질렀다는 혐의로 기소되었으며, "오직 세 명의 미국인만이 난민이 자행한 공격으로 죽었는데, 그 난민은 모두 1970년대의 쿠바 난민이었다." 실제로 9·11 사태 이후 테러 사건에 연루된 사람들의 80퍼센트는 미국 시민이거나 합법적인 거주자였다.

빌 클린턴Bill Clinton은 14명이 죽고 24명이 부상한 2015년 캘리포니아산버나디노San Bernadino의 테러 사건을 예로 들면서, 생각의 확산은 장벽으로 막을 수 없다고 지적했다. 그 공격은 사이드 리즈완 파룩Syed Rizwan Farook과 타시핀 말릭Tashfeen Malik이 자행했는데, 그 둘 모두는 소셜 미디어를 통해 급진적 이슬람으로 개종했다. 파룩은 미국에서 태어났고 합법적인 영주권자였다. 클린턴은 이렇게 언급했다. "당신은 캐나다와의 국경을 가로지르는 장벽도 세울 수 있습니다. 대서양과 태평양을 따라서 거대한 바다 장벽을 만들어낼 수도 있습니다. …… 우리는 미국 해군 전체를 걸프만 해안으로 보내 아무도 그곳에 들어가지 못하게 할 수 있습니다. 우리는 미국 공군의 모든 비행기를 사용하여 비행기가 착륙하지 못하게 할 수 있을 겁니다. 당신은 여전히 소셜 미디어를 쫓아낼 수는 없을 겁니다." 그의 말은 일리가 있었지만, 트럼프 대통령은 전임자의 충고에 흔들리지 않았다. 소셜 미디어는 규제하기가 어렵다거나 테러리스트는 불법적으로 멕시코 국경을 넘어 미국으로 들어오지 않는다고 주장하는 것은 물리적 장벽이 가져다줄 이익에 비해 많은 사람들과의 감정적 공명을 갖지 못한다.

국경을 넘어 계속 흘러들어오는 것은 불법적인 상품이며, 이것은 쌍방적이다. 멕시코에서 제조된 마약은 생산비의 몇 배나 되는 가격에 팔 수 있다. 수백만 미국인은 자신이 선택한 불법적인 물질에 최고액을 지불할 것이기 때문이다. 반대로, 미국에서 합법적으로 사들인 총기들은 멕시코에서 엄청나게 비싼 가격에 팔릴 수 있다. 증거가 보여주듯이, 장벽은 그 거래에 아무런 방해가 되지 않고, 사실상 사막을 통해서 들어오는 것보다 더 많은 마약이 공식 검문소를 경유해서 넘어온다. 마약 운반꾼들에게는 국경지대를 통과하는 통로를 조직하거나 땅굴을 파는 것보다 관리에게 뇌물을 주는 편이 더 싸다. 이것이 갱단 보스들이 장벽으로 둘러싸인 마을을 통제하기 위해 서로 싸우는 정확한 이유다. 마을을 얻으면 관리들에게 접근할 권리를 얻는다. 총기와 마약 밀수꾼은 종종 냉혈한 살인마이지만, 또한 사업가이기도 하다.

두 나라가 이 문제에 관해 서로 협력하는 것은, 단지 사람들과 불법적인 상품과 물질의 이동을 통제하는 것뿐 아니라 무역과 그 지역의 경제적 번영을 촉진하는 데도 중요할 것이다. 멕시코와 미국은 언어, 피부색, 기후, 그리고 역사에서 매우 다르지만, 그들은 경제를 통해 점점 더 서로 묶이고 있다. 그리고 어떤 것이 장벽을 통과해서, 장벽 아래로, 장벽을 우회해서, 장벽을 넘어서 이동할 수 있다면, 그 동기는 이윤이다. 그리고 원치 않는 이민을 막는 방법은 여럿인 반면, 한 가지는 확실하다. 리오그란데 남쪽의 활기차고 급속히 발전하는 경제는 내부의 흐름을 줄이는 데 장벽보다 더 많은 일을 할 것이다. 일자리를 구하러 넘어가려는 사람들이 훨씬 적어질 것이기 때문이다.

텍사스-멕시코 자동차 슈퍼클러스터로 알려진 이 지역의 자동차 산업을 보자. 텍사스와 국경 근처 멕시코의 네 개 주 안에는 완성된 모델을 생산하기 위해 서로 의존하는 27개의 자동차 조립 공장이 있다. 그 공장들은 서로 협력하면서 국경의 양쪽 지역에서 성공적인 산업을 설립하고, 일자리를 창조하며, 혁신을 장려하고, 지역 경제를 활성화하는 데 성공했다. 이와 같은 협정들이 방해받지 않고 지속될 수 있도록 보장하는 일은 두 나라 모두에게 최상의 이익이 된다.

그럼에도 트럼프의 대통령 재임 첫 2년 동안 미국은 무역 거래를 위태롭게 하고, 외국 상품에 대한 관세를 인상하고, NAFTA 재협상을 밀어붙이고, NATO에 대한 미국의 약속에 의문을 제기하면서 국제 관계의 다자적 모델로부터 서서히 철수했다. 이러한 조치들이 지혜로운 것인지는 논쟁의 여지가 있지만, 분명한 것은 미국만이 이것을 할 수 있다는 점이다. 미국은 세계 경제의 약 22퍼센트를 구성한다. 좀더 중요하게, 미국은 GDP의 약 14퍼센트만을 수출하고, 세계은행에 따르면 그중 40퍼센트를 이웃한 멕시코와 캐나다로 수출하는 것이기 때문에 외부 세계와 단절할 수 있다. 따라서 세계 무역 전쟁에서 비싼 대가를 치르더라도, 미국은 단기간에 심각한 위험에 빠지지 않고도 세계화로부터 철수함으로써 입을 잠재적 손실을 흡수할 수 있는 유일한 주요 강국이다.

역사는 고립주의가 장기적으로 미국에 해롭다는 것을 암시한다. 미국은 그 자신 안으로 틀어박힐 때마다 항상 다시 끄집어내졌는데, 언제나 미국이 그럴 준비가 되어 있을 때는 아니었다. 고립주의에 대한 찬반은 위대한 공화국이 여러 가지 면으로 분열된 것처럼 보일 때 미국의 담론 내에서 나타나는 많은 갈등 중 하나이다.

. . .

과연 트럼프의 거대하고 아름다운 장벽은 세워질까?

'총기, 마약, 불법 체류자.' 이 말은 정치적 대화에서 감정적인 용어일 수 있으며, 사람들은 문제의 해결을 원한다. 따라서 백악관에 입성한 후에도 트럼프 대통령은 계속 거세게 몰아쳤다. 전미총기협회Nation Rifle Association에게는 "우리는 장벽을 세울 겁니다. 고민할 필요도 없습니다. 그것은 쉬운 일입니다"라고 말했고, 그의 지지자들에게는 "우리가 우리 정부를 폐쇄해야만 한다면, 우리는 장벽을 세우고 있을 겁니다"라고 확신시켰다.

트럼프 대통령이 "헛된 약속이나 아첨으로는 아무것도 이룰 수 없다Fine words butter no parsnips"라는 오래된 영국 속담을 알지 모르지만, 이 말은 확실히 여기에 적용된다. 그리고 선거 전과 선거 후의 수사적 표현에도 불구하고 트럼프의 장벽 개념은 그가 경고를 들었던 문제에 부닥쳤다. 그의 전임자들이 국경 통제와 관련하여 겪은 것과 동일한 문제―정치, 예산, 주 법률, 연방 법률, 자연 그리고 국제 조약―였다. 예를 들어, 멕시코와 미국은 리오그란데 범람원의 개방을 유지하기로 엄숙히 서약하면서 1970년에 양국이 서명한 문서의 사본을 각각 갖고 있다. 오바마 대통령은 어쨌든 앞으로 나아가 울타리를 쳤지만, 조약에 따라 울타리 장벽은 미국인들이 그들의 집에 갈 수 있게 하기 위해 커다란 간격을 둔 채 미국 안쪽으로 아주 멀리 세워져야만 했다. 이것은 결함이 있는 디자인이었고, 불법적으로 자유의 땅으로 들어갈 방법을 찾고 있는 남아메리카 사람들은 금방 눈치를 챘다.

남쪽 국경의 재산과 토지의 약 3분의 2는 민간인이 소유하고 있다. 그들 중 다수는 뒷마당에 거대한 콘크리트 장벽이 세워지길 원치 않으며, 장벽이 세워지는 것을 막는 법적인 행동을 취할 수 있다. 만일 주에서 토지를 사들인다면 이전의 소유주들은 '정당한 보상'을 받아야만 하며, 어떻게 하는 게 정당한지를 결정하는 것은 기나긴 과정일 수 있다. 아메리카 원주민 부족들은 합법적인 캠페인을 벌일 수 있으며, 실제로 그렇게 했다. 예를 들어, 양국에 걸쳐 있는 토지를 소유한 토호노 오오드암Tohono O'odham 부족은 땅이 분리되는 것을 막기 위해 법정으로 갔다.

지형 자체가 더 큰 장애물이 된다. 국경선은 태평양에서부터 캘리포니아, 애리조나, 뉴멕시코와 텍사스를 거쳐 멕시코만까지 3200킬로미터나 뻗어 있다. 가파른 지형, 기반암, 그리고 물과 같은 나머지 경로를 따라 있는 자연적 장애물들 때문에, 장벽은 기껏해야 1600킬로미터의 국경선을 따라 세워질 수 있었다.

그렇다고 해도, 그 프로젝트에 관해 유포되는 숫자들은 너무도 커서 우리들 대부분에게는 거의 무의미하다. 어떤 숫자든 하나의 숫자를 골라보고, 그다음에 조금 덧붙여보자. 왜냐하면 '많다'는 것 외에는 장벽의 비용이 얼마나 많이 들지 아무도 확신하지 못하기 때문이다. 트럼프는 100억 달러에서 120억 달러 사이의 가격표를 산정했지만, 대부분의 다른 소식통은 그 숫자가 훨씬 더 높을 거라고 제안한다. 매사추세츠공과대학은 (재료, 노동, 그리고 매우 불확실한 기간의 비용에 대한 아주 대략적인 근사치이기는 하지만) 9미터 높이 1600킬로미터 길이의 콘크리트 장벽은 어디서나 270억 달러와 400억 달러 사이의 비용이 들 것이라고 제안하는 견적서를 내놓았다. 다른 데서는 250억 달러에서 210억 달러가 들 것으로 추정하는데, 뒤의 숫자는 국토안보부에서 나온 것이다. 여전히 깜짝 놀랄 만한 액수의 돈이지만, 만일 당신이 그 아이디어를 팔고 있다면 아마도 당신은 마일당 2100만 달러일 뿐이라고 말할 것이다. …… 이 숫자 중에 유지 비용을 계산한 것은 없다. 그럼에도 결국 많은 사람이 비용 때문에 당황하지는 않을 것이다. 트럼프는 장벽의 비용을 멕시코가 충당할 것이라고 주장했는데, 이는 그의 지지자들이 열렬히 환영한 제안이지만 국경 남쪽에게는 팔기 어려운 제안이다. 멕시코의 전임 대통령 비센테 폭스 케사다Vicente Fox Quesada는 이렇게 선언했다. "멕시코는 저 빌어먹을 장벽에 돈을 내지 않을 겁니다."

더 저렴하고 진전된 방법은 '장벽'이라는 단어가 '더 나은 안보'를 위한 암호라는 그레이엄 상원의원의 체면치레 같은 주장을 사는 것일 것이다. 결국 울타리는 부분적으로 그 역할을 하는 셈이다. 다른 수단들과 견주어 볼 때, 그것은 훨씬 더 비용효율이 높을 것이고, 물리적 장벽이 더 안전한 느낌을 줄 것이라 생각하는 일부 유권자의 필요를 충족시키는 심리적 효과를 가질 것이다. 정치인들은 실제 행동보다 시늉이 갖는 이점을 모르지 않는다. 그러나 지금까지도 트럼프는 장벽이야말로 사람들이 원하는 것이고, 장벽이야말로 그들이 얻고자 하는 것이라는 생각을 견지하고 있다. 2018년 초까지 장벽의 여러 가지 견본이 세워졌지만 그 프로젝트에 재정을 지원하는 의회의 반대는 무너지지 않았다.

장벽 건설의 장애물은 상당하다. 법적 소송은 개념상의 장애물이고, 확실히 때때로 우회할 수 있다. 그러나 실제로 장벽을 건설하는 데 다른 물리적 장애물이 있다면, 정말로 그럴 만한 가치가 있을까? 만일 장벽이 정치적인 언명이라면, 지지자들에게 그 대답은 '예스'일 것이고, 지형에 의해 제기되는 난점들도 무시할 것이다. 메시지가 더 구체적이고 강할수록 핵심적인 지지도는 더 커질 것이다. 이민이 감소하는 일이 일어나는 한(이것은 다른 보안 조치들이나 경제적 요인들이 결합해 일어날 수도 있다), 많은 유권자는 장벽에 틈이 있다는 사실을 간과할 것이다. 그것은 외국인들이 들어오는 것을 막고 미국적 가치를 수호하는 데 핵심적인 정책으로 환영받을 것이다. 장벽은 물리적 상징을 보장하는 것이고, 때때로 상징성이 실제성을 능가할 수 있다. 트럼프 대통령은 여분의 콘크리트 앞에 서서, "임무 완수"라고 쓰인 표지를 세우고 어쩌면 "무언가가 이루어지고 있다"면서 그의 핵심 유권자층을 만족시킬 수 있을 것이다.

. . .

다른 대통령들은 멕시코와의 국경을 요새화했지만, 트럼프의 장벽은 특별히 분리적이다. 미국 역사에서 특정한 순간을 나타내기 때문이다. 장벽 건설의 정치는 단지 멕시코인들을 배척하는 것에 그치지 않는다. 국경은 한 국가를 규정하며, 트럼프의 장벽은 물리적, 이데올로기적으로 무엇이 미국인지를 규정하려는 시도이다. 그것이 어떻게 역사적인 분리를 반영하고 심화하는지 이해하려면, 우리는 미국을 갈라놓은 다른 분열을 살펴볼 필요가 있다.

인종 문제는 미국의 모든 분열 중에서도 가장 광범위한 것으로 보인다. 미국 인구는 대략 3억 2400만 명이다. 2010년 인구조사에 기초한 CIA 월드팩트북World Factbook에 따르면, 이 중에 72.4퍼센트가 백인, 12.6퍼센트가 흑인, 4.8퍼센트가 아시아계, 1퍼센트 미만이 아메리카 인디언과 알래스카 원주민이다. '둘 또는 그 이상의 인종'인 인구는 2.9퍼센트, 하와이 원주민과 그 밖의 태평양 섬 원주민이 0.2퍼센트, 그리고 '기타' 인종이 6.2퍼센트이다. 여기서 늘어나고 있는 히스패닉 인구가 없다는 것을 눈치 챌 수 있다. 왜냐하면 이것은 미국 통계국Census Bureau이 히스패닉을 '어떤 인종이나 민족 집단일 수 있는' 스페니시/히스패닉/라티노 혈통의 사람을 의미하는 것으로 간주하기 때문이다. 이러한 이종의 집단이 미국 인구의 약 17퍼센트를 이루는, 미국에서 가장 큰 소수 민족이다.

그리고 그 숫자는 21세기에 늘어나기 시작한다. 우리가 보았듯이, 다수인 백인은 완전히 통합되기 위해 이미 분투하고 있는 나라에서 인구 비율상 (특히 남부 주들에서) 감소하고 있다. 인구 수치의 추정치는 다양하지만, 대부분의 전문가는 다수인 백인이 수십 년 안에 다수로 존재할 수 없으리라는 데에 동의한다. 히스패닉을 포함해서 비백인은 현재 인구의 약 40퍼센트를 차지하며, 그 숫자는 2050년에는 53퍼센트까지 상승할 것으로 예측되는데, 여기서 히스패닉은 약 29퍼센트를 차지하여, 향후 30년간 가장 빨리 증가하는 민족 집단이 될 것이다. 이러한 추세를 실제적 문제로 여기는 사람들에게, 장벽을 세워서 이민자들의 유입을 잠재적으로 막는 것은 비록 현실적으로는 상황을 바꾸는 데 별 영향을 미치지 않음에도 이러한 인구통계학적인 변화를 억제하리라는 희망을 준다.

장벽 지지와 나란히 가는 경향이 있는, 이민에 반대하는 많은 수사적 표현이 있다. 그러나 트럼프에 찬성하는 투표가 인종주의적인 투표라고 곧바로 가정하는 것은 불공평하다. 흑인 유권자 중 약 8퍼센트가 트럼프를 그들의 대통령으로 선택했고, 히스패닉의 29퍼센트도 그랬다. 우리가 이 유권자들이 인종주의 이데올로기를 찬성하는 투표를 하지 않았다고 기꺼이 상상한다면, 어떤 사람들처럼 백인 트럼프 투표를 인종주의 투표로 퇴색시키는 것은 공정해 보이지 않는다. 사람들이 그를 지지하는 이유는 많다. 30년 전에 미국에서 최대의 고용주는 제너럴모터스였고 그곳 노동자의 평균 임금은

(오늘날의 비율로) 시간당 약 30달러였다. 현재 최대 고용주는 월마트이며 시급은 약 8달러이다. 그들의 부모보다 형편이 더 나빠졌다고 믿거나 철강 일자리가 해외로 가거나 펜실베이니아 밖으로 빠져나가는 것을 본 노동자들은 그런 상황을 되돌리기로 약속하는 누군가를 지지하고 싶어 할지도 모른다. 이러한 노동자 중 일부는 흑인이나 히스패닉이며, 모든 피부색의 미국인은 반드시 인종주의자는 아니더라도 불법 이민의 결과를 걱정할 수 있다.

그렇다고 해도, 트럼프에게 보낸 표의 핵심에는 핵심적인 인종주의가 있고, 그의 언어와 행동이 인종주의를 부추기는 효과가 있다는 점을 과소평가해서는 안 된다는 것은 분명하다. 수사적 표현은 미국 국민 사이에 긴장을 심화시켰고, 2018년 여름에 정점에 달하였다. 트럼프 행정부가 그해 4월부터 불법적으로 국경을 넘어오는 것에 '무관용' 정책을 시행하기 시작한 후에, 그때까지 2000명의 아이들이 강제로 부모와 떨어졌다. 이것은 사람들을 추방하지만 기소하지는 않는, 이전의 자유재량의 여지가 있는 정책을 뒤집는 것이었다. 이제 그들은 구금되어 사법제도 안으로 들어가게 되었고, 그 사이에 아이들은 몇 주 동안 '보호센터'로 보내졌다. 부모를 찾으면서 울부짖는 아이들과, 신체적으로 그 아이들을 달래지 못하게 금지된 직원들의 가슴 아픈 장면들이 있었다. 트럼프 대통령의 의도는 국경을 넘으려고 하는 사람들에게 시도하지 말라는 메시지를 보내는 것으로, 또한 민주당원들에게는 "내가 제안한 법안에 협조해"라는 메시지를 보내는 것으로 보였다.

이민자들은 주기적으로 부정적인 색으로 덧칠된다. 트럼프는

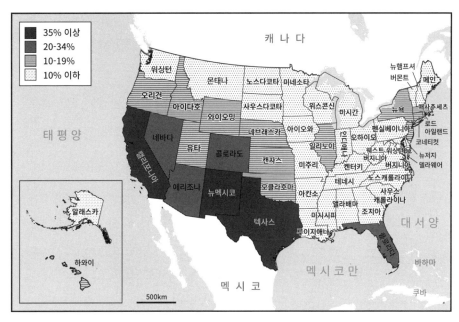

캐 나 다

35% 이상
20-34%
10-19%
10% 이하

워싱턴
몬태나
노스다코타
미네소타
뉴햄프셔
버몬트
메인

오리건
아이다호
사우스다코타
위스콘신
미시간
뉴욕
매사추세츠

와이오밍
네브래스카
아이오와
일리노이
오하이오
펜실베이니아
로드
아일랜드
코네티컷

네바다
유타
콜로라도
캔자스
미주리
인디애나
웨스트 버지니아
버지니아
뉴저지
델라웨어

태 평 양

캘리포니아
애리조나
뉴멕시코
오클라호마
아칸소
켄터키
테네시
노스 캐롤라이나
사우스
캐롤라이나

텍사스
미시시피
앨라배마
조지아
대 서 양

루이지애나
플로리다
바하마

알래스카

하와이

500km

멕 시 코
멕 시 코 만
쿠바

미국 전역 주 인구의 히스패닉 비율(2014)

그들을 '나쁜 놈들bad hombres'이라고 표현하면서 이렇게 말한다. "멕
시코가 그 국민들을 보낼 때, 그들은 최고를 보내지 않는다. ……
그들은 많은 문제를 갖고 있는 사람들을 보내며, 그들은 저 문제들
을 우리에게 가져온다. 그들은 마약을 가져온다. 그들은 범죄를 가
져온다. 그들은 강간범들이다. 그리고 내 생각에 일부는 좋은 사람
이다." 이런 형태의 언어는 지난 수십 년 넘게 남아메리카 사람들에
대한 차별의 수준을 높이는 데 기여했다. 예를 들어, 2016년 퓨리서
치센터가 수행한 여론조사에 따르면, 52퍼센트의 히스패닉은 그들
의 민족성 때문에 부당한 대우를 받았다고 말하며, 이 수치는 18세
에서 29세 사이에서는 65퍼센트까지 올라갔다. 흥미롭게도 동일한

연령대의 흑인 집단에게도 이 수치가 동일하게 나왔지만, 전반적으로 히스패닉은 흑인보다 '인종주의el racismo' 문제를 겪었다고 말하는 사람이 훨씬 적은 경향이 있다.

의문의 여지 없이, 인종 간의 평등에서 엄청난 진보가 이루어졌고, 매일 모든 피부색의 수천만 미국인들이 행복하게 공존하고, 서로 섞이고, 먹고, 함께 일하고 논다. 그러나 인종주의는 여전히 전국적인 주요한 이슈이다.

빠르게 증가하는 히스패닉 인구는 확실히 차별 문제를 마주하지만, 미국에서 가장 분명한 인종적인 분리는 흑백 간의 분리이고, 이는 노예제 시대에 생겨나서 오늘날에도 지속된다. 이것이 사람들의 생활에 미치는 부정적인 효과는 분명하다. 거의 모든 조치에도 불구하고, 미국에서 흑인으로 태어나면 백인보다 덜 부유하고, 덜 교육받고, 덜 건강하기 쉽다. 이것이 보편적으로 참은 아니다. 부유한 흑인, 중산층, 교외에 거주하는 가족은 아마도 빈곤한 백인 시골 거주자보다 삶에 더 많은 기회가 있을 것이다. 브루킹스연구소 Brookings Institute의 연구가 시사하듯이, 민족 집단이 백인, 흑인 또는 히스패닉, 무엇이든 불우한 환경 출신이라면 학사학위가 있다고 해도 이후 삶에서 수입은 더 부유한 가정 출신보다 적을 것이다.

그렇다고 해도, 경험 법칙상 흑인이라면 인생의 복권에서 확률은 좋지 않다. 역사적이고 시대적인 인종주의가 민족 집단 사이의 놀랄 만한 불평등의 주요 요인이라는 것은 분명하다. 이것은 인생의 출발점에서조차 진실이다. 지구상 가장 부유한 나라의 유아 사망률을 보자. 백인 인구는 1000명당 4.8명이지만, 흑인은 11.7명이고, 이는 대략 멕시코 같은 중간급 나라에 맞먹는 수치다.

낮은 건강 수준, 낮은 부, 그리고 낮은 기대치는 모두 당연히 낮은 교육 수준에 영향을 미치고, 이것은 일찍이 만 2세 때 분명해진다. 경제협력개발기구(OECD)와 미국 교육 통계에 따르면, 그 나이 때까지 백인 아이들보다 약간 적은 흑인 아이들이 높은 발달 수준을 보인다. 3세에서 5세까지 그 간격은 읽기 능력 면에서 다시 조금 커진다. 이것은 흑인 가정에 읽을거리가 상대적으로 부족한 점, 부모가 아이들에게 책을 읽어줄 시간이 더 적은 점, 그리고 아마도 비백인 캐릭터가 많지 않아서 책에 대한 관심이 부족한 점과 연결된다고 생각된다. 학교 제도 쪽으로 옮겨가보면, 흑인 미국인이 백인 학생보다 세 배나 많이 퇴학 또는 정학을 당한다는 것을 발견한다. 학생들 대다수가 소수자 집단 출신인 학교에서 교사들 역시 경험이 더 적고, 더 적은 보수를 받는 경향이 있다.

이러한 수치들의 배후에는 종종 저소득 한 부모 가정이 처한 현실이 있다. 흑인 부모의 25퍼센트는 그들의 아이가 불안한 이웃과 살고 있다고 말하는 반면, 백인 부모는 17퍼센트가 그렇다고 말한다. 졸업할 나이가 될 때까지, 흑인 미국인이 고등학교를 그만둘 가능성은 백인보다 두 배나 높다. 한 연구에 따르면, 백인 미국인과 흑인 미국인의 고등학교 교육 성취도를 측정한다면 마치 각각 다른 나라인 것처럼, 즉 전자는 영국과 맞먹고 후자는 칠레와 맞먹을 것이라고 한다. 대학 수준에서는 36.2퍼센트의 백인이 학위를 마치는 데 반해, 흑인은 22.5퍼센트가 마친다. 대학 학위를 받고 취업한 후에도 흑인 미국인은 더 적게 번다. 또한 흑인 미국인은 감옥에 가기가 더 쉽다. 그들은 미국 인구의 대략 14퍼센트를 차지하지만 형무소 수감자의 38퍼센트를 차지한다.

그리고 이것은 요람에서 무덤까지 계속된다. 미국은 유럽보다 폭력적인 국가이지만, 흑인에게는 훨씬 더 위험하다. 백인 피살률은 10만 명당 2.5명이다. 흑인은 19.4명이며, 이것은 많은 제3세계 국가나 개발도상국과 동등하다. 통계는 다양하지만, CNN에 따르면, 젊은 흑인 남성은 젊은 백인 남성보다 경찰관의 총에 맞아 죽기가 거의 세 배나 더 쉽다. 흑인 미국인의 기대수명이 백인보다 4년 짧다는 것은 놀랍지도 않다. 최근 몇 년간 비무장 흑인 남성에 대한 수많은 총격 사건이 일어났다. 이렇게 극명한 수치들은 전국적인 불안과 항의 — 예를 들어 2014년 퍼거슨Ferguson에서 일어난 폭동 — 를 불러일으켰고, '흑인의 생명은 소중하다Black Lives Matter'와 같은 운동을 촉발했다. 그리고 각 사건의 여파로 공무원과 지역 공동체가 대규모 조사를 받은 결과, 이것은 점점 더 분열적인 이슈가 되었다.

문제를 드러내는 통계들은 찾기 쉽다. 그 원인을 설명하기는 더 어렵지만, 인종주의가 여전히 미국 사회에서 일정한 역할을 한다는 것은 분명하다. 시작부터 노예제를 벗어나는 것은 불가능하다. 노예들은 해방되었지만, 대부분 사회적 차별에 직면한 채 빈곤 상태에 내버려졌다. 이런 환경에서 그들이 신속하게 지배적인 인구와 평등을 성취하기란 어려웠다. 얼마나 신속하게? 150년 이상이다. 지금까지의 — 특히 지난 50년 동안 — 진전에도 불구하고, 이루어내야 할 것이 더 있음은 너무도 명백하다.

. . .

　물론, 인종이 미국에서 유일한 분열은 아니다. 종교를 예로 들어보자. 미국의 커다란 장점 중 하나는, 미국에 사적인 종교적 믿음과 숭배 장소의 다양성이 있음에도 세속 국가라는 점이었다. 미국의 신앙은 다양한 개신교 집단과 가톨릭으로 나뉜 기독교가 압도적이지만, 1960년대 이후 유의미한 수의 신도를 가진 다른 신앙들이 증가해왔다. 미국인의 약 80퍼센트가 자신을 기독교인으로 생각하며, 최대 다수인 개신교가 총인구의 46.6퍼센트, 뒤이어 가톨릭이 20.8퍼센트이다. 그 뒤를 잇는 것은 유대교(1.9퍼센트), 모르몬교(1.6퍼센트), 무슬림(0.9퍼센트), 불교(0.7퍼센트), 힌두교(0.7퍼센트)이며, 기타 다수의 소규모 집단이 있다.

　이 모든 것은 도가니에 녹아들었는가? 어느 정도는 그렇다. '다수로부터 하나로'를 떠받치는 이념은 비일관성과 위선을 두드러지게 보이는 일부 사례들에도 불구하고 어느 정도는 살아남았다. 그럼에도 금세기에 다민족 사회 내부의 동화 정신은 다문화주의의 도전을 받았다. 인종적이고 민족적인 분리는 미국 사회에 많은 균열을 일으키고, 공화국에게는 아주 골치 아픈 정체성의 정치를 야기하는 데 일조하였다. 점점 더 미국인들은 자신의 민족성, 종교, 또는 성별에 따라 정체성을 확인하며, 이로써 나라를 더욱더 조각내고 분열시킨다. 상이한 민족성은 정체성에 대한 명백한 느낌을 유지하도록 고무했다. 이러한 접근 방식은 다양성을 수용하도록 이끄는 대신에, 종종 특정 집단을 어느 정도는 차별에 점점 더 노출되게 함으로써, 사회의 나머지로부터 분리하는 결과를 낳는 것으로 보인다.

2016년 대통령 선거 운동 기간에, 후마윤 칸Humayun Khan ― 이라크에서 살해당했고, 무공훈장을 받은 이슬람계 미국인 장교 ― 의 부모가 무슬림의 이민을 금지하라는 트럼프의 요구에 강력하게 반대한 후 도널드 트럼프로부터 비판을 받았을 때, 우리는 앞에서 말한 사례를 목도했다. 키지르 칸Khizr Khan과 가잘라 칸Ghazala Khan은, 미국인들이 이른바 '금성장 부모Gold Star parents'(전사자 부모를 가리키는 말)라고 부르는 사람들이다. 그 용어는 제1차 세계대전으로 거슬러 올라가는데, 그때 사랑하는 가족 중 누구라도 해외에서 싸우고 있는 사람이 있는 집안은 각각의 직계 가족 구성원을 위해 푸른 별이 있는 깃발을 게양했다. 그 가족 구성원이 전사하면 푸른 별은 금색 별로 대체되었다.

트럼프가 칸 부부에게 가한 언어 공격의 어조는 그들이 백인 기독교인이었다면 하기 어려운 것이었다. 미국 정치에서 전사자 부모는 그 가족이 국가를 위해 희생했기에 비판의 금지 영역으로 간주된다. 트럼프는 자신이 미국에서 창출한 많은 일자리 탓에 자신도 '희생'했다고 말했다. 그는 칸 부인이 남편이 허락하지 않아서 연설하지 못했다고 하면서, 이것이 그들의 종교 때문이라고 넌지시 암시했다. 아무튼 칸 씨는 어린 후마윤을 제퍼슨기념관으로 데려가서 거기에 새겨져 있는 말을 그에게 읽어주곤 했다. "우리는 모든 인간이 평등하게 창조되었다는 …… 이 진리를 자명한 것으로 여긴다." 대통령 후보 트럼프의 언급 속에는, 어쨌든 이 특별한 전사자

가족은 다른 전사자 가족과는 다르다는 생각이 있는 것으로 보였다. 또한 아주 협소한 방식으로 미국인을 정의하는 미국의 계층에게, 그리고 그들을 위해 말하고 있다는 느낌도 있었다. 공화당원이자 베트남 전쟁 당시 포로였던 존 매케인John McCain 상원의원은 트럼프에 관해 말할 때 미국의 나머지 사람들의 견해를 위한 목소리를 냈다. "우리 당은 그에게 후보 자격을 부여했지만, 우리 중에 최고인 사람들의 명예를 마음대로 더럽힐 수 있는 자격이 함께 주어지는 것은 아니다."

'차이'라는 관념은 우파와 좌파 모두 사용하는 관념이다. 그것은 미국에서의 분열을 악화시키는 정체성 정치의 한 측면이다. 미국 역사에서 이 순간, 비록 국가라는 관념에 의해 통일되어 있기는 해도, 많은 집단이 서로 떨어져 나가고 있다. 이것은 또한 정치적 영역이 점점 더 분기되는 상황에서도 볼 수 있다.

2016년 트럼프/샌더스/클린턴의 격렬한 충돌이 있기 2년 전, 퓨리서치센터는 미국인의 정치적 태도에 대한 역대 최대 연구를 수행했다. 이 연구는 사람들의 견해가 점점 더 고착화되었고, 다른 사람들의 견해를 수용하기를 점점 더 꺼리고 있다는 사실을 알아냈다. 예를 들어, 민주당에 정치적으로 관여된 사람의 38퍼센트는 자신을 '일관된 자유주의자'로 기술하는데, 이는 1994년의 8퍼센트보다 상승한 것이다. 반면에 공화당원들 중 33퍼센트는 '일관되게 보수적'이었는데, 이는 20년 전보다 23퍼센트 증가된 수치였다. 더 염려스러운 것은, 특히 정치적으로 적극적인 사람들 사이에서 서로를 비난하는 공화당원과 민주당원의 숫자가 증가한 것이었다. 1994년에는 공화당원 중 17퍼센트가 민주당원에 매우 비우호적인 인상을 가졌지만, 이 숫자는 이제 43퍼센트까지 올라갔다. 반대편에서는 그 수치가 16퍼센트에서 38퍼센트로 상승하였다.

이러한 현상에는 지리적인 토대가 있는데, 헌신적인 민주당 유권자는 더 큰 도시의 교외에 점점 더 많이 거주하며, 공화당원은 소도시와 농촌 지역에서 거주한다. 라스베이거스 네바다대학교의 프레스턴 스토발Preston Stovall은 도시의 세계화주의자들과 비도시의 민족주의자에 관한 글을 썼는데, 그는 "[이 구분이] '민주당원'과 '공화당원'으로 나누는 것보다 더 적합하다"고 믿는다. 그는 비도시적인 관념은 "무지한 자들의 고함으로 환원되는" 반면, 도시적인 관념은 "엘리트주의적이고 도덕적으로 타락한 것으로 표현되는" 사실을 한탄한다.

나는 도시 미국인들이 지방과 농촌 공동체를 멸시하는 방식에 실망했다. 내가 기억하기로는 시골 미국인에 관한 스스럼없는 모욕이 그냥 지나치거나 긍정되지 않았던 때가 있었나 싶다. …… 공화당 유권자는 교육받지 못한 인종주의자이고, 민주당 유권자는 엘리트주의적인 부도덕한 사람이라고 생각하는 경향을 벗어나야 할 필요가 있다.

이러한 용어들과 통계들은 대개 정치적으로 적극적인 사람과 관계된다는 것을 기억하는 게 중요하다. 이데올로기적인 사일로silo 와 반향실echo chamber 바깥에는 타자에 대한 더 많은 수용과 기꺼이 타협하려는 더 큰 의지가 있다. 그렇다고 해도, 대립되는 견해에 대한 점증하는 불관용은 주류 매체가 내보내는 점점 더 폭력적인 수사들과 인터넷에 떠도는 귀에 거슬리는 견해들로 이어진다. 상대적으로 차분한 세 개의 주요 텔레비전 방송국의 저녁 속보는 정치적으로 경쟁하는 24시간 케이블 뉴스 채널, 일부러 충격적인 발언을 하는 사회자, 그리고 모욕과 살해 위협이 흔한 것이 돼버린 제어되지 않는 인터넷에 자리를 내주고 말았다. 24시간 소셜미디어 플랫폼이 성장함에 따라 극단주의자들에게 확성기가 부여된 반면, 일반적인 뉴스 매체는 그 확성기를 증폭시켜 미국인들이, 실제로는 대부분 매일 서로 잘 지내고 있는데도, 꾸준히 서로 목을 조른다(또는 트위터에 글을 올린다)는 듯이 유도한다. 지금 가장 불관용적인 사람들 일부는 젊은 세대에 속하는데, 그들 다수는 언론의 자유라는 이념을 후퇴시키고 있으며, 자신과 생각이 다른 사람에게는 정치적 불관용이 정당화된다고 주장한다. 이것은 중국과 흥미로운 대조를 이룬다. 거기서 국가는, 통합을 유지하기 위해 국민들이 서로, 그리고 바깥 세계와 개방적인 담론을 나눌 능력을 제한함으로써 국민들을 분열시키고자 한다. 언론 자유의 고향인 미국에서는 많은 소셜 미디어 종족들이 그들 동포로부터 스스로 분리시키기를 선택하며, 서로 찢어 놓고 있다.

　다음으로 또한 교수들로부터 일정한 지지를 받는 소수의 학생들이 행하는 미국 교육제도 안에서 이루어지는 극단주의가 있다. 대다수 나이 든 세대의 학자들은 점점 더, 그들의 혁명적인 학생들이 그렇게 이데올로기적이 되도록 가르친 바로 그 사람들에게서 등을 돌릴 때 전조등 앞에 선 토끼처럼 옴짝달싹 못한다. 그것은 겁박하고 화를 돋우는 '기반 없는 사람들'을 전면에 내세우고, 지적으로 유약한 교수들을 뒤로 물러나게 하면서 미국의 지적 환경을 험악하게 바꾸었다. 그들은 화합에 위협이 된다. 그들이 벌이는 운동의 날카로운 소리가 온라인 담론에서 증폭되기 때문이다. 만약 더 많은 학생이, 좌든 우든 극단화되어버린 대학을 떠난다면, 그들의 극단적인 견해가 더욱더 퍼져나가게 될 위험이 있다.

이것을 보여주는 최고의 사례 중 하나가 2017년 워싱턴의 에버그린주립대학에서 일어났다. 자유주의적 성향의 백인 교수 브렛 웨인스타인Bret Weinstein은 대학이 인종을 근거로 교직 임명을 설명하거나 정당화해야 한다는 생각에 반대하였다. 그러고 나서 그는 특정한 날에 유색 인종 학생들이 이슈들에 대해 논쟁할 안전한 환경을 제공하기 위해 백인 학생들이 등교하지 말아야 한다는 학생 단체의 요구에 동의하지 않았다. 그 후에 그의 강의실에는 인종주의와 백인의 특권에 관해 소리 지르는 학생들이 들이닥쳤다. 그들은 그와 다른 두 명의 직원을 해고하라고 요구했고, 대학 총장인 조지 브리지스George Bridges가 중재하려고 노력했을 때 그는 욕설과 함께 조용히 있으라는 말을 거듭 들었다. 사건을 담은 원본 영상은 학생들이 소리를 질러대면서 웨인스타인에 질문하는 모습을 보여준다. 그가 그들에게, "여러분은 내 대답을 듣고 싶은가요, 아닌가요?"라고 물으면, 그들은 "아니오!"라고 외친다. 이 사건은 다른 견해를 가진 사람을 창피주려는 점점 더 광란적인 시도의 상징이었다. 거기서 한 집단은 다른 한쪽이 악의 전형이며, 자기 생각을 표현할 기회가 주어져서는 안 된다고 확신한다. 그것은 유치하고, 단순한 것일 수도 있지만, 또한 위험하고 언론 자유의 이념을 위협한다.

현대에 미국적인 정신이 폐쇄된 것은 정치적 스펙트럼의 양쪽에서 기인하였으며, 중간 자리는 좁아지고 있다. 그중에서 최악의 가해자는 다른 편에 대한 의심과 혐오를 조장하는 데 적극적으로 나서는 자들이다. 한 극단에는 백인과 흑인 분리주의자 집단이 모두 있는데, 그들 중 일부는 무장하고 있으며, 시위는 종종 폭력으로 귀결된다. 예를 들어, 2017년 샬러츠빌Charlottesville은 남부 동맹군 사령관 로버트 리Robert E. Lee의 동상 철거에 반대하는 항의의 현장이었다. 백인 우월주의자 집단과 나치 깃발의 퍼레이드 그리고 인종주의와 반유대주의 슬로건도 있었다. 폭력이 이어졌고 반대 시위자 헤더 헤이어Heather Heyer가 사망하는 결과를 낳았는데, 헤이어는 백인 우월주의자가 모는 차에 치여서 숨졌다. 잇따르는 폭력 행위는 트럼프의 반응으로 악화되었다. 그는 KKK와 네오나치를 포함하는 대안우파alt-right에 대한 비난을 거부했고, 폭력이 양쪽 모두에게 있었다고 거듭 말했다.

분열의 건너편에, 그러나 그렇게 멀지 않은 곳에 흑인 분리주의자 집단이 있다. 그들은 사회적인 백인 차별에 대한 반작용으로 등장했을 수도 있겠지만, 그럼에도 그들의 이데올로기는 인종주의적이다. 고전적인 예는 이슬람국가운동Nation of Islam인데, 그 지도자 루이스 파라칸Louis Farrakhan은 6600년 전에 야쿱Yacub이라는 흑인 과학자가 본래부터 사악하고 신앙심 없도록 고안된 '푸른 눈의 악마'로 백인을 창조했다고 믿는다. 파라칸은 또한 유대교는 '밑바닥 종교$_{gutter\ religion}$'를 실천하며 흑인을 잡아먹는다고 말했다. 흑인이 직면하는 문제들에 대한 그의 해결책은 인종 분리주의를 지지하고 인종 간 교류를 끝내는 것이다.

미국인의 모든 위대한 연설 중에서 가장 유명한 것은 에이브러햄 링컨의 '분열된 집'이다. 그는 1858년 일리노이주 공화당 상원의원 후보직을 수락할 때 그 연설을 했다. 그 구절은 〈마가복음〉 3장 25절, 〈루가복음〉 11장 17절, 그리고 〈마태복음〉 12장 25절에서 인용한 것이다. 거기서 예수는 이렇게 말한다. "한 집이 자기와 맞서 나누어지면, 그 집은 설 수가 없느니라." 링컨은 노예제라는 이슈를 둘러싼 분열을 언급하고 있었지만, 이제 미국은 다시 한번 깊이 분열된 그 자신을 발견한다. 인종, 민족, 그리고 정치적 성향을 둘러싼 균열은 모두 긴장과 감정을 고조시키고 있다.

미국의 점점 더 분열돼가는 집은 좀더 이성적이고, 화해적이고, 열린 마음의 접근을 필요로 하지만, 논쟁은 너무도 자주—우파와 좌파 모두에 의해—과민증과 '타자'를 몰아내기 위해 정체성 정치를 이용하려는 광적인 결의를 갖고서 수행된다. 이렇게 과열된 분위기에서 트럼프의 장벽에 대한 수사학은 '미국적인 것'에 대한 협소한 정의를 말함으로써, 국가 내부의 역사적이고 새로운 분열에 일정한 역할을 한다. 인종적, 민족적, 정치적 분열은 모두 벽에 대한 다음과 같은 물음으로 합쳐진다. 미국은 무엇인가, 미국은 무엇으로 존재해야 하는가, 그리고 어떻게 미국은 자유와 평등이라는 그 자신의 고유한 이상을 추진할 것인가?

버락 오바마는 가장 성공적인 미국 대통령이라고 하기는 어렵고, 다른 모든 대통령처럼 분열적인 정치를 했지만, 그의 국가관을 뒷받침하는 것은 국가가 '다수로부터 하나로'라는 이념을 포용할 때 더 강하고 더 나은 곳이 된다는 확신이었다. 그는 이미 역사적으로 사라져가고 있지만, 역사 속에서 그의 자리는 보장되며 현대 미국이 성취한 것을 보여주는 하나의 사례가 되었다. 그것은 2004년 민주당 전당대회 때 그가 행한 기조연설에서 예시된다.

> 전문가들은 나라를 잘게 쪼개어 …… 공화당을 지지하는 붉은 주, 민주당을 지지하는 푸른 주로 나누기를 좋아하지요. …… 그러나 저는 그들에게 좋은 소식이 있습니다. …… 푸른 주에서는 멋진 하나님을 섬기고, 붉은 주에서는 우리 도서관을 들쑤시는 연방 요원들을 좋아하지 않습니다. 푸른 주에서는 어린이 야구단을 코치하지요. 그래요. 붉은 주에는 게이 친구들이 있어요. …… 우리는 하나의 국민입니다.

3

이스라엘과 팔레스타인

장벽을 둘러싼 여러 사정

"우리가 처한 곤경은 너희도 보고 있다.
예루살렘은 성문이 불탄 채 폐허가 되고 말았다.
자, 예루살렘 성벽을 세워서
더 이상 수모를 겪지 않도록 하자."

〈느헤미야서〉 2장 17절

요르단강 서안, 베들레헴 외곽의 검문소를 통해 장벽을 넘어가려고 기다리는 팔레스타인 남성들.

예루살렘Jerusalem의 옛 성벽에서 남쪽으로 차로 몇 분만 가면 저 멀리 솟아 있는 베들레헴의 새 장벽을 볼 수 있다. 가까이 다가가면, 가시철조망으로 덮인 약 8미터 높이의 콘크리트 슬래브 장벽을 볼 수 있을 것이다. 일부 구역에는 전기가 흐르며, 그 장벽 사이사이에 칙칙하고 두꺼운 방탄유리로 이루어진 높은 감시탑들이 있고, 뒤쪽에는 젊은 이스라엘 군인들이 양쪽 지구를 내려다보고 있다. 이스라엘 지구에는 공터가 있지만, 검문소를 지나 다른 쪽으로 가면 반대편의 벽을 마주하고 있는 낮은 아파트 블록들이 있는, 차 한 대 정도 너비의 거리를 따라 운전할 수 있다. 이 광경은 사람을 위축시키는 동시에 겁을 주며, 숨이 막힐 듯하고 비현실적이다. 주택과 높은 장벽이 이렇게 가깝게 위치해선 안 된다.

국경선을 건너는 것은 대단히 우울한 경험이지만, 대부분의 국외자들이 그렇듯이 콘크리트로 이루어진 부분에서 경계를 건널 때는 두 배로 우울해진다. 그 부분들은 저격수들이 더 높은 건물에서 발포하는 것을 막기 위해 시가지 옆에 설치된 구획이다. 약 700킬로미터가 넘는 길이의 장벽 상당 부분은 울타리이다.

이스라엘과 팔레스타인 서안지구West Bank를 가르는 '분리 장벽seperation barrier'의 3퍼센트만이 콘크리트로 이루어져 있는데도 '분리 장벽'은 일상적으로 '벽'으로 불린다. 왜 그런 것인가? '분리 장벽'의 3퍼센트가 나머지 97퍼센트보다 훨씬 더 시선을 끌기 때문이다. 텔레비전 관계자들이나 사진작가가 초점을 맞추기 위해 감시탑의 감시를 받는 8미터 높이의 낙서로 뒤덮인 콘크리트 장벽을 놔두고 가시철조망을 두른 담장을 배경으로 삼겠는가? 인간의 관심사 및 벽의 삭막함이 주는 시각적인 충격, 갈등과 분열에 관하여 말하고자 하는 내용을 생각해보면 이는 당연하다. 어떻게 불리든, 그 장벽은 세계에서 가장 해결하기 어려운 분쟁 중 하나에 대한 기념물로 남아 있다.

'아주 다루기 힘든intractable'이라는 단어는 어떻게 느끼는지에 달려 있기는 해도 그 상황을 묘사하기에는 적절하다. 몇몇 자료는 그 단어를 '통제하거나 다루기 힘든'이라고 정의하는 반면, 케임브리지 사전과 같은 다른 자료들은 '통제, 관리 혹은 해결하기가 매우 어렵거나 불가능한'이라고 정의한다. 그러한 맥락에서 '아주 다루기 힘든'이라는 단어는 잘못되었는데, 팔레스타인/이스라엘 난제는 분명히 어려운 것인 반면, 통제 불가능한 것은 아니기 때문이다. 또한 그 문제가 가까운 미래에 해결할 수 있는 것이 아니라고는 해도, 이스라엘인은 수십 년 동안 그 문제를 '관리하고' 있다. 장벽의 새로운 시대에 그들은 대개 적들을 봉쇄할 수 있었다.

콘크리트 구역에서 영국의 선전 예술가 뱅크시Banksy는 벽과 일상의 기묘한 병치를 사용하였다. 몇 년 동안 그는 팔레스타인 쪽에서 벽화를 그려왔다. 어린 소녀가 무기를 얻기 위해 이스라엘방위군(IDF) 병사의 몸을 수색하는 그림, 방탄조끼를 입고 있는 흰 비둘기, 그리고 풍선을 타고 벽을 넘어가는 소녀 등 몇몇 작품은 유명해졌다. 어느 팔레스타인 남자가 예술가 덕에 벽이 아름다워 보이게 되었다고 말했다는 (아마도 출처가 의심스러운) 이야기가 전해진다. 뱅크시는 그에게 감사를 표했으나, "우리는 벽이 아름다워지는 것을 원하지 않습니다. 이 벽을 혐오합니다. 돌아가십시오"라는 말을 들었을 뿐이다.

종종 벽의 여러 구역에서 발견되는 덜 '아름다운' 이미지는 쓸쓸해 보이는 맨발의 열 살 난민 소년 한잘라Handala이다. 본래 팔레스타인 예술가 고故 나지 알-알리Naji al-Ali가 그린 한잘라는 팔레스타인 사람들을 위한 정의가 존재해야 비로소 몸을 돌릴 것이라는 점을 암시하며, 보통 우리를 등지고 있다. 아랍 지도자들을 비판하기도 했던 나지 알-알리는 스스로 팔레스타인을 떠나 결코 돌아오지 못했다. 그는 1987년 7월 런던에서 얼굴에 총을 맞았고, 다섯 주 후에 세상을 떠났다. 영국 경찰에 의하면 팔레스타인해방기구(PLO)의 구성원이었던 팔레스타인 남성이 암살 사건과 관련하여 체포되었지만, 기소되지는 않았다.

나지 알-알리와 한잘라를 떠올릴 때, 나는 오래전 런던에서 만난 팔레스타인 친구가 생각났다. 그는 베들레헴 출신이지만 1980년대 후반에 그곳을 떠났고, 다시 '돌아가지 않을 것'이라 말한다. 그는 "집에 가기 위해 이스라엘의 검문소를 통과할 수는 없어. 그건 그들의 권위를 인정하는 것과 마찬가지야"라고 말했다.

그럼에도 뱅크시는 돌아갔고, 몇 걸음 더 나아갔다. 당시에는 팔레스타인으로 불렸던 지역 안에 유대인의 조국을 약속한 1917년 밸푸어 선언 100주년을 기념하기 위해, 그는 서안지구에 '벽으로 분할된 호텔Walled Off Hotel'을 개장했다. 열 개의 침실은 모두 거리에서 3.5미터 떨어진 건너편 벽을 마주하고 있다. 뱅크시의 말에 따르면, 그 호텔은 "세계에서 가장 전망이 나쁜 호텔"이지만, "분쟁 중인 모든 사람과 전 세계 사람을 따뜻하게 환영한다." 그 호텔은 평론가들이 '분쟁 관광'의 한 형태로 서술한 것을 창출해내며 현재 베들레헴을 방문한 사람들이 보고 싶어 하는 경관을 가졌지만, 지지자들은 팔레스타인과 바깥 세계 사이에 다리들을 세우는 데 한몫을 한다고 말한다. 그럼에도 뱅크시 투어, 뱅크시 기념품, 뱅크시의 예술과 함께 찍은 사진은 이제 예수의 탄생지를 방문하는 많은 관광객에게 필수 요소가 되었다.

호텔의 좁은 테라스에는 기독교 유적지에서 떨어진 곳으로 가기를 감행한 관광객들에게 음료를 제공하는 의자와 탁자 여러 개가 있다. 테라스에서는 벽의 낙서를 읽을 수 있는데, 그 낙서는 "장벽이 아니라 후무스Hummus를 만들어라"라는 기발한 것에서부터 "신께서 이 벽을 부수실 것이다"라는 희망적인 것, 그리고 다윗의 별 모양으로 만들어진 스와스티카 무늬에 이르기까지 다양하다. 호텔의 내부장식은 새총과 손상된 보안카메라 같은, 이스라엘의 지배에 맞서는 팔레스타인의 저항을 의미하는 아이콘들로 장식되어 있다. 침실에는 베개 싸움을 벌이는 이스라엘 군인과 팔레스타인 시위대를 묘사한 작품이 포함된 뱅크시의 벽화 여러 점이 있다. 1층에는 분쟁의 역사를 개략적으로 보여주는 작은 박물관이, 입구에는 영국 외교관 아서 밸푸어Arthur Balfour의 실물 크기 모형이 있다. 버튼을 클릭하면 밸푸어 모형의 오른팔이 그 유명한 선언문에 서명하는 것처럼 움직이기 시작한다.

그러나 예술품에는 호텔이 마주하고 있는 극명한 추악함에 이스라엘이 어떤 책임이 있는지 전혀 묘사되어 있지 않다. 좁은 거리에는 폭파된 이스라엘 버스를 예술적으로 묘사할 여지가 없지만, 예술이 중립을 유지해야 할 필요는 없다. 그러나 아마도 의도적이지 않게, 벽에 그려진 낙서 한 점은 상황을 해결하는 것이 아니라 '관리하는' 벽에 대한 다른 쪽의 견해를 이렇게 넌지시 알려주고 있다. "이 벽은 현재를 돌볼 수 있을지 모르지만, 아무런 미래도 없다." 정치에서 현재는 종종 미래보다 더 중요한데, 특히 당선을 바라는 정치인에게 그렇다.

왜 벽이 존재하는가, 그리고 그 벽이 무엇을 이루어내는가는 논쟁적인 문제다. 그렇지만 두 나라 사이의 국경선은 이스라엘이 등장한 이래, 1948년 아랍-이스라엘 전쟁으로 시작해 격렬한 논란 거리가 되어왔다. 그 분쟁의 끝에 휴전선이 그린라인Green Line의 형태로 합의되었다. 그러나 1967년 '6일 전쟁' 동안 이스라엘은 시나이 반도와 골란 고원을 장악했을 뿐 아니라 서안지구와 가자지구Gaza를 점령하였다. 이스라엘의 지배 아래서 20년 동안 살아온 팔레스타인 사람들의 좌절과 분노는 팔레스타인 영토 전역에 퍼졌고, 제1차 인티파다Intifada(1987~1993) 때 폭력적인 봉기와 시위로 이어졌다. '인티파다'는 떨쳐냄을 의미하는 아랍어 '나파다nafada'에서 유래하였고, 이런 의미에서 '억압으로부터의 해방'으로 번역된다. 몇 년 간 위태로운 평화가 유지된 뒤, 이스라엘이 가자지구를 계속 점령하는 수십 년간 이어진 영토 분쟁이 2000년에 이르러 지속적인 폭력의 형태로 다시 폭발하였으며, 제2차 인티파다가 발생했을 때 장벽이 세워지기 시작했다.

팔레스타인 쪽의 견해에 따르면, 장벽은 오직 이스라엘에게 유리한 '두 국가 해결론two-state solution'의 윤곽을 그려내며 토지를 가로채고 '현지의 여러 실상facts on the ground'⁵을 내세우려는 구실에 불과하며, 이로 인해 팔레스타인은 서안지구의 최소 10퍼센트를 상실하게 될 것이다. 장벽의 현재 위치는 팔레스타인 영토의 꽤 안쪽에 있기 때문이다. 이스라엘에서는 장벽의 경로에 대해 지형학적인 이유를 들지만, 장벽은 특정 지역들에서 유대인 정착촌을 둘러싼 그린라인의 동쪽으로 벗어나 있다.

서안지구에는 약 40만 명의 유대인이 살고 있다. '정착촌settlement'이라는 용어는 매우 건조하고 강한 바람에 노출되어 있는 언덕에 위치한 소규모 야영지 같은 느낌을 준다. 그러나 많은 정착지가 그런 상태로 만들어지기 시작했지만, 몇몇 정착촌은 시청과 슈퍼마켓, 학교가 완벽하게 갖추어진 마을로 커졌다. 정착촌들이 서로 이어지고 정착촌들과 이스라엘 본토를 연결하는 도로가 건설되면서 팔레스타인 사람들은 서안지구에서 돌아다니거나 인접한

---

5 이 표현을 문자 그대로 옮기자면 '특정 지역 상황의 일부 측면들'이라고 할 수 있고, 관용적인 의미로는 '영토 내에 군대가 주둔하여 소유권에 대한 어떠한 논쟁도 불식시키는 것'을 의미한다.

넓은 지역들을 유지하기가 어려워졌다. 또한 이스라엘이 1967년에 합병하였으나 팔레스타인 사람들이 미래 팔레스타인 국가의 수도라고 주장하고 있는 동예루살렘에는 현재 20만 명이 넘는 유대인들이 살고 있다. 이스라엘의 유대인들은 동예루살렘과 서안지구를 별개로 생각하는 경향이 있지만, 팔레스타인 사람들은 그렇게 생각하지 않는다.

정착촌과 관련된 이슈는 이스라엘의 여론을 갈라놓고 있으며, 그 존재의 타당성, 적법성, 도덕성에 관하여 항상 격한 토론이 오간다. 종교적인 유대인 정착민들은 서안지구가 고대 이스라엘에 속한 지역이었으며, 구약에서 유대인들에게 약속된 땅이었기에 본인들이 서안지구에 살 수 있다고 주장한다. 세속적인 정착민들은 이스라엘이 요르단으로부터 영토를 가져왔고, 그 뒤에 요르단이 영토를 차지할 권리를 포기하였기에 본인들이 정착지에 거주하는 것은 불법이 아니라고 주장한다. 이러한 견해는 국제 사회에서 공감을 얻지 못하고 있다.

이름을 밝히기를 거부한 한 팔레스타인 시민사회 관계자가 이렇게 말한 적이 있다. "저 장벽을 봐! 역겹기 그지없어! 이 모든 것이 영토를 빼앗으려는 계획의 일환이야. 그들은 장벽을 팔레스타인 영토 안으로 수백 미터 옮겨서는, 우리가 계속 살았던 곳인데도 협상을 해야 한다고 말할 작정이지." 벽을 따라 차를 타고 이동할 때 그가 팔레스타인 구역 쪽으로 화를 내며 손짓을 했다. 한때 올리브 나무가 울창한 곳이었다. 언젠가 이곳을 이스라엘에게 빼앗길까 두려워하는 사람이 아무도 없는 땅을 만들기 위해 지금은 모든 나무가 뿌리째 뽑혀버렸다. "그들은 항상 이 짓을 하고 있어. 현지의 여러 실상이라 부르는 것을 만들어내야 하지만, 이게 현실이고, 이게 우리의 땅이야."

반면에 이스라엘인들은 매우 다른 시각으로 장벽을 본다. 이스라엘 쪽의 장벽에 그려진 낙서와 벽화도 다른 이야기를 전하고 있다. 어떤 낙서와 벽화는 팔레스타인 사람들에 반대하면서 장벽이 필요한 이유를 표현하고, 일부는 팔레스타인에 찬성하고 팔레스타인 사람들이 겪는 고통을 묘사한다. 반면 다수의 낙서와 벽화는 단순히 장벽을 '보이지 않게' 하기 위해 고안된 이미지와 풍경으로 이루어져 있는데, 그 점은 많은 이스라엘 주민에게 중요하다. 이스라엘 내부에 거주하는 주민들 대부분은 장벽 근처에 가거나 장벽을 통과할 이유가 거의 없다. 대부분은 서안지구 안에 있는 유대인 정착촌에 가지 않으며, 이스라엘 내부와 유대인 정착촌을 왕복하는 정착민들에게 장벽은 그들이 우선적으로 통과하는 멀리 떨어진 지역의 일부에 불과하다.

많은 이스라엘인은 장벽에 찬성하며, 장벽이 긍정적인 효과를 낸다고 생각한다. 이스라엘 정부는 장벽이 세워지기 전 3년 동안 팔레스타인 사람들이 저지른 여러 자살폭탄테러와 공격으로 수백 명의 이스라엘인이 살해당했다고 지적한다. 한때 폭탄 제조자들과 폭탄 테러범들은 텔아비브Tel Aviv와 네타니아Netanya, 예루살렘 같은 표적들에서 차로 한 시간도 안 걸리는 거리에 있는 서안지구의 여러 마을에서 자유롭게 작전을 벌였다. 장벽 건설 1단계가 끝난 뒤, 3년 동안 60명이 조금 넘는 이스라엘인들이 살해당했다. 이

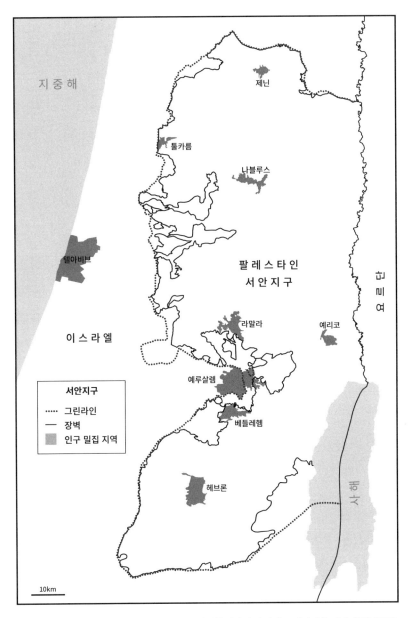

지중해

이스라엘

텔아비브

팔레스타인
서안지구

제닌

툴카름

나블루스

라말라

예리코

예루살렘

베들레헴

헤브론

요르단

사해

서안지구

⋯⋯ 그린라인

── 장벽

인구 밀집 지역

10km

분리 장벽은 1949년 정전협정에서 성립된 그린라인을 따라 이어지지만,
여러 곳에서 팔레스타인 안쪽으로 밀려났다.

점은 이스라엘인들이 장벽을 정당화하는 논거로 작용하는데, 단순히 폭력적인 살인 사건들을 근절하기 위해 고안된 보안 조치라는 것이다. 그럼에도 장벽에 반대하는 사람들이 적게나마 존재하는데, 그들은 장벽 ─ 그리고 특히 장벽이 취하는 기존의 경로 ─ 이 팔레스타인 사람들과 지속적이고 평화로운 해결책을 찾아가는 데 장애물로 작용한다고 본다. 장벽에 반대하는 사람들은 대부분 이스라엘 정치 지형에서 좌파에 해당하며, 장벽에 반대하는 목소리를 아주 강하게 낼 수 있지만 좌파 안에서도 그들은 소수이다. 상대적으로 낮은 수준의 민간인 살해를 이유로 많은 이스라엘인은 심리적으로 장벽 뒤편으로 도피한다. 그들에게는 해결해야 할 많은 문제와 분열이 있으며, 현재 '장벽 뒤의 안전한' 경제는 때때로 국가적 관심사에 대한 여러 조사에서 안보를 능가하는 것으로 나타난다.

가장 유명한 이스라엘 외교관 중 한 명이며 현재는 은퇴한 데이비드 콘블러트David Kornbluth는 '두 국가 해결론'이 옳다고 생각하며, "팔레스타인 사람들이 겪는 역경이 안타깝다"고 말한다. 하지만 보안 장벽에 대해서는 현실적이고 냉혹하며 직접적이고 비타협적인 동시에 많은 이들의 공감을 받는 관점을 견지한다. 그는 이렇게 말했다. "장벽은 큰 성공을 거두었습니다. 장벽 덕분에 자살폭탄테러의 희생자가 줄었습니다. 필요하지 않았다면 존재하지 않았겠죠. 장벽에는 엄청난 비용이 듭니다. 아무도 그 장벽을 원치 않았으니까요. 좌파도, 정부의 어느 정당도 말입니다. 팔레스타인 사람들에게 닥친 불행하고 원치 않는 소동들은 장벽의 인명 손실 방지 효과와는 견줄 수 없습니다. 물론 저는 그들이 겪는 역경이 안타깝지만,

그 점은 수백 명에 이르는 우리 시민들을 살해하려고 하는 그들과는 아무 관련이 없습니다." 나는 그에게 장벽을 반대하는 사람들이 장벽을 억압과 압제가 지닌 권력의 상징으로 본다는 점을 상기시켰다. "그들이 말하는 것이 1967년 우리가 그 장벽을 세웠던 일이라면, 그 점은 권력이나 압제의 상징과는 아무 관련이 없습니다. 현실적인 필요에 대응하기 위해 거기에 있는 것이죠."

어떤 면에서 보면, 그의 말은 블라디미르 자보틴스키Vladimir Jabotinsky(1880~1940)의 이념과 '철벽'에 대한 그의 이론을 실천에 옮긴 것이다. 자보틴스키는 독립 이전의 팔레스타인 지역 내 유대인 사회의 이론가였다. 그는 이스라엘 건국을 격렬히 반대한 아랍인들을 난공불락의 전력을 갖춘 상태에서 상대할 전략을 세운 주요 인물이었다. 그는 아랍 측이 이스라엘을 파괴할 수 없다는 사실을 깨닫게 되었을 때가 되어서야 비로소 협상을 통해 합의가 이루어질 수 있을 것이라 주장했다. 자보틴스키는 "저는 우리가 그들을 만족시킬 것이라는 점을 보장하여 양측이 좋은 이웃으로 평화롭게 살 수 있기를 바라고 있으며, 그렇게 하는 것이 옳다고 믿고 있습니다. 그러나 철벽을 통해야만 그러한 합의에 도달할 수 있습니다"라고 선언했다.

이스라엘 정부는 장벽이 서안지구를 서서히 에워싸면서 이스라엘에서 벌어지는 자살폭탄테러와 총격 사건들이 극적으로 줄어들었다며 장벽과 통계자료 간에 직접적인 상관관계가 있다고 주장하나 이스라엘 정부를 비판하는 사람들은 이에 동의하지 않는다. 외부 세계의 시각에서 보자면, 자살폭탄테러는 이스라엘을 적대하는 세력의 대의명분을 훼손하며 이스라엘의 대응을 이끌어내는 데 불필요하게 많은 비용을 치르는 행위이다. 따라서 이스라엘의 적대 세력이 의도적으로 공격의 속도를 늦춘 것과 동시에 장벽이 세워진 것이라고 그들은 주장한다. 런던정경대(LSE)의 파와즈 게르게스Fawaz Gerges 교수는 그렇게 생각하고 있다. 즉 "하마스Hamas와 다른 팔레스타인 분파들이 정치적·전략적 부채 때문에 이스라엘 내부에서 공격을 실행하는 것을 그만두기로 했다는 것"이다.

그럼에도 이스라엘은 국경을 통제하기 위해 세운 다른 장벽과 마찬가지로, 서안지구의 장벽이 국가의 안보에 중대한 역할을 한다고 주장한다. 이스라엘인들은 서안지구뿐 아니라 가자지구의 경계에도 보안 장벽을 세웠는데, 가자지구 장벽은 1994년에 세우기 시작했으며, 길이는 65킬로미터 정도이다. 또한 이집트와 이스라엘의 국경을 따라 약 250킬로미터 길이의 장벽이 있는데, 그 울타리는 많은 아프리카 나라에서 오는 불법 이민자들을 멈춰 세우고 있다. 2000년과 2012년 사이에 수단과 에리트레아, 에티오피아 출신이 대부분인, 거의 5만 명에 이르는 아프리카인이 종종 끔찍한 여정을 거쳐 경계를 넘었는데, 간혹 이집트 국경순찰대에게 총격을 받았다. 그들 대부분은 국외 추방에 대한 법적 장애물과 동시에 아프리카 국가들이 그들을 다시 받아들이기를 꺼리기 때문에 이스라엘에 정착한 상황이다. 덜 알려진 네 번째 장벽은 시리아가 내전에 돌입한 이후 시리아의 국경을 따라 세워졌다. 골란 고원의 시리아 쪽 경계에 가까이 진격하는 알누스라전선Al-Nusra Front과 IS 같은 다양한 이슬람 지하디스트 집단 때문에 이스라엘은 다시 방어 시설들을 강화하기 시작했다.

이스라엘이 장벽들 덕분에 폭력이 감소했다고 확신한다면, 그 장벽들은 영구히 존재해야 하는 것인가? 이 문제는 분열을 초래하는 사안이지만, 많은 사람은 장벽이 단지 지속적인 해결책으로 나아가기 위한 하나의 단계일 뿐 해당 지역의 문제들을 해결할 지속적인 방책이라고 생각하지 않는다. 그들은 장벽이 단순히 임시방편이 되어야 한다고 주장한다. 장벽의 윤곽을 그리는 일에 참여한 외교관 중 한 사람인 데이비드 콘블러트는 "마지막 정착지가 단계적으로 실현되고 있습니다. …… 저는 장벽이 사라질 것이라고 봅니다. 또한 장벽이 최종적인 국경선을 따라 필수적으로 존재해야 한다고 생각하지 않습니다. 장벽은 장벽 그 자체를 위해 존재하는 것이 아니라, 상당한 수준으로 테러를 줄이기 위해 존재하는 것이니까요. …… 장벽은 세워질 때만큼이나 빠르게 무너질 수 있을 겁니다. 그 점은 아주 분명합니다"라고 말했다. 그 일이 일어나려면 양측뿐 아니라 양측 내부에서도 합의가 이루어져야 할 것인데, 양측 모두 상당히 분열되어 있다.

･ ･ ･

이스라엘은 종종 함께 살아가기가 불가능할 정도로 각양각색인 사람들이 존재하기에, 여러모로 분열이라는 개념을 압축한 국가이다. 또한 이스라엘은 신생 국가이자 용광로와 같은 국가이기도 하다. 인구는 860만 명이지만 많은 민족으로 이루어져 있다. 예를 들면, 이스라엘의 인구가 고작 500만 명이었을 때인 1990년대에는 100만 명이 넘는 러시아인이 이스라엘에 도착했다. 이스라엘 사회에 존재하는 많은 균열을 곰곰이 생각해보자. 이스라엘의 정치권은 좌파와 우파 정당들, 아랍 정당들 및 종교 정당들과 해당 범주 안에서 더욱 세분화된 정당들로 상당히 분열되어 있는데, 이는 이스라엘 정치가 대부분의 민주주의 국가들보다 더 분열되어 있음을 보여준다.

이스라엘 최초의 인구조사는 이스라엘 건국이 선포된 1948년에 실시되었다. 당시 전체 인구의 86퍼센트는 유대인이었으며, 9퍼센트는 무슬림, 3퍼센트는 기독교도였고, 1퍼센트는 드루즈인Druze이었다. 2014년에 인구조사를 실시했을 때 무슬림 인구는 16.9퍼센트로 거의 두 배 가까이 증가하였으며, 드루즈인은 2퍼센트로 증가한 반면 유대인 인구가 차지하는 비율은 75퍼센트, 기독교도 인구는 2퍼센트로 감소하였다. 나머지 4퍼센트는 다양한 소수자 집단이었다.

하지만 다수를 차지하는 유대인 집단 내부에서도 상당한 차이점들이 있다. 대부분의 유대인은 아슈케나지Ashkenazi 혹은 세파르디Sephardi라는 두 가지 범주 중 하나에 속한다. 모든 유대인의 뿌리는 근본적으로 로마인들에 의해 흩어지기 이전의 이스라엘까지 거슬러 올라가지만, 아슈케나지는 피부가 더 밝은 편이며 더 최근에 유럽에서 왔다. 세파르디는 스페인을 의미하는 히브리어 '세파라드Sepharad'에서 나온 이름이다. 대부분 1948년 건국 당시 아랍 국가들에서 강제로 퇴출된 수백수천 명의 유대인으로 이루어져 있다.

엘리트 계층에 속하는 아슈케나지는 이스라엘이 건국된 이후 대체로 정치와 비즈니스를 지배하고 있다. 이는 부분적으로 아슈케나지 다수가 고등 교육을 받았기 때문이기도 하며, 세파르디가 아랍에서 벌어진 집단 학살을 피하기 수십 년 전인 19세기 후반과 20세기 초반에 이스라엘에 다다랐기 때문이기도 하다. 그러나 최근에는 세파르디가 영향력을 키우고 있으며, 세파르디계 종교 정당들이 종종 결정권을 쥐어 연립 정부를 구성하기도 한다. 두 종파 간의 실제적인 종교적 차이는 거의 없지만, 중동과 유럽이라는 배경에서 발생하는 문화적·정치적 차이 때문에 두 종파 간의 결혼이 드문 일은 아니어도 여전히 일반적이지 않다. 문화적인 면에서 세파르디는 중동 쪽 성향에 훨씬 더 가깝게 음악을 듣고 음식을 선택하는 반면, 아슈케나지의 식단은 동유럽 유대인의 식단에 기반하고 있다.

아슈케나지든 세파르디든 유대인 인구 안에는 또 다른 더 엄격한 종교적 구분이 존재한다. 유대인 인구의 49퍼센트는 세속적이고, 29퍼센트는 전통을 따르며, 13퍼센트는 신앙심이 깊고, 9퍼센트는 초정통파이다. 이들은 신에 대한 외경심으로 두려움에 떠는 집단인 하레디Haredim로도 알려져 있다. 이러한 범주를 넘어서 다수는 자신의 종교가 유대교라고 언급하는데, 세속주의자들의 87퍼센트는 여전히 유월절 예배에 참석하며, 절반은 금요일 밤마다 촛불을 밝힌다. 하지만 사회 전반에 걸쳐 그들 사이에 존재하는 확연한 차이점이 있다.

이 모든 집단은 작은 국가 안에서 같은 언어를 쓰며 살지만, 사회적으로는 거의 소통하지 않는다. 사실상 많은 지역이 이러한 구분에 따라 나뉘어 있으며, 예루살렘에 있는 기다란 띠 모양의 지역과 텔아비브를 비롯한 다른 도시들의 일부 지역에서는 구역 전체가 거의 세속적이거나 종교적일 뿐이다. 두 집단 간의 통혼은 매우 드물다. 많은 세속적인 유대인들은 그들의 자식 중 한 명이 하레디와 결혼한다고 생각하는 것이, 기독교인과 결혼한 자식들과 함께 사는 것만큼이나 불편하다고 말한다. 하레디의 자식들은 성별로 나뉜 하레디 학교를 다니고, 세속주의자의 자식들은 비종교적인 학교에 진학하는 등 아마도 그들의 자식들도 분리된 기관에서 교육받을 것이다.

도시에는 종교적 지역과 세속적 지역이 뒤섞여 있지만, 그곳에서조차 당신은 누가 정통파인지 아닌지를 몇 초 만에 구분할 수 있을 것이다. 종교를 믿는 남성들이 머리에 착용하는 키파kippah의 형태도 그들의 믿음에 대해 무언가를 알려준다. 예를 들어 많은 서안지구의 정착자들은 근대적인 정통파와 몇몇 하레디들이 인정의 증표로 쓰는 펠트 키파보다 더 큰 뜨개질 키파를 착용하는 습관을 고수하고 있다. 이 분야의 전문가들은 하레디 남성이 착용하고 있는 털모자의 종류를 보면 어떤 랍비를 따르는지 알 수 있다. 반면 하레디들과 세속주의자들은 서로에게 모습을 보이는 일이 거의 없다. 이는 쌍방적인 것이다. 털모자를 쓰고 사이드록sidelock[6]을 유지하며, 하얀 스타킹을 신고 실내복 같은 옷을 입은 하레디 남성은 세속적인 여성에게 길을 물어보지 않을 것이며, 그 반대의 경우도 마찬가지일 것이다.

집단 간의 차이점은 경제 분야에서도 명확하게 드러난다. 이

---

6 양쪽 귀밑머리만 길게 기르고 나머지는 모조리 민 머리 모양이다.

스라엘의 경제는 대부분의 국가에 비하면 상대적으로 좋은 편이지만, 부는 매우 불공정하게 분배되어 있으며 집단 간의 격차는 커지고 있다. 이스라엘인 5명 중 1명이 (OECD 국가들의 평균보다 두 배 더 많은) 국가 평균 소득의 절반에 못 미치는 가정에서 살아갈 정도로 빈곤은 만연하고, 하레디는 많은 이유로 더욱 곤란해지기 쉬운 상황이다. 대가족을 구성하는 것은 빈곤선에 다다르는 원인이 되는데, 하레디는 근대적인 정통파와 세속주의자들보다 자식을 더 많이 낳는 편이다. 퓨리서치센터에서 실시한 여론조사에 따르면, 하레디의 28퍼센트는 일곱 명 이상의 자식들을 둔다고 답변한 반면, 세속주의자들의 1퍼센트만이 일곱 명 이상의 자식들을 둔다고 답변하였다. 또한 하레디는 직업이 없을 가능성이 더 높은데, 다수가 노동보다는 토라 공부를 선호하기 때문이다.

유대인 사회 내부의 여러 균열이 종교적인 장소에서 특히 두드러지기는 하지만 그러한 균열은 어디를 가든 볼 수 있다. 그 예로 서기 70년 로마인들이 파괴한 제2성전의 유적을 떠받치는 통곡의 벽을 들 수 있다. 통곡의 벽이 내부 성소의 일부가 아니었다는 이유로, 신학자들은 그 신성성에 관해 엇갈리는 견해를 보이고 있다. 그럼에도 특정한 개인이 종교적인지 여부를 떠나 거의 모든 유대인에게 그곳이 매우 중요한 장소라는 사실은 부정되지 않는다. 통곡의 벽 위에는 내부에 바위 돔을 갖춘 7세기의 건축물 알아크사Al-Aqsa 모스크가 있는데, 이슬람에서 세 번째로 신성한 성지로 여겨진다. 이스라엘 및 팔레스타인의 무슬림들과 외국 관광객들은 아랍인들이 '성전'이라고 부르는 알아크사 모스크를 방문할 수 있지만, 유대인들은 보통 안보를 이유로 대부분 입장이 금지된다.

통곡의 벽으로 접근하면 당신은 곧바로 차이를 볼 수 있다. 광장에서 벽까지 이어진 울타리는 개방된 공간을 각각 3분의 1과 3분의 2 크기의 공간으로 분리한다. 더 작은 오른쪽 공간에서는 여성들을, 왼쪽 공간에서는 남성들을 볼 수 있다. 시나고그(유대교 회당)에서 신도들을 성별에 따라 분리하지 말자는 이스라엘 내의 종교적 움직임이 더러 있기는 하지만, 이러한 움직임은 극소수에 불과하며 종교적인 문제에서 거의 영향을 미치지 못하고 있다. 더 강한 영향력을 행사하는 정통파 시나고그에 드나드는 신도들은 성별에 따라 분리되기에 통곡의 벽에서도 성별에 따라 방문객들이 나뉜다.

몇몇 여성은 집단을 이루어 기도하는 동시에 남성들처럼 기도용 숄(탈리트tallit)을 걸칠 수 있어야 한다고 생각하기에 모든 여성이 이러한 상황에 만족하지는 않는다. 이러한 상황은 통곡의 벽에서 예배를 하는 집단인 '통곡의 벽의 여성들Woman of the Wall(WOW)'과 종종 폭력적으로 그들을 막으려 하는 하레디 간의 격렬한 논쟁으로 이어진다. 처음으로 통곡의 벽 앞에서 기도한 100여 명의 여성이 하레디들의 언어적·신체적인 공격으로 방해를 받은 이후로 논쟁은 30년 동안 계속되고 있다. 그 사건은 법정과 통곡의 벽 광장에서 여전히 진행 중인 논쟁의 패턴을 정립했다.

WOW의 일원들이 매월 기도회를 열기 위해 나타날 때, 그들은 사람들에 의해 밀쳐지고 침 세례를 받으며 항상 경찰의 보호를 받는다. 2013년에는 통곡의 벽 앞에서 예배를 드리는 여성들을 지지하는 포스터로 꾸며진 버스들이 예루살렘 안의 하레디 구역을 통과할 때 버스들의 창문이 부서졌다. 정작 《탈무드》에는 신이 타인에 대한 어느 유대인의 증오 때문에 제2성전을 파괴했다는 내용이 분명하게 서술되어 있다. 논쟁을 벌이는 몇몇 사람들은 이해하지 못할 아이러니일 것이다.

사회 내부의 이러한 차이점들은 정치권에도 영향을 미쳤다. 예를 들면 대부분의 세속주의자는 이스라엘인의 정체성이 유대인의 정체성보다 우선한다고 생각하는 반면, 대부분의 정통파는 유대인의 정체성이 이스라엘인의 정체성보다 우선한다고 생각한다. 이러한 점이 이스라엘 내부의 정치적 분열에 상당한 영향을 미친다. 대체로 세파르디계 이스라엘인들은 정치적 견해가 우파 쪽으로 기울어진 반면, 아슈케나지계 이스라엘인들은 상대적으로 더 분열되어 있다. 더욱 종교적인 분파들은 주로 종교적인 정당을 지지하는 경향을 보이기는 하나, 하레디는 단순히 그들의 랍비가 시키는 대로 투표한다. 이는 종교적인 정당들이 거의 항상 연립정부를 구성한다는 것을 의미하며, 그러한 정당들은 종종 개종과 징병제, 서안지구 정착촌, 결혼 및 이혼과 성별 분리 같은 여러 중요한 의제에서 정반대되는 시각을 견지한다.

종교적인 정당들은 교육 및 종교와 같은 문제들을 지배하려고 하며, 우리가 알고 있는 것처럼 그들의 견해는 나머지 이스라엘 사람들의 시각을 반드시 따르지는 않는다. 하레디들은 끊임없이 그들의 관할 구역 안에서 결혼식을 감독할 권한을 유지하기 위한 운동을 하고 있다. 또한 그들은 종종 폭력적인 방법을 동원하여 안식일에는 그 누구도 운전해서는 안 되며, 특히 그들의 구역 안에서는 절대로 운전해서는 안 되고, 때때로 차들이 지나가는 것을 막으려고 방어벽을 설치하기도 하는 견해를 강요하려고 한다. 하레디 다수는 영토와 관련하여 어떠한 형태로도 팔레스타인 사람들과 타협하기를 반대한다. 약 66퍼센트의 유대계 이스라엘인들은 분쟁의 해결책으로서 '두 국가 해결론'을 전반적으로 지지하는 반면, 종교적인 정당에 투표한 사람들의 60퍼센트 정도는 '한 국가 해결론'을 선호한다.

한편, 세속적인 이스라엘인들은 정치적·법적 다툼이 계속되는 중임에도, 하레디들이 병역의 의무는 수행하지 않으면서 그들의 공동체와 목표에 돈을 대기 위해 중앙정부의 재정 지원을 받는다는 점에 몹시 분개한다. 또한 종교적인 분파들의 출생률이 훨씬 더 높아 수적으로 열세에 밀린 세속주의자들은 예루살렘에서 쫓겨나는 것을 두려워하는데, 많은 하레디가 무직 상태여서 국가를 경제적으로 위협하는 것으로 보이기도 한다.

유대계 이스라엘인 내부의 모든 '종족적' 종교와 계층 분열에도, 데이비드 콘블러트는 이스라엘인들이 외부의 위협에 직면하여 동조하려는 경향을 보일 때 이러한 분열 혹은 종종 반대되는 견해의 저변에 단결이 감춰져 있다고 말한다. "이스라엘은 여러 번의 전쟁을 겪을 때 극도로 강력하고 응집력이 있는 모습을 보인 국가입니다. …… 전쟁이 닥치면 이스라엘은 단결하죠. 많은 사람이 이스라엘의 실제적인 위협은 여러 갈래의 분열이고, 그로 인해 파멸할 수도 있다고 말합니다. 그렇지만 이스라엘은 여전히 엄청나게 강한 국가입니다." 이스라엘이 강하기는 하겠지만, 아무리 단결된 유대계 이스라엘인들이 있다고 해도, 그들과 아랍계 이스라엘인 간의 또 다른 분열은 여전히 존재한다. 그 분열은 이스라엘에서 평등이 실현되고 팔레스타인 사람들과 함께하는 공정한 '두 국가 해결론'이 제시되지 않는 한 절대로 메워지지 않을 것이다.

이스라엘 인구의 5분의 1을 차지하는 아랍계 이스라엘인 대부분은 빈곤한 팔레스타인에서 거주하는 것을 원하지 않으며, 이스라엘인들처럼 그들의 생활 수준이 대부분의 아랍 국가들에 비해 높은 편이라는 사실을 알고 있다. 그러나 그 점이 아랍계 이스라엘인들이 그들의 운명에 만족하고 있다는 것을 의미하지는 않는다. 오히려 그 반대이다. 아랍계 이스라엘인들은 극적으로 증가하고 있으며, 출생률이 유대인보다 높지만 경제·사회 분야에서는 속도를 맞추지 못하고 있다. 그들이 늘어남에 따라 정치적 영향력도 커질 것이며, 의회(크네세트)에 진출할 더 많은 아랍계 정치인을 선출할 수 있을 것이지만, 중기적으로는 제한된 투표권 탓에 이스라엘 정부의 정당 구성이 바뀔 일은 없어 보인다.

아랍계 이스라엘인들은 법에 따라 사회적·종교적 권리를 보장받는 완전한 시민권자이다. 그들은 고유의 정당과 신문, 방송 매체를 운영할 수 있다. 아랍인들은 대법원의 일원이 될 수 있고, 축구 국가대표팀의 선수가 될 수도 있다. 그러나 이스라엘인들과 같은 국가에 거주하고 법적인 평등을 누린다고 해도, 여러모로 그들은 분리된 생활을 영위한다.

대부분의 아랍계 이스라엘인 아동은 아랍어로 말하는 학교에서 교육받는다. 그들은 아랍인 마을이나 도심지의 아랍인 구역에 거주한다. 하이파는 이스라엘에서 가장 많은 민족이 혼합된 도시일 것이지만, 그곳에서조차 구역 간의 명확한 도형들을 볼 수 있다. 아랍계 이스라엘인들은 성장하면서 아랍어로 쓰인 신문을 읽고 아랍어로 송출되는 방송을 들을 것이며, 심지어 전국 텔레비전 프로그램을 볼 때조차 자신들을 대표하는 인물이 매우 드물다는 것을 알게 될 것이다. 거의 모든 아랍계 이스라엘인들은 히브리어를 유창하게 구사하지만, 히브리어는 유대인들과 함께 일하는 직장에서만 사용한다. 하레디처럼 그들도 대부분 소득 피라미드의 밑바닥에 위치하지만, 다수의 하레디는 스스로 일하지 않는 반면 아랍계 이스라엘인들은 흔히 고소득 직업을 얻지 못하고 있다. 아랍인 가족들의 빈곤율은 50퍼센트에 달하는데, 이는 하레디와 비슷한 수준이다.

2016년 시작된 5개년 계획이 아랍계 이스라엘인 아동들을 교육하는 데 쓰이는 공공 비용 문제를 다루기로 되어 있지만, 수십 년 동안 아랍계 이스라엘인 아동 한 명의 교육에 지출되는 공공 비용은 더 줄어들었다. 이렇게 더 낮아진 교육 수준 탓에 이스라엘의 가장 빈곤한 마을 열 곳 중 여덟 곳이 아랍인들이 거주하는 구역이라는 결과가 나타났다. 약 79퍼센트의 이스라엘 거주 아랍인들은 자신들이 차별 대우를 받고 있다고 생각한다. 연이어 집권하는 정부마다 이러한 차별 대우를 금지하는 법안을 제정하려고 하는 중이며, 공공 부문에서 소수 집단에게 할당제가 적용되고 있지만, 공공 부문의 고용할당제는 거의 적용되지 않는데다 법안은 실효성이 부족하다.

또한 비非유대인 공동체들은 정착한 무슬림, 베두인족Bedouin, 기독교도, 드루즈인과 같이 다양한 종교와 민족으로 분열되어 있다. 몇몇은 아랍계 이스라엘인보다 더 안 좋은 여건에 놓여 있다. 가령 기독교도는 유대계 이스라엘인보다 더 좋은 사회경제적 지위를 누리지만, 베두인족은 이스라엘의 모든 원주민 중에서 가장 사회적 혜택을 받지 못하고 있다. 베두인족은 모두에게서 떨어져서 살려고 하나, 21세기에 들어서는 그렇게 하는 것이 점점 어려워지고 있다. 이스라엘 정부와 베두인족 간의 영토 분쟁을 통해, 현재 총 20만 명 중 거의 절반이 종종 물과 전기가 공급되지 않는 '비인가 마을'에서 살고 있다는 것을 확인할 수 있다. 베두인족이 유목 생활을 하던 시대는 거의 끝나고 있으며, 여전히 유목민의 삶을 영위하려고 하는 소수조차 이스라엘이 들어서기 전에 그랬던 것처럼 전 지역을 돌아다닐 수 없다.

아랍 공동체의 경험과 비교했을 때 베두인족의 경험은 약간 다르다. 우선 베두인족은 '국민'에 대한 정서적인 애착이 덜한 편이다. 이 때문에 이스라엘 무슬림처럼 병역이 면제되는데도 해마다 몇몇 사람이 이스라엘군에 자원 입대한다. 베두인족이 아닌 소수 이스라엘 무슬림은 종종 몇몇 이스라엘 기독교도 아랍인과 많은 드루즈파처럼 자원 입대를 한다. 그러나 많은 비유대계 이스라엘인은 그래서는 안 된다고 여긴다. 아마도 대부분에 해당할 아랍계 이스라엘인 다수는 스스로 팔레스타인 사람이라고 생각한다. 이스라엘에서 군복무를 한다는 것은 보통 서안지구와 국경선의 교차 지점에서 군사 작전을 벌이는 것을 의미하기에 이스라엘군에 입대하는 일은 동료 아랍인이나 동료 팔레스타인 사람을 억압하는 행위에 가담하는 것으로 보일 것이다. 이스라엘 정부는 어떤 형태로든 억압적인 행위가 발생한다는 주장에 동의하지 않지만, 아랍 시민에게 징병제가 단순하게 다가오지 않을 것이라는 점을 알 만큼은 현명하다.

국경을 넘는 정체성인 '아랍적인 것'은 국경을 사이에 두고 거주하는 아랍인들을 단결시키는 요소지만, 그들 사이에는 많은 차이점이 있다. 우리는 '이스라엘인', '아랍인', '팔레스타인 사람'처럼 자주 지나치게 단순화되고 개괄적인 표현을 사용한다. 이를 통해 거시적 수준에서 정치학과 지정학을 간략하게 이해할 수는 있지만 피상적이다. 복잡한 특징들을 알아내는 동시에, '이스라엘인'이든 '팔레스타인 사람'이든 전체적인 그림으로 인식되는 요소를 이루는 여러 미세한 경계선을 파악해야 한다.

· · ·

팔레스타인 영토 안을 지나갈 때 가장 큰 분열은 영토와 관련되어 있다. 하나의 팔레스타인 국가가 만들어질 때 많은 장벽이 세워졌는데, 이 장벽들은 서안지구와 가자지구라는 팔레스타인의 영토를 둘러싸고 있다. 서안지구와 가자지구 사이의 거리는 진짜 문제가 아니다. 이스라엘과 팔레스타인 양측이 동의할 수만 있다면, 서안지구와 가자지구 사이의 40킬로미터에 달하는 거리를 고가도로나 터널을 통해 오갈 수 있을 것이다. 그러나 두 지역은 지리뿐 아니라 정치 및 이데올로기와 관련된 이유로 분리되어 있다.

　　이론적으로 이스라엘이 협상할 준비가 되어 있다고 해도, 팔레스타인 사람들이 그 주제에 관해 의견이 일치하지 않기 때문에 협상이 이루어질 수 없다. 상대적으로 세속적인 파타Fatah 운동은 팔레스타인자치정부에서 주류를 이루는 정치 세력으로, 서안지구에 거주하는 250만 명의 팔레스타인 사람들을 통치한다. 하마스는 가자지구에 거주하는 170만 명의 팔레스타인 사람들을 다스린다. 그런데 대對 이스라엘 정책에서 그들은 상당히 다른 견해를 보인다. 하마스는 이슬람주의를 표방하는 조직으로, 2017년에 새로운 선언문에 합의함으로써 1967년의 경계를 바탕으로 설립된 팔레스타인 정부의 가능성을 인정하긴 했어도 여전히 해당 선언문의 20번째 조항을 언명하고 있다. 그 조항은 "하마스는 요르단강에서 지중해에 이르는 팔레스타인의 완전한 해방에 대한 그 어떠한 대안도 거부한다"는 내용이다. 새로운 선언문은 원 조항의 적의에 찬 반유대주의적인 표현을 일부 약화시켰지만, 공식적으로 원 조항을 대체하지 못했고 하마스는 자신들의 목적을 달성하기 위해 계속 폭력에 의존하고 있다. 반면 파타는 최소한 이론적으로는 세속주의를 표방하는 조직이며, 공식적으로 '두 국가의 국민을 위한 두 국가'라는 개념을 수용하고 있다.

　　이스라엘이 가자지구에서 철수한 2006년, 유권자들이 파타 관료들의 만연한 부정부패를 더는 참지 못했기에 하마스는 가자지구와 서안지구에서 열린 선거에서 승리하였다. 2007년 상황이 악화되기 전까지 다양한 통합 정부들은 서안지구에서는 파타가 우세하고

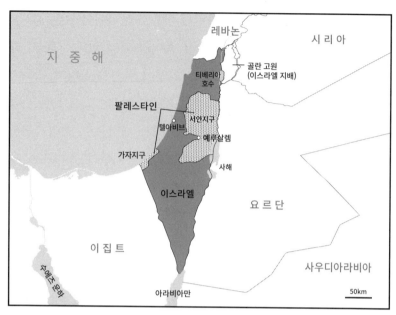

이스라엘과 팔레스타인의 가자지구와 서안지구

가자지구에서는 하마스가 우세한 형태로 삐걱거렸다.

하마스는 파타에 충성하는 보안군이 하마스 내무장관의 명령에 불복종할 것이라 주장하며 새로운 '특수군'을 창설하였고, 가자지구에서 파타의 고위 안보 관료를 살해하였다. 마흐무드 압바스 대통령은 하마스가 불법 조직이라고 선언하였고, 심각하게 폭력적인 충돌이 발생하였다. 이 충돌은 하마스 군대가 가자지구의 모든 정부 건물들을 장악하고 많은 파타 지지자를 살해한 6월에 이르러 끝이 났다. 파타의 보안군이 이스라엘 국경으로 달아나기 전까지 당파 갈등으로 수백 명의 팔레스타인 사람이 사망했다. 압바스 대통령은 이 사건들을 쿠데타라며 맹렬하게 비난했고, 서안지구에서 하마스 세력의 중심지들을 엄중하게 단속했다. 노력을 거듭했음에도 파타와 하마스는 간극을 메울 수 없었다. 어느 쪽도 권한을 양도할 준비가 되어 있지 않았으며, 어느 한쪽을 기꺼이 전폭적으로 지원하지도 않았다. 2017년 10월, 그들은 압바스 대통령이 '분열의 종식에 대한 선언'이라고 환영한 화해의 협정을 체결하였다. 그러나 곧 양측이 여전히 적법성을 주장하면서 난관에 봉착하였다. 그럼에도 어떠한 형태로든 중동의 새로운 평화 협정이 순조롭게 출발하기 위해서는 어느 정도의 통합이 필요하다.

'이슬람 저항 운동'이라는 뜻을 가진 하마스는 가자지구에서 이슬람에 대한 그들의 견해를 강요하고 있으며, 삶의 모든 양상을 지배하려고 한다. 이러한 하마스의 행동 탓에 남은 파타 지지자들뿐 아니라 더 온건한 사람들도 소외감을 느끼고 있다. 3000명이 안 되는 인원으로 이루어진 소규모의 기독교인들은 압박을 받고 있으며, 궁지에 몰린 중동 전역의 수많은 기독교도처럼 많은 사람이 떠나려고 한다. 하마스는 이스라엘 민간 지역에 무차별적으로 로켓을 발사하거나, 다른 집단들이 그렇게 하는 것을 막지 않는다. 또한 이러한 하마스의 행적으로 여론이 분열되어 하마스의 행위가 '이스라엘의 봉쇄'에 대한 저항이라며 지지하는 사람들과 이스라엘에 대한 보복은 대체로 헛된 저항 행위이며 가치조차 없다고 주장하는 사람들로 나뉘었다.

이스라엘이 철수했는데도 가자지구 주민들은 이스라엘이 세운 65킬로미터 길이의 장벽과 이집트 국경 사이에 계속 갇혀 있다. 가자지구 주민들은 서쪽으로는 지중해 건너편을 바라볼 수는 있지만, 멀리 이스라엘 순시선이나 군함이 있다. 가자지구를 빠져나가는 길은 어느 쪽도 안전하지 않다. 이스라엘과 이집트 정부 모두 가자지구 안팎을 오가는 것을 제한하고 있는데, 이러한 조치로 가자지구 주민들은 매우 큰 어려움에 처했다. 그러나 양측 정부는 가자지구 주민들이 하마스를 믿고 있으며, 가자지구를 자유롭게 오갈 경우 그들이 견딜 수 없는 수준의 폭력 행위를 계획할 수도 있다고 주장한다. 이집트는 하마스가 본래 이집트의 무슬림형제단Muslim Brotherhood(MB)에서 생겨났기에 가자지구에 대해 이스라엘만큼 우려하고 있다. 2013년 짧은 기간 동안 집권한 무슬림형제단 정부를 전복한 카이로의 군부 정권은 하마스가 이집트 내에서 작전을 벌이기를 바라지 않는다.

이스라엘은 날마다 가자지구 내부로 수백 대의 트럭 분량에 달하는 식품과 의약품, 에너지를 공급하는 것을 허용하고 있지만, 국경 너머에서 교전이 발발한 경우에는 수입이 제한된다. 이집트와 마주하는 국경 아래 만들어진 수백 개의 밀수용 터널을 통해 확실하게 모든 종류의 물품이 북적이는 암시장에 흘러 들어가고, 터널 붕괴의 위험성을 감수하는 사람들이 터널로 빠져나간다. 심지어 나는 트랙터가 신형 벤츠를 끌고 가는 모습을 본 적도 있다. 가자지구 내부의 자동차 전시장들은 꽉 차 있었지만, 이러한 모습은 정상적인 경제를 기반으로 하고 있다고 보기 어렵다. 때때로 이스라엘인들은 터널 건설을 막기 위해 콘크리트 수입을 줄이는데, 그들은 콘크리트가 학교와 병원을 짓는 데 사용된다면 가자지구 주민들에게 더 많은 도움을 줄 수 있다고 주장한다. 하마스는 군대에 약 1억 달러를 쓴다고 추정되는데, 그중 4000만 달러는 터널을 건설하는 데 사용된다.

이집트인들은 수년 간 울타리를 강화하고 있으며, 때때로 빈번한 테러 공격에 시달리는 시나이 반도로 무기가 밀수되는 것과 전사들이 밀입국하는 것을 막기 위해 여러 터널을 무너뜨렸다. 터널에 대한 이집트와 이스라엘의 조치는 갑작스러운 폭력의 가능성을 줄이기는 한다. 그러나 터널이 없다면 가자지구에 갇혀 있는 사람들이 심한 어려움을 겪을 것이라는 암시장 경제에 대한 비용 역시 존재한다. 2016년 이스라엘은 무장집단들이 이스라엘 국경 마을들을 공격하려고 터널에서 모습을 드러내는 사태를 막기 위해 30미터보다 더 깊은 지하에 벽을 세울 계획을 발표했다.

2018년 봄과 여름, 금요일마다 수천 명의 팔레스타인 사람들이, 현재 이스라엘 영토이지만 1948년에 그들의 가족이 살았던 곳으로 '돌아갈 권리'를 주장하기 위해 가자지구의 울타리를 급습하려 했고, 그때마다 폭력이 발생했다.

이스라엘 군인들이 국경 너머에서 실탄을 발사하여 수십 명의 팔레스타인 사람들이 사망했고, 수천 명은 부상을 입었다. 몇몇 하마스 지도자들은 시위에 참가했고, 시위 참가자들에게 순교자로 죽을 준비를 하도록 요구했다. 사망자와 부상자 다수는 하마스 전사들이었는데, 몇몇은 무장하고 있었으며 울타리에 구멍이 뚫린 곳이 여럿 있었다. 그러나 대부분의 사상자는 비무장 상태였으며 원거리에서 발사된 총에 맞았는데, 이는 힘을 사용하는 데 심각한 불균형이 존재했다는 가설을 제기하게 한다. 이스라엘을 비판하는 사람들은 이스라엘군이 치명적인 수준의 폭력을 사용하기 위한 국제법의 두 가지 결정적인 조건, 즉 표적이 된 개인이 위험을 야기했고 그 위험이 즉각적이었다는 조건이 성립하지 않았을 때조차도 가끔 발포했다고 말했다. 이스라엘인들에게 접근할 수 없었기에 가자지구 주민들은 수천 에이커에 달하는 농지의 작물들을 망가뜨리기 위해 수백 개의 연에 불을 붙여 경계 너머로 날려 보내기 시작했다.

각 진영은 사건을 자신의 관점에서 보았다. 팔레스타인 사람들은 울타리의 존재 그 자체가 그들에게 자행된 불평등의 역사를 보여준다고 주장한다. 반면 이스라엘인들은 울타리 안쪽에 보호받아야 할 이스라엘 마을들이 존재하며, 울타리가 없다면 이스라엘 마을의 주민들이 살해될 것이라고 말했다.

서안지구에서 살아가는 것은 힘들지만, 가자지구에서 사는 것보다는 나은 편이다. 서안지구에 거주하는 팔레스타인 사람들은 가끔 어렵기는 해도 이스라엘이나 요르단을 건너갈 수 있고, 계속 길을 만들 수 있다. 해마다 수만 명의 팔레스타인 사람들은 서안지구의 의료 서비스 수준이 낮기 때문에 이스라엘의 병원을 찾는다. 1980년대 후반, 서안지구와 가자지구에 거주하는 팔레스타인 사람들은 이스라엘 노동력의 약 8퍼센트를 차지했는데, 현재 그 수치는 2퍼센트이다. 이러한 수적 감소는 부분적으로는 제1차 인티파다와 제2차 인티파다 동안 발생한 안보 문제들 때문에, 다른 한편으로는 아시아인들이 대부분인 타국 출신 노동자들이 그들의 자리를 차지했기 때문에 발생하였다.

따라서 거대한 보안 장벽 뒤에는 250만 명의 팔레스타인 사람들이 이러한 상황이 어떻게 발생했는지 의문을 품은 채 살아가고 있다. 지난 수십 년 동안 토론은 거의 없었는데, 이는 외부 세계가 지지하는 팔레스타인의 분할, 그다음에는 1948년 이스라엘 건국을 막으려던 전쟁에서 패배한 '나크바Nakbah' 또는 참극, 그리고 뒤이은 1967년의 재앙과 점령 때문이다. 여전히 팔레스타인 사람들은 이러한 요인들을 근본 원인으로 설명하지만 그 요인들은 더는 충분하지 않다.

많은 팔레스타인 젊은이들은 이스라엘에 대한 감정을 누그러뜨리지 않고 있으며, 팔레스타인 지도부가 수세대에 걸쳐 그들을 실망시키는 이유에 의문을 제기하고 있다. 대부분 팔레스타인 자치정부의 구성원 다수가 부패했으며, 아라파트와 후임 압바스가 통치하는 수년 동안 집권한 정치인 세대를 지지하지 않는다고 생각한다. 몇몇 사람은 여전히 언젠가는 폭력이 형세를 역전시킬 것이라고 생각하며 하마스 쪽으로 돌아서고 있다. 파타와 하마스 간의 분열로 인해 2007년의 전투가 서안지구에서 심각한 수준으로 되풀이될 조짐이 나타나고 있다. 파타와 하마스를 진심으로 지긋지긋해하는 사람이 많아지고 있고, 서안지구에서 안보에 대해 이스라엘과 협력함으로써 팔레스타인 자치정부가 점령의 '하청업자'가 되었다고 조용하게 말하는 것을 듣는 일도 드물지 않다.

그러나 해야 할 일은 무엇인가? 즉 정치적인 측면에서 보았을 때 어디로 가야 하는가? 팔레스타인은 거의 개방되지 않은 사회이다. 많은 팔레스타인 언론인들이 입증하는 것처럼 반대 의견을 표출했다가는 체포되거나 고문을 받을 수 있다. 2018년 여름 가자지구와 서안지구에서 열린 반정부 시위는 거리에서 진압되었다. 서방에서 받아들이는 수준의 자유민주주의가 팔레스타인에는 존재하지 않는다. 예컨대 동성애자들의 권리를 옹호하는 중도적인 자유주의 정당은 거의 관심을 얻지 못할 것이며, 그러한 관점들을 공개적으로 선전하는 것이 위험할 수도 있는 환경에서 활동하는 셈이 될 것이다. 담장 및 분리 장벽에 칠해진 소수의 무지개 깃발들은 항상 빠르게 가려진다.

이는 그리 놀라운 일이 아니다. 중동은 유럽과 북아메리카에 비해 극도로 보수적인 지역인데다, 팔레스타인에서 자유민주주의는 이스라엘의 점령 때문에 모습을 드러낼 기회를 잡지 못하고 있다. 보수주의자들은 민족 자결을 위한 투쟁이 무엇보다 우선해야 한다고 말할 수 있으며, 또 그렇게 말한다. 이러한 이유로 현재의 서안지구 지도부에 대해 광범위하게 퍼져 있는 반감이 필연적으로 참된 자유민주주의를 위한 분투로 바뀌지는 않을 것이며, 서안지구와 가자지구 간의 갈등 때문에 팔레스타인 사람들은 분열된다.

팔레스타인 사람들은 이웃해 있는 아랍 국가들의 도움을 거의 기대할 수 없다. 중동 정부들은 난민들을 차별 대우하고, 지저분한 수용소에서 머무르게 하는 동시에 팔레스타인 사람들을 계속 정치적 도구로만 이용하고 있다. 대부분의 아랍 국가에서 팔레스타인 난민과 아이들은 해당 국가에서 출생했다 하더라도 시민이 될 수 없으며, 투표권을 행사하거나 후보로 출마할 수도 없다. 요르단은 대부분의 아랍 국가보다는 융통성이 있기는 하지만, 그곳에서조차 팔레스타인 출신 사람들은 차별을 겪고 의회에서는 발언권이 약하다. 레바논에서는 40만 명 혹은 그 이상의 팔레스타인 사람이 사는데, 그들에게는 약 50개 유형의 직업이 금지되어 있다. 예를 들어 팔레스타인 사람은 변호사나 저널리스트 혹은 의사가 될 수 없다. 레바논과 시리아에서 팔레스타인 사람은 재산을 소유할 수 없으며, 난민 수용소 안에서 거주해야 한다. 그리고 법을 피해 재산을 소유한 사람들은 자식들에게 재산을 물려줄 수 없다.

몇 가지 차별을 뒷받침하는 근거는 1948년에 도망쳐 온 난민들의 증손자들도 포함하는 모든 팔레스타인 사람들이 '돌아갈' 권리가 있다는 것이다. 이는 팔레스타인 사람들의 인권을 존중해야 한다는 의무를 부정하는 것은 아니다. 그러나 팔레스타인 사람들이 정치적 통일체의 주류에 들어갈 수 없도록 하는 동시에, 실패한 국내 정치에 대한 비판을 모면하기 위해 팔레스타인 사람들의 역경을 강조하려는 목적으로 팔레스타인 사람들이 계속 가난하게 살도록 하는 것이 아랍 국가들에게는 편리했다.

집단들 사이에서, 그리고 각 집단 내부에서 분열이 많이 발생한 점을 생각해보면, 설령 많은 사람이 '두 국가 해결론'을 지지한다고 해도, 가까운 미래에 모든 정당이 받아들일 수 있는 '두 국가 해결론'을 확립할 가능성은 적어 보인다. 경계를 어디에 설정할 것인지, 정착민과 난민을 어떻게 대할 것인지, 예루살렘에 어떤 일이 발생할 것인지 등과 같이 아주 많은 난관과 장애물이 존재한다. 그렇기에 양측 모두 동의할 수 있는 정책은 고사하고, 그 어떤 국가도 모든 사람이 지지하는 일관성 있는 정책을 추진할 수 없어 보인다. 그렇기에 이스라엘의 건국 이후 매우 맹렬하고 빈번하게 폭발하고 있는 폭력을 억누르기 위해 지금 당장은 장벽이 남아 있다.

현대 이스라엘은 폭력 속에서 건국되었으며, 이스라엘인들은 건국 이후 10년마다 싸울 수밖에 없다고 생각한다. 그러나 한동안 이스라엘이 끓는 가마솥의 중심에 있다고 인식된 반면, 현재는 많은 사람이 이스라엘을 점점 더 격변을 일으키는 지역에서 상대적으로 평화로운 오아시스 같다고 생각한다. 이러한 관점에 따라 전 이스라엘 총리 에후드 바락Ehud Barak은 이스라엘을 '정글에 위치한 저택'이라는 다소 공격적인 용어로 묘사했으며, 부분적으로는 장벽이 많이 늘어나는 것에 기여했다.

그리고 지금 당장은 상당히 안정되어 있는데, 적어도 중동의 나머지 지역과 비교할 때는 그렇다. 최근에는 아랍 세계가 혁명과 분쟁으로 흔들리고 있기에 이스라엘은 주목받지 않고 있다. 그러나 이스라엘인들은 현재의 상황이 바뀌리라는 점을 안다. 헤즈볼라와 하마스, 그 외의 많은 집단과 조직이 아직 이스라엘과 마무리를 짓지 않았다. 2017년 말 트럼프 대통령이 예루살렘이 이스라엘의 수도라고 공식적으로 인정하여 해당 지역 전체에서 불만이 폭발했듯이, 현 상황은 취약하며 분쟁을 재점화하는 것은 그리 어렵지 않다. 당분간은 모든 측면이 미래를 위해 구축하고 있다. 장벽은 폭력을 관리하고 있다. 현재로서는.

4

중동

아랍의 봄은 올 것인가?

"장벽이 아니라 다리를 세우는 데 투자할 지도자를 선택하라.
무기가 아니라 책을. 부패가 아니라 도덕성을."

수지 카셈Suzy Kassem, 《일어나 태양을 맞이하라: 수지 카셈의 저작들Rise Up and
Salute the Sun: The Writings of Suzy Kassem》

바그다드의 요새화된 그린존 구역으로 향하는 길, 이라크, 2016.

범아랍주의는 벽에 부닥쳤다. 사실상 많은 장벽, 울타리, 그리고 분열에 부닥쳤다. 대서양에서 아라비아해까지 아랍어 국가들의 통합에 대한 꿈은 결코 현실적이지 않았고, 그 사실은 그 지역을 가로지르는 견고한 국경선의 행진으로 물리적으로 증명되고 있다. 식민열강이 모래 위에 그은 많은 국경선에는 거대한 장벽이 세워졌는데, 이는 21세기 아랍 정치와 문화에서 깊은 분열의 바탕을 이룬다.

그러나 그 장벽은 단지 국경선에만 나타나지 않는다. 중동 전역에 걸쳐 작은 장벽들이 있다. 각각의 장벽은 현재 그 지역에 만연해 있는 테러의 증거이다. 바그다드Baghdad, 다마스쿠스Damascus, 암만Amman, 사나Sana'a, 베이루트Beirut, 카이로Cairo, 리야드Riyadh 등 대부분의 수도에서 실제로 그것들을 볼 수 있다. 이것들은 콘크리트 벽과 방폭벽 들인데, 대사관, 구호본부, 국제기구, 경찰서, 군대 막사, 정부 건물, 주택단지, 교회, 호텔, 그리고 심지어 전체 이웃 주위에 솟아 있었다.

한편에는 정상적인 생활이 있다. 자동차 경적이 울리고, 노점상들이 물건을 팔러 다니고, 보행자는 바쁘게 업무를 보러 다닌다.

다른 편에는, 사무직 노동자, 정부 관리, 공무원, 대사가 함께하는 또 다른 정상 생활이 있다. 그들 역시 일상적인 업무를 보러 돌아다니지만, 창밖의 콘크리트 블록, 건물 입구의 경비원, 그리고 어쩌면 길거리 끝의 검문소가 없다면, 어느 순간에나 트럭 폭탄이 그들의 건물을 날려버리거나, 테러리스트 집단이 일터로 들이닥칠 수 있다는 것을 감안한 채 그렇게 한다.

그것은 공허한 위협이 아니다. 장벽이 올라가기 전에 일어난 공격의 목록은 길다. 금세기에 중동 곳곳에서 다음과 같은 장소를 포함하는 150건 이상의 공격이 있었다. 리야드의 외국인 노동자 거주 단지, 이집트의 시나이 지방과 요르단 암만의 호텔, 예멘과 알제리의 석유 시설, 바그다드의 교회, 벵가지의 미국 영사관, 튀니스의 바르도 박물관, 그리고 이란 의회와 아야톨라 호메이니 성지.

장벽은 많은 공격에 대응하여 이러한 위험천만한 도시의 중심부에 세워졌다. 이러한 장벽의 원형은 바그다드의 '그린존Green Zone'인데, 2003년 이라크 침공 후 미국이 주도하는 사담 후세인Saddam Hussein 사후 수년간의 '임시정부'를 보호하기 위해 건설되었다. 바그다드 중심부의 광대한 영역을 이루는 그린존은 서안지구에서 보이는 것들과 닮은, 거대한 콘크리트 슬래브로 둘러쳐져 있었다. 그린존에 있으면 외곽에 떨어지는 간접적인 로켓 발사의 폭발음을 듣는 데 익숙해지지만, 더 자주 듣게 되는 소리는 다수의 사상자를 내는 자동차 폭탄이나 바깥쪽에 가해지는 자살 공격의 둔탁한 폭발음이다. 이것은 보통의 이라크 사람들과 미군 부대의 생활이 실제 세계에서 어떠한지를 지속적으로 상기시켜준다.

공항에서 그린존 안쪽으로 향하는 주 도로의 일부에는 도로변에서 터지는 폭탄을 막기 위해 콘크리트 블록이 줄지어 서 있었다. 위협이 커지면서, 그 블록은 두 번째 경로까지 확장되었다. 그것들은 너무 흔해져서 군은 다른 형태의 공식적인 이름, 미국의 주 이름을 따서 지었다. '콜로라도'는 1.8미터 높이에 3.5톤짜리 중간 사이즈, '텍사스'는 2미터 높이에 6톤짜리 큰 사이즈, '알래스카'는 3.5미터 높이에 7톤에 달했다. 생명과 재산상의 비용이 있었다. 장벽은 확실히 생명을 구하기는 했지만, '변형된' 도로변 폭탄과 마주해서는 결코 완벽하지 못했다. 그 폭탄은 한 방향으로 폭발하여 몇 개의 장벽도 뚫을 수 있는 폭발력을 갖도록 고안된 것이기 때문이다. 그리고 각각의 블록에는 600달러 이상의 비용이 들었다. 그 블록에는 수천 개와 8년의 점령 기간을 계산해보면, 비용은 수십억 달러에 달했다.

그럼에도 장벽은 시가전의 일부가 되었고, 장벽 건설은 미국 군사 계획의 본질적인 부분이 되었다. 병사들은 필요한 기술을 숙달하게 되었다. 하룻밤에 100개가 넘는 블록을 세웠고, 때로는 포화가 쏟아지는 중에도 그랬다. 수니파와 시아파의 종교적 갈등이 고조되고, 양쪽의 민병대에 의해 고의적으로 사태가 악화되었을 때, 모든 이웃이 장벽으로 차단되기 시작했다. 콘크리트는 생명을 구했고, 수니파와 시아파 민병대가 일반 시민과 외국인 노동자들에게 접근할 수 있는 능력을 감소시켰지만, 각각의 슬래브는 묘비와 같았고 사담을 체포하면 이라크가 안정되리라는 생각을 파묻어버리는 역할을 했다.

그 대신에 이라크 침공은 여러 국가의 불안정, 폭력적인 이슬람주의 이데올로기의 성장, 그리고 결국에는 폭력이 만연한 무법천지를 낳는 데 기여했다. 2011년 튀니지, 이집트, 리비아에서 시작된 아랍 세계의 봉기(그것이 지역 전반에 대규모 개혁을 이끌 것으로 기대하면서 많은 사람이 '아랍의 봄'이라고 잘못 불렀다)는 어쨌든 일어났을 것이지만─우리는 결코 알 수가 없다─봉기가 일어났을 때 각국에는 이라크에서 훈련받은 지하디스트 집단이 있었다.

많은 사람은 이스라엘-팔레스타인 문제를 해결하는 것이 더 넓은 지역에 더 큰 안정을 가져올 것이라 믿었지만, 그 이론은 지난 수년간 아랍 세계에서 일어난 격동에 의해 산산 조각나버렸다. 이제 이라크, 리비아, 시리아, 이집트, 예멘에서의 갈등으로 인해, 우리는 그 지역 전반의 불안정이 가자, 라말라Ramallah, 텔아비브, 하이파Haifa의 상황과는 별로 상관이 없다는 것을 보았다.

· · ·

2014년 아랍 지역에는 세계 인구의 5퍼센트만이 살았지만, 세계 테러리스트 공격의 45퍼센트, 분쟁 관련 사망자의 68퍼센트가 발생했고, 세계 난민의 58퍼센트를 수용했다. 몇몇 나라는 전체적으로 붕괴되었고, 다른 나라들에서는 균열이 보이고 있다. 분열이 표면 아래에 감추어져 있어서 아무 때라도 다시 나타날 수 있는 나라들도 있다. 전쟁과 봉기는 아랍인이 지배하는 나라들에서 커다란 균열을 적나라하게 드러냈다. 공간과 언어, 그리고 어느 정도 종교를 공유하는 한 아랍의 일체감은 남아 있지만, 범아랍 통합체에 대한 전망은 머나먼 꿈이다.

종교는 가장 큰 분열 요인 중 하나다. 2004년 요르단의 압둘라Abdulah 왕은 '시아파 초승달 벨트Shia crescent'에 관해 말할 때 논쟁적인 어구를 만들어냈다. 그는 시아파 이란의 수도 테헤란으로부터 현재 시아파가 지배하는 이라크의 수도 바그다드, 그리고 시아파의 분파(알라위파Alawites)의 계통을 이어받은 아사드Assad 가문이 통치하는 시리아의 다마스쿠스를 통해 레바논 남베이루트의 시아파 헤즈볼라 본거지에서 끝나는 반원을 그리는, 이란의 영향력 확장을 언급했다. 그 지역의 현존하는 분파적 긴장에 관해 모든 사람이 알고는 있지만 굳이 강조하고 싶어 하지는 않는 상황에서 아주 이상한 말을 한 셈이었다. 그러나 압둘라 왕은 분파주의가 제기하는 위험을 인식하고 있었다. 그는 시리아에서 전쟁이 발발하기 4년 전인 2007년 언론 인터뷰에서 앞을 내다보는 경고를 했다. "만일 분파주의가 심화되고 확산된다면, 그 파괴적인 결과는 모든 사람에게 미치게 될 것이다. 그것은 분열, 양극화, 고립주의를 키울 것이다. 우리 종교는 결과를 예견할 수 없는 갈등에 휩싸이게 될 것이다."

이슬람 내부에서 수니파와 시아파는 7세기 이후부터 분열되었고, 거의 그 종교 자체만큼 오래되었다. 그 분리는 632년 무함마드의 죽음 이후 누가 이슬람을 이끌 것인가에 관한 것이었다. '시아 알리Shi'at Ali' 또는 '알리의 추종자들'이 우리가 현재 시아파라고 부르는 말이다. 그들은 지도자가 무함마드의 가계에 남아 있어야만 한다고 주장했고, 그의 사촌이자 사위인 알리 이븐 아비 탈리브Ali ibn Abi Talib를 칼리프로 지지하였다. 우리가 현재 수니파라고 부르는 분파는 이에 동의하지 않고, 지도자는 공동체 내의 학자에서 나와야 한다고 주장하면서, 예언자의 동료였던 아부 바크르Abu Bakr를 지지하였다. '수나Sunna' 또는 무함마드의 '길'은 마침내 알리의 아들 중 하나인 후세인을 지금의 이라크에 있는 카르발라의 전투(680년)에서 죽이고 난 후에 널리 퍼졌고, 무슬림의 대다수인 약 85퍼센트는 수니파이다.

분리 이후 각각의 전통은 상대편이 이슬람의 진정한 길이 아니라고 줄곧 주장한다. 예를 들어 시아파는 알리와 후세인을 통한 예언에서 유래하는 종교적 지도자들만을 인정한다. 빠르게 지나간 1400년과 저 차이로 인해, 한 분파를 다른 분파와 구분하는 작지만 믿는 자들에게는 중요한 방식들이 무수히 나타났다.

이 중 어느 것도《코란Koran》의 율법은 아니지만, 세상의 다른 모든 곳과 마찬가지로 수 세기가 지나고 공동체들이 분리되어 서로 무리 짓게 될 때, 차이는 커진다. 일상생활의 작은 차이도 정치로 오게 되면 커질 수 있다. 아이들에게 부여되는 이름은 대개 한쪽이나 다른 쪽에게 배타적이지 않지만, 일반화할 수 있는 것들이 있다. 가령 야지드Yazid라는 이름을 가진 사람은 시아파일 수가 없다. 왜냐하면 야지드는 후세인을 살해한 자라고 전해지기 때문이다. 일부 국가에서는 옷을 입는 방식이나 남자의 턱수염 길이가 그들이 수니파인지 시아파인지를 암시할 것이고, 종교적인 가족의 집에 들어가면 그들이 어느 분파를 고수하는지 알려주는 그림과 포스터를 볼 수 있을 것이다. 수니파와 시아파 성직자들은 다른 의상을 입는

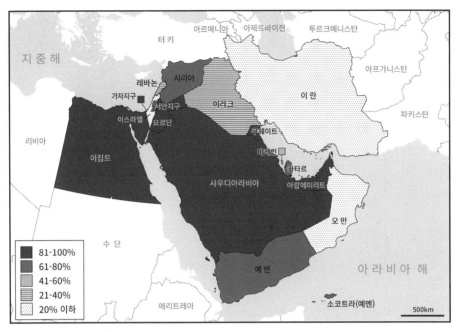

지 중 해

리비아

이집트

수 단

에리트레아

터 키

아르메니아　아제르바이잔　투르크메니스탄

시리아

레바논

가자지구

서안지구

이스라엘

요르단

이라크

쿠웨이트

바레인

카타르

아랍에미리트

사우디아라비아

예 멘

오 만

이 란

아프가니스탄

파키스탄

아 라 비 아 해

소코트라(예멘)

■	81-100%
■	61-80%
▨	41-60%
▤	21-40%
▫	20% 이하

500km

중동 국가의 수니파 무슬림 비율

다. 검은 터번을 두른 수니파 성직자를 보는 것은 불가능한 것은 아
니지만 이례적이다. 기도하는 방식도 다르다. 기도할 때 시아파가
팔을 옆에 둔다면, 수니파는 팔을 접는 경향이 있다.

　아랍인 대다수는 수니파지만, 시아파는 이란, 이라크, 바레인
에서 다수이고, 레바논, 예멘, 쿠웨이트, 사우디아라비아에서 상당
한 소수인데, 주로 나라의 동쪽에 집중되어 있다. 그들을 통합하는
것―이슬람의 다섯 기둥에 대한 믿음―은 그들이 평화롭게 공존
하며 살아가기에 충분하지만, 자신이 소수자임을 자각하는 사람들
은 때때로 그들이 차별받고 있으며, 정부와 공적인 삶의 다른 측면

으로부터 차단당한다고 불평한다. 그리고 때때로 국지적이고 지역적인 수준에서 지속적인 폭력을 일으킨 긴장의 시기가 항상 있어왔다. 우리는 지금 그와 같은 하나의 폭동을 겪으며 살고 있다.

사담 후세인의 시대에 이라크는 소수 수니파 사람들이 지배했지만, 그가 쫓겨난 후에 시아파 집단이 좀더 세력을 얻게 되었고, 양편의 민병대는 자신들의 정치적 목표를 촉진하기 위해 여러 차례 포격과 사격을 하였다.

이라크는 다른 어떤 나라보다 많이 테러 공격을 당하는데―2016년 거의 3000건, 9000명이 넘는 사망자―그중 최악에는 IS가 책임이 있다. 2003년 미국의 침공에 뒤이어 이라크에서 생겨난 IS는 가장 악명 높고 광범위한 테러 조직이 되었고, 시리아, 리비아, 예멘, 이집트를 포함하여 중동 전역으로 세력을 넓혔다. 그 지역에 있는 대부분의 정부는 IS가 극단적인 견해와 폭력적인 활동으로 다른 지역들에 침투하여 불안을 조성할 수 있음을 알고 있고, 그런 일을 방지하고 싶어 한다.

예멘에서 2005년 시아파 후티Houthi 반군과 수니파 정부군 사이에 내전이 발발했는데, 이란은 후티를 지원한 반면 사우디아라비아는 수니파를 지원했다. IS와 알카에다 모두 그 충돌에서 적극적으로 활동했다. 폭력은 격렬해졌고 2015년 이후에는 나라 전역으로 퍼져나갔으며, 수천 명이 살해당하고, 300만 명이 넘는 난민이 발생했다. 2017년 11월까지, 그 상황은 유니세프에 의해 '세계 최악의 인도주의적 위기'로 표현되었고, 창궐하는 전염병과 콜레라에 의해 더욱 악화되었다.

시리아는 수니파, 시아파, 알라위파, 쿠르드족Kurds, 기독교인, 드루즈인 등 대부분 종교적 분파와 민족 계통에 따라 분열되었다. 바샤르 알 아사드Bashar al-Assad 대통령의 아버지 하페즈Hafez는 잔인하고 세속적인 독재정권으로 나라를 결속하였지만, 2011년 분쟁이 시작되자 사슬은 빠르게 풀려버렸다. 시리아 내전은 다양한 세력이 개입한, 세계에서 가장 폭력적이고 복잡한 충돌이었다. 시리아 전쟁은 아사드 대통령에 저항하는 봉기로 시작되었지만, 2013년 초에는 외국 세력들을 위한 대리전이 되었다. 이란은 아사드 정권을 지원하는 반면 사우디아라비아는 일부 수니파 반란군을 지원했다. IS는 비록 2017년 말 시리아와 이라크에서 이전에 획득한 거의 모든 영토를 잃었음에도 그 충돌에서 중요한 역할을 하였다. 2018년 후반까지 러시아, 이란, 영국, 프랑스, 사우디아라비아, 아랍에미리트, 터키, 이스라엘, 이란, 헤즈볼라 및 그밖의 세력이 모두 개입했다. 이란과 이스라엘, 터키와 쿠르드족, 러시아와 서방, 시아파와 수니파의 분열은 지금은 폐허가 된 국민국가의 전장에서 전개되고 있다. 모든 편이 잔학 행위를 저질렀고, 정부는 심지어 자국민에게 화학무기를 사용했다고 비난받았다. 광범위한 폭력의 결과로 수백만 명이 살던 곳에서 쫓겨났고, 수백만 명이 탈출하여 난민이 되었다.

이러한 충돌을 비롯한 중동의 충돌에는 다른 원인들도 있지만, 점점 더 극심해지는 분열에 종교가 주요인이라는 사실을 회피할 길은 없다. 그리고 현재 수니파와 시아파가 벌이는 갈등의 범위는 지난 수 세기보다 더 넓다. 이것은 부분적으로는 국가 정책으로 추진된다. 수니파 사우디아라비아와 시아파 이란 사이의 치열한 지

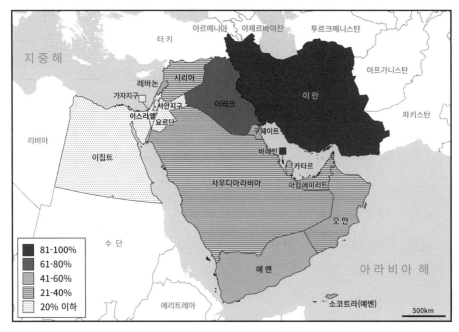

중동 국가의 시아파 무슬림 비율

역적 경쟁 관계는 양측이 영향력을 행사하기 위해 우열을 다툴 때
문제를 악화시켰다. 그들의 차이는 또한 민족 문제에 기인하는데,
한쪽은 아랍인이고 다른 쪽은 다수가 페르시아인이다. 그리고 강력
한 국가 간의 통상적인 경쟁 관계에 기인하기도 한다. 그러나 양쪽
이 모두 사용하는 언어에는 분명한 분파적인 경계가 있다. 이제 강
경 수니파는 '사파위스safawis'―수니파의 오토만 제국과 대결했던
이란(페르시아)의 사파비드Safavid 왕조를 이르는 아랍식 이름―라는
표현을 쓴다. 양쪽 모두 이슬람 국가들에서 주도적인 세력이 되고
자 하며, 그들은 석유 생산 및 판매와 같은 경제 정책을 두고 갈등

한다. 우리가 보았듯이 그 지역 전반에 걸쳐 다른 나라들에서 발생하는 종교적인 갈등의 반대편에 선다. 또한 양쪽 모두 테러리스트 집단과 그들의 활동을 지원한다고 서로를 비난한다. 이에 따라, 중동과 북아프리카 전역에서 이러한 분열의 시대는 장벽의 시대로 넘어가고 있다.

사우디아라비아는 북쪽과 남쪽 경계선을 따라서 수백 킬로미터의 울타리를 세웠고, 쿠웨이트는 변경에 울타리를 쳤으며, 요르단은 최첨단 기술의 울타리를 세우면서 시리아와의 국경을 요새화했다. 북쪽으로 터키 역시 시리아와의 경계선을 따라서 높이 3미터 두께 2미터의 장벽을 세웠고, 튀니지와 이집트는 리비아에서 일어난 격동 이후 변경에 울타리를 세웠다.

요르단이 세운 장벽은 기술적으로 가장 인상적일지라도 이유는 가장 우울하다. 북쪽으로 시리아, 동쪽으로 이라크에서 일어난 전쟁 이후 수십만 명의 난민이 요르단으로 쏟아져 들어왔다. 요르단은 이라크의 폭력과 혼란이 확산될 것을 알고 2008년에 방어를 강화하기 시작했다. 시리아 전쟁이 발발하기 3년 전이었지만, 그때도 그 지역의 불안정과 국제 테러리즘의 증가는 오바마 행정부로 하여금 우방에게 원조를 제공하도록 이끌었다. 처음 새로운 계획은 적당했다. 밀수꾼들이 종종 사용하는 50킬로미터 길이의 시리아 국경선을 따라 감시탑을 세우는 것이었다. 시리아가 혼돈에 빠지고 IS가 테러를 요르단에 들여오려고 위협했을 때 그 계획은 확대되었고 그만큼 비용도 늘어났다. 요르단은 95퍼센트가 수니파인데, IS는 허약하고 종교적인 나라에서 극단적인 믿음을 확산시키려 했다.

워싱턴 DC는 대부분의 계약을 레이시온Raytheon 사가 따내도록 하는, 국방부의 국방위협감소국Defense Threat Reduction Agency(DTRA)에서 나온 '요르단 국경 안보 프로그램'에 재정을 지원했다. 지금 260킬로미터 길이의 첨단 보안 펜스가 시리아 국경을 따라 서 있다. 그것은 감시탑, 야간 감시 카메라, 국경선 양쪽 8킬로미터까지 움직임을 감지할 수 있는 지상 센서를 갖추고 있다. 유사한 구조물이 이라크 국경선 185킬로미터에 세워져 있다. DTRA의 웹사이트는 세계가 "완전히 끔찍할 수 있다"고 말하며, 시리아와 이라크의 대량살상무기 사용을 주목한다. 그것은 장벽에 대한 작업이 "우리가 대량살상무기로부터 세계를 어떻게 더 안전하게 만들고 있는지를 보여주는 훌륭한 사례"라고 한다.

장벽이 요르단의 미군 요원을 더 안전하게 해주는 데도 도움이 된다는 사실은 숨겨져 있다. 공식적으로 요르단에 주둔한 미군은 수십 명이다. 실제로는 최소한 수백 명이 있지만, 대부분 요르단의 군사 기지에서 눈에 띄지 않게 근무한다. 이렇게 말도 안 되게 적은 숫자는 그 나라에 있는 사람들이 '배치'되지만 '주둔'하지는 않는 한 공식 문서에서 유지될 수 있다. 요르단은 미국의 우방일 수 있지만, 정부는 이슬람주의자로 간주되는 소수의 국민 사이에서 반미 감정이 생기는 것을 피하기 위해 초강대국과 너무 가까워 보이지 않기를 선호한다.

사우디가 건설한 국경 장벽은 요르단이 세운 것보다 훨씬 길고 비싸지만, 그것 역시 미국의 지원으로 세워졌다. 북쪽 국경 계획은 880킬로미터가 넘는 이라크 국경을 감당한다. 그것은 삼중의 벽, 거대한 모래 경사면, 신속대응 차량 240대의 지원을 받는 일곱 개 사령부 및 통제센터와 연결된 32개의 '대응 기지'를 갖고 있다.

사우디아라비아와 이라크의 관계는 어렵다. 많은 이라크인은 사우디아라비아를 비난하는데, 그들이 수니파 이슬람에 대한 험악한 해석을 수출하여 IS가 등장하는 데 일조했다는 것이다. 그리고 사담 후세인 타도 이후 시아파가 지배하는 이라크는 점점 더 이란에 가까워졌다. 2017년에 이라크를 이란으로부터 떨어뜨려 놓으려는 노력의 일환으로 리야드는 매력 공세를 시작했고, 심지어 명망 있는 이라크 정치인들을 초청하기도 했다. 양국의 관계는 최근 몇 년 동안 진전되었지만, 당분간 이라크는 이란과 좀더 긴밀한 관계를 유지하고 있다.

사우디아라비아는 남쪽으로 예멘과의 국경선 일부에 장벽을 세웠다. 이 기획은 2003년에 시작되었는데, 시리아 장벽에 대한 요르단의 계획과 마찬가지로, 더럽고 가난한 예멘이 훨씬 더 부유한 사우디아라비아에 무기와 사람을 밀매하는 것을 줄이기 위해 고안되었다. 처음에 사우디아라비아 사람들은 남서쪽으로 향하는 산악 지형의 교차로에 모래주머니와 콘크리트 블록을 설치하여 차량들을 막는 데 집중하였다. 그러나 2009년 예멘 출신의 시아파 후티 반군이 국경을 넘어 두 명의 사우디아라비아 경비병을 살해한 후, 리야드는 사람들이 걸어서 넘어오는 것을 막기 위해 약 160킬로미터 길이로 뻗은 국경선을 따라 전자 센서를 갖춘 장벽을 세우는 것을 허가했다. 후티 반군의 군사적 행동은 예멘에서 더 큰 자치권을 얻어내는 게 목표였지만, 때때로 사우디아라비아의 지잔Jizan 지역에서도 군사적 행동이 일어났고, 이로 인해 사·우·디아라비아 사람들은 후티 반군에게 등을 돌리게 되었다. 그들의 주요한 지역적 경쟁자인 이란이 후티 반군을 지원하고 있다는 것을 알고난 뒤 이러한 적대감은 증가했다.

예멘 내전이 발발했을 때, 알카에다는 예멘에서 자신의 입지를 강화할 수 있었고 사람들을 사우디아라비아로 이동시킬 발판으로 이용할 수 있었다. 따라서 이제 사우디아라비아는 국경을 넘어 습격하는 시아파 후티 전사들, 불법적으로 넘어오는 이주민, 그리고 남쪽 변경을 압박하면서 왕가를 타도하겠다고 맹세한 알카에다라는 삼중의 문제를 떠안았다. 따라서 장벽이 더욱 필요하다고 생각하게 되었다. 장벽은 동쪽 사막 지역의 수백 킬로미터 국경을 여전히 열어놓고 있지만, 그 거리가 너무 길고 조건이 너무도 혹독해서 순찰을 피하기가 더 힘들고 넘어오는 사람도 더 적다.

사우디아라비아는 국경선 문제만이 아니라 내부 분열의 문제도 안고 있다. 비록 수니파가 나라를 지배하며 시아파는 3300만 인구 중 기껏해야 15퍼센트에 지나지 않는다고 해도, 그 소수파는 대체로 대부분의 유전이 있는 동부 지역에 집중되어 있다. 시아파가 지배하는 지방은 불안이 점증하고 있다. 그들은 자신들의 공동체가 엄청나게 자금이 부족하며 정부의 지원을 받지 못한다고 말한다. 정부는 이러한 비난을 부인한다. 이러한 곤란의 잠재적인 원인, 예멘의 계속되는 불안정, 이라크에서의 파괴를 감안해 사우디아라비아는 장벽을 허무는 게 아니라 오히려 장벽을 개선할 방법을 지속적으로 모색한다.

쿠웨이트 역시 2003년 사담 후세인이 몰락했음에도 오랜 갈등의 역사 탓에 쿠웨이트와 이라크 사이에 완충장치를 유지하고 싶어 한다. 쿠웨이트는 1913년 영국-오토만 협약에서 수장국으로 건립되었지만, 이라크 역대 정부는 본질적으로 영국이 그은 국경을 결코 인정하지 않았고, 여러 차례 석유가 풍부한 그 나라를 이라크의 19번째 주라고 주장했다.

이라크 군대는 1990년 쿠웨이트를 침공했지만, 미국 주도의 연합군에 의해 격퇴되었다. 쿠웨이트는 그때 두 나라 사이에 문자 그대로 모래 위에 전선을 구축했다. 세 개의 나란한 모래 경사면으로 이루어진 10킬로미터의 깊은 장애물이 전체 국경선을 따라서 나타났다. 꼭대기에 가시 철망이 있는 부분들이 있었고, 그 앞에는 전차 수로가 있었다. 그것은 이라크인들이 들어오지 못하게 하려는 것이었지만, 2003년 미국이 주도한 침공 기간 동안 그것은 미군이 들어가기 위해 건너야 했던 장애물이었다. 미국은 여러 장소에서 동시에 이라크가 막을 수 없는 속도로 돌파해야 했다. 결국 1만 대의 차량이 통과해서 마침내 바그다드로 향했다.

이듬해 이라크는 더는 쿠웨이트에 전략적인 위협이 되지 않았을지 모르지만, 쿠웨이트인들은 여전히 그들 사이에 새롭고 더 튼튼한 장벽을 원했다. 국제연합United Nation(UN)의 합법적인 감독 아래 위치가 합의되었고, 길이 220킬로미터의 울타리가 이라크 국경 마을 움카스르Umm Qasr에서부터 이라크, 쿠웨이트, 사우디아라비아가 만나는 국경 삼각지대까지 세워졌다. 중동의 많은 나라들처럼 쿠웨이트는 급증하는 이라크의 폭력으로부터 자신을 지키고 불법 이민을 막기 위해 노력하고 있다.

한편 터키는 시리아에서 제기된 위협에 더 신경을 쓰며, 2018년에 대부분의 국경선을 따라서 콘크리트 장벽을 세웠다. 그것은 참호, 투광조명 시스템, 감시탑, 정찰용 기구, 열 영상, 레이더, 표적 시스템, 그리고 꼭대기를 응시하기 위해 각진 크레인에 장착한 카메라를 사용하면서 벽을 따라서 운전하는 코브라 II라는 소형 장갑차로 보완된다. 아사드에 반대하고 갈등을 중재하는 데 적극적인 역할을 하는 터키는 지금 시리아 난민과 테러리스트를 막으려고 노력하고 있다. 그러나 터키는 시리아 분쟁에서 또 다른 걱정거리를 안고 있는데, 그것은 그 분쟁에 가담하면서 힘을 키우고 있는 쿠르드족 집단이다.

· · ·

중동에 관해 말할 때 우리는 종종 '아랍인들'을 마치 서로 교환 가능한 것처럼, 또는 단일한 것monolith으로 생각하는 반면, 실제로 그 지역은 쿠르드족, 드루즈족, 야지디스족Yazidis, 칼데아족Chaldeans 같은 소수 민족들과 더불어 수많은 민족, 종교, 분파, 언어의 고향이다.

최대의 소수 민족인 쿠르드족은 중동에 약 3000만 명이 있다. 추정치는 다양하지만, 시리아에 200만 명, 이라크에 600만 명, 이란에 600만 명, 터키에 1500만 명이 있다. 그들은 종종 세계 최대의 나라 없는 민족이라고 말해지는데, 비록 이러한 민족적 세분화가 상이한 종교 분파를 고수하고, 수많은 언어—이 언어 역시 상이한 방언과 문자 또는 서체로 갈라진다—를 말하는 약 100개의 부족으로 더 분화된다고 해도 말이다.

확실히 쿠르디스탄Kurdistan이라는 민족국가를 창설하려는 운동이 있지만, 그들의 차이, 지리적 위치, 현존하는 국가들의 반대를 감안하면 쿠르드족이 하나의 국가로 통일될 것 같지는 않다. 이란, 이라크, 시리아, 터키에는 많은 쿠르드족 인구가 있으며, 그들이 통일을 추구하거나 나라를 세우는 것을 허용하지 않을 것이다. 쿠르드족에게 어느 정도 공감하고 있는 미국도 그들을 도와줄 것 같지 않다. 이라크와 시리아에 있는 쿠르드족과 싸우고 있는 터키가 NATO 회원국이기 때문이다. 쿠르드족은 언제나 배신당했다.

2017년 이라크 쿠르디스탄은 결정권 없는 국민투표를 실시해 위대한 쿠르드의 꿈을 향해 한 걸음을 내디딜 예정이었지만, 터키와 이란은 통일된 쿠르디스탄의 영토를 한 뼘도 허용하지 않을 것이다. 이라크 중앙 정부는 독립을 위한 계획이나 전통적으로 쿠르드족이 지배하는 영역 바깥으로의 확장을 결코 허용하지 않을 것이라는 메시지와 함께, 쿠르드족이 통제하는 석유 도시 키르쿠크 Kirkuk를 장악하기 위해 군대를 보냄으로써 독립 투표에 대응하였다. 쿠르드족 자체도 이라크 내에서 다른 지역의 유사한 분열처럼 두 개의 부족으로 나뉘어 있다. 한편 쿠르드족은 분열되어 있는 나라들 안에서 차별을 당한다. 이라크의 쿠르드인들은 특히 사담 후세인의 '사회주의' 바트당에 나쁜 기억을 갖고 있다. 바트당은 1980년대 잔혹한 안팔Anfal 군사 행동 시기에 수천 명의 쿠르드인에게

가스를 사용했으며, 이후 10년 동안 수천 명을 더 죽였다.

이러한 잔혹한 권위주의는 중동 전역의 정부에게는 전혀 이례적인 것이 아니었고, 단지 쿠르드족만이 아니라 많은 사람이 그 영향을 경험했다.

아랍 세계는 무엇이 잘못되었는가? 거의 모든 것이 잘못되었다. 문제를 해결하기 위해 무엇을 시도했는가? 거의 모든 것을 시도했다.

그 문제에는 많은 이유가 있다. 예컨대, 알다시피 종교는 커다란 균열을 야기했다. 식민주의는 전통적인 문화적 구분을 무시한 국경선을 가진 국민국가들의 창설로 귀결되었다. 한때 스스로 다르다고 생각했고 다른 방식의 통치를 받은 사람들이 지금은 하나의 실체에 충성을 맹세하게 되었다. 일부는 그들이 공통점이 별로 없다고 느낀 반면, 이전에 단일한 공동체로 동일시한 다른 사람들은 중간에 분열되었다. 그 지역의 자원은 대부분의 영역에 골고루 퍼지지 않았으며, 석유로 축복받은―또는 일부의 견해에 따르자면, 저주받은―모든 사람이 그 이익을 공평하게 나누지도 못했다. 부는 종종 엘리트에 의해 낭비되는 것으로 보이며, 따라서 빈곤이 만연하고 경제적·사회적 진보가 전반적으로 결여되어 있다.

이집트의 통계학자 나데르 페르가니Nader Fergany가 주도하는 저명한 아랍 지식인 그룹이 작성하고, 국제연합개발계획United Nation Development Program(UNDP)의 후원을 받는 〈아랍 인간 개발 보고서 2002〉는 아랍 22개 나라의 상황을 가장 잘 요약하였다. 그 보고서는 교육 수준과 기대 수명이 상승하고, 유아 사망률이 하락했다는 점에 주목했지만, 그것은 단지 긍정적인 것만 총합했을 뿐이다. 저자들은 단지 소수의 사람에게만 낙수효과를 보이는, 막대한 에너지 자원에서 솟아나는 몇몇 나라의 부가 숫자를 왜곡한다는 이유로 통계에서 전통적인 성공의 척도인 '일인당 소득'을 빼버렸다. 그다음에 그들은 '대안적인 인간 개발 지수'를 창출하기 위해 인터넷 접속과 자유의 수준을 덧붙였다. 그들은 "그 지역은 개발된 것이라기보다는 부유하다"라는 예리한 문장으로 결론지었다.

특히, 그들은 그 지역을 정체시키고 있던 '세 가지 결점'이라 부르는 것을 강조했다. 첫째, 아랍 세계는 특정한 자유가 부족하기 때문에 과학, 정치적 사고, 비교종교학에서의 세계적 지식을 따라잡지 못했다. 아랍어가 아닌 다른 언어에서 번역된 책은 상대적으로 적고, 그 지역 전체에서 자유롭게 이용할 수 없다. 둘째, 이것과 관련되어 어떤 지식이 이용 가능한지 알리기 위해 통신의 발전을 포용하는 데 실패했다. 셋째, 여성들의 정치와 직업에의 참여가 세계에서 가장 낮았다.

대부분의 아랍 국가에서 시민권과 언론의 자유가 부족하고 노골적인 검열이 나타나자, 교육에 합당한 지출이 이루어져도 그 돈은 오용되고 결과는 좋지 않았다. 그 보고서는 지난 1000년간 아랍어로 번역된 책이 스페인에서 1년에 스페인어로 번역되는 책보다 적었다고 말했다. 인터넷은 전체 인구의 단지 0.6퍼센트만이 사용한다.

한 세대의 진보적인 아랍 지식인과 정치인은 그 보고서를 각성의 계기로 받아들였지만, 진보적인 사람은 아랍에서 소수이고, 긍정적인 변화를 일으킬 만한 지위에 있지도 못했다. 인터넷의 사용은 거의 20년간 계속 증가했지만, 탄압 또한 지속되었다. 국제연합의 〈아랍 인간 개발 보고서〉에 따르면, 2016년 인터넷 보급률은 50퍼센트 이상으로 크게 증가했지만 전반적으로 세 가지 결점이 아직도 그 지역을 정체시키고 있었다. 아랍 정권들은 여전히 반대자에게 무자비하게 공격적이었고, 개인의 자유는 여전히 빼앗겼으며, 외부 세계의 많은 아이디어가 환영받지 못했고, 아랍 11개 나라는 내적인 갈등을 겪고 있었다.

　　많은 아랍 세속주의자들은 종종 '아랍 정신의 종결'로 언급되는 것과 관련해서 그 문제들과 자유의 부족을 비난한다. 이것은 '이즈티하드ijtihad' 실천의 종결과 관련된다. 직역하면 '노력'이라는 뜻의 단어지만, 그것은 예언자 무함마드가 행하고 말한 것을 정리한 《코란》과 《하디트Hadith》에 세세하게 망라되지 않은 종교적인 문제들의 해석과 관계된다. 여러 세기 동안 어떤 학식 있는 무슬림 학자도 종교적 문제들에 관한 독창적인 사고를 내놓지 못했지만, 수니파의 아바스 왕조(750-1258년) 말기에 이즈티하드의 문은 닫혔다고 선언되었다. 이제 이전 세대의 위대한 인물이 내놓은 율법과 해석에 관해서는 아무런 문제 제기도 있을 수 없게 되었다.

　　이러한 '종결'이 아랍 세계를 정체시켰고, 현대에 이르러 아랍 사회 내부에 개혁을 추구하는 자들과 전통을 견지하려는 자들을 가르는 큰 분열 중 하나가 되었다고 주장된다. 이 이론이 옳다면, 자유와 인권의 부족을 공유하는 다른 문화가 기술과 경제적 진보라는 측면에서 발전을 이루고 서구 국가들에 도전하게 된 이유를 설명해내야 할 것이다. 싱가포르와 중국이 떠오른다.

아랍 문화는 전통과 권위를 깊이 존중하며 다른 많은 지역의 문화보다 변화에 덜 개방적이라는 것은 분명하다. 사우디아라비아의 새로운 왕세자 모하메드 빈 살만Mohammed bin Salman(MbS라고 널리 언급된다)은 이것을 변화시키고자 노력하는 것으로 보인다. 어떤 면에서 사우디아라비아의 왕 살만 빈 압둘라지즈 알 사우드Abdulaziz al Saud가 그의 32세 아들에게 왕세자 직함과 유의미한 권력을 부여한 것은 신중한 계획으로 보인다. 두 사람 다 왕국이 현재의 경제적 기반과 사회 규범으로는 생존하지 못하리라는 결론을 내린 것으로 보인다. 2018년 여성에게 운전과 축구 경기장 입장을 허용하고, 최초로 영화관 개장을 허가하는 법률이 통과되었다. 서구의 일부 비평가는 이러한 움직임이 너무 조심스럽다고 조롱했다. 그러나 이런 조치는 특히 종교적인 권력층에게 그들의 시대가 서서히 저물고 있다는 메시지를 보내는 것이었다. 위의 비평가들은 스스로 그 조치가 얼마나 파급력이 큰 것인지 이해하지 못했음을 보여준 셈이다. 그들은 또한 이러한 '조심스러운' 조치도 어쩌면 폭력을 동반하는 저항에 부닥칠 위험이 있음을 모르는 것처럼 보인다. 사우드 집안에 대항하는 쿠데타 계획에 관한 소문이 1년 내내 걸프 지역을 휩쓸었다.

왕세자는 또한 에너지에 대한 의존에서 벗어나 경제를 다변화하는 비전 2030 경제 모델을 공개했다. 그중 일부는 여성에게 운전을 허용하는 논쟁적인 개혁이었다. 현대의 경제에서는 노동력의 50퍼센트를 무시할 수 없음을 그가 깨달았기 때문이다. 그는 이에 덧붙여 강경파를 숙청했다. 왕세자는 모하메드 빈 자예드 알 나얀

Mohammed bin Zayed Al Nahyan 아부다비 왕세자와 같은 걸프만의 다른 동맹들과 나란히 전통적인 구속복을 벗어버리고자 노력하고 있지만 아주 조심스럽게 걸어가야 한다는 것을 알고 있다. 이 과정에서 그 왕자들은 대체로 그들 사회의 젊은 세대의 지지를 받고 있다.

정치적으로 아랍인들은 민족주의와 가짜 사회주의를 시도했으며, 강한 지도자를 경험했다. IS 같은 지하디스트의 지배는 또 다른 실패한 체제인 반면, 일부는 왕가의 세습 권력 하에서 살고 있다. 이 모든 정권 가운데 마지막 정권은 가장 안정적이고, 놀랍게도 허약한 지지기반에서 출발하여 비교적 자비로운 경향이 있었지만, 아랍인들이 여태껏 시도한 어떤 체제도 내부의 평화를 유지하는 성공적인 국민국가나 지역 연합으로 그들을 통합하는 데 성공하지 못했다. 언어라는 통합 요인이 있는데도 말이다.

통일 아라비아라는 원대한 꿈은 1916년 아랍 반란의 선언에서 분명했다. 그러나 그것은 단지 꿈에 지나지 않았고, 민족들 간의 분열은 거의 확실하게 그 꿈이 결코 실현되지 않으리라는 것을 의미한다. 아랍의 교수 파와즈 게르게스Fawaz Gerges는 전망이 우울하다는 것을 인정한다. "아랍의 통치자들은 끊임없이 영향력과 권력을 위해 서로 싸우고 서로의 사태에 빈번히 개입합니다. …… 이러한 치열한 경쟁은 아랍 지역의 국가 시스템을 약화시키는 결과를 가져왔고, 대혼란과 내전을 야기했습니다. 시스템이 망가졌습니다."

무언가를 세울 견고한 민주적 기반이 없는 아랍의 국민국가들은 국민 대다수의 충성을 얻는 데 실패했다. 2016년 국제연합 보고서가 말하듯이, "젊은이들은 본래적인 의미의 차별과 배제에 사로

잡혀 있으며" 따라서 "정부 기구들을 보존하려는 의지를 약화시키는" 일에 몰두한다.

우리는 유럽연합이라는 건물에 균열이 나타나는 것을 보았고, 유럽인들은 민족주의로 조금씩 후퇴하고 있다. 중동과의 차이는, 아랍인들이 국민국가 개념에 대한 인식이 덜하고 개인의 자유에 관한 생각을 완전히 포용하지 않는다는 것이다. 따라서 정부 기구가 고장 날 때, 많은 사람은 국민국가 이전의 것 ―종교, 민족, 부족―으로 후퇴한다.

수니파, 시아파, 그리고 많은 부족과 민족이 그들의 물리적·심리적 장벽 뒤로 물러나고 국민국가가 약화됨에 따라 종교는 그들에게 자존감, 정체성, 확실성을 제공한다. 이러한 토대에서 이슬람주의자들은 사회주의, 민족주의 또는 심지어 국민국가도 그 자체로 암적인 것이고 이슬람이 해답이라는 세계관을 구성할 수 있다. 그들은 너무도 높아서 그 뒤에 있는 사람들은 더는 그 너머를 볼 수 없는 이데올로기의 장벽을 자기 주위에 세운다. 따라서 편협한 마음에 갇힌 일부는 '타자'를 '이교도', '불신자', 또는 페르시아의 시아 사파비드Shia Safavid 왕조(1501-1736년)라고 말하며, 오직 정복하거나 죽일 대상인 '사파위'로만 보게 된다. 일부는 훨씬 더 나아가서, 수니의 세계에 대항하는 비열한 이스라엘/이란의 음모를 암시하는 '사히이유–사파위Sahiyyu-Safawi(시온주의–사파비드)'라는 훨씬 더 극단적인 용어를 쓰면서, 음모 이론가와 포일 모자[7]를 쓴 사람이

7   외계인의 공격을 막아 준다는 속설이 있다.

라는 더 높은 영역으로 들어간다. 일단 멀리 니가비린 후에는 많은 사람이 돌아오기가 매우 어렵다는 것을 알게 된다.

　이러한 사정을 설명하는 하나의 이유로 빈곤과 변변치 못한 교육을 꼽을 수 있다. 어떤 요인도 무시할 수 없다. 그러나 빈곤을 퇴치하고 교육을 개선함으로써 이슬람주의 이데올로기를 근절할 거라는 믿음을 불러일으키는 것은 그것들에 너무 많은 중요성을 부여하는 것이다. 이것은 대학 졸업자, 특히 공학 학위를 가진 사람들 덕에 해마다 엄청나게 늘어나는 고학력 지하디스트를 계산에 넣지 않는다. 그것은 왜 가장 폭력적인 이데올로기의 일부가 그 지역에서 가장 부유한 나라인 사우디아라비아에서 생겨나는지를 설명하지도 못한다. 의문의 여지 없이, 더 나은 생활 수준과 더 높은 수준의 세속적인 교육은 해결책의 일부가 되지만, 아이러니하게도 여기서는 또 다른 장벽이 필요하다. 대부분의 성공적인 현대 사회에서 세워진 장벽, 즉 종교와 정치 사이의 벽 말이다.

　이슬람은 모든 것을 포괄하는 삶의 방식이기 때문에 많은 실천가는 종교와 민족을 정치로부터 떼어놓기가 어렵다는 것을 알게 된다. 《코란》에는 예수가 했다고 여겨지는 "카이사르의 것은 카이사르에게, 하느님의 것은 하느님에게 바쳐라"라는 말과 같은 것이 없다. 이러한 단절이 없으면 종교법이 세속법을 뒷받침하고 심지어 지배하려고 할 것이며, 지배적인 종교나 종파는 종교와 법에 대한 자신의 견해가 유일하게 고수되어야 할 것임을 강요할 것이다.

　이와 달리 유럽에서는 순수하게 민족적이거나 종교적인 노선에 따라 정당을 형성하고 조직하는 일은 대체로 없어졌다. 대부분의 정파는 넓고 다양한 사회 부문에 지지를 호소하며, 종교는 정부와 정책 입안에 큰 역할을 하지 않는다.

그러나 중동에서 '세속 정치'에 대한 기억은 전제적 지배에 대한 기억이다. 시리아와 이라크의 바트당이 그 예이다. 둘 다 민족적·종교적 분열을 넘어 세속적인 사회주의 정당인 척했지만, 둘 다 국민을 가혹하게 억압했다. 이로 인해 일부 사람들은 세속 정당의 능력을 불신하고, 대신에 종교를 지지하는 정당으로 돌아섰다.

현재 아랍 국가들과 국민은 국가 내부와 국가 사이의 갈등으로 분열되고 파괴된 채 남아 있다. 사우디아라비아인들과 이란인들은 전투를 벌이고 있는데, 지방 수준에 이르면 그것은 고대의 시아/수니 균열로 드러나며, 또한 결국 그들 자신의 국경선을 뛰어넘는 충돌로 드러나기도 한다. 따라서 이라크 전쟁처럼 그 지역 전체에 걸친 많은 분쟁은 유사한 균열이 표면화되는 것을 허용했고, 국경을 넘나드는 폭력과 극단주의의 연쇄를 수반했다. 기독교인, 야지디스, 드루즈 같은 소수 민족은 대혼란에 휘말린다.

범아랍 통합의 꿈은 범아랍 분열의 악몽으로 바뀌었다. 이러한 분파주의의 악령들이 풀려나면, '타자'에 대한 의심과 두려움을 걷어내는 데 수 년, 때로는 수 세대가 걸린다. 시리아와 같은 국민국가를 덮은 조각보 이불은 찢어졌고, 미래 국가에 대한 디자인 패턴은 여전히 불분명하다. 분열을 물리치려고 하는 젊고 교육받은 도시 아랍인 세대가 존재하지만, 역사의 무게가 그들을 제지한다.

이집트 대통령 안와르 사다트Anwar Sadat는 1977년 이스라엘 의회 연설에서, 아랍-이스라엘의 갈등과 관련하여 다음과 같이 말했다. 40년도 더 지났지만 여전히 그 지역 비로 건너편에 적용된다.
"그러나, 또 다른 벽이 남아 있습니다. 이 벽은 우리 사이의 심리적
장벽, 의심의 장벽, 거부의 장벽, 두려움, 기만의 장벽, 어떤 행동,
실천이나 결단도 없는 망상의 장벽을 구성합니다."

5

인도

곪아드는 내부와 외부의 갈등

"모든 벽이 다 그렇듯 그 벽도
양면을 향하고 있었다.
어느 쪽이 안이고 어느 쪽이 밖인가는
어느 쪽에서 보느냐에 달려 있었다."

어슐러 르 귄Ursula K. Le Guin, 《빼앗긴 자들 *The Dispossessed*》

*《빼앗긴 자들》(이수현 옮김, 황금가지, 2002)의 번역을 따랐다.

인도 국경 보안군 병사가 인도-방글라데시 국경 담장이 끊어진 곳에서 경비를 서고 있다.

인도와 방글라데시의 국경에는 세계에서 가장 긴 울타리가 있다. 그것은 인도가 훨씬 작은 이웃 나라를 둘러싸는 거의 4000킬로미터의 경계선을 따라 있다. 방글라데시에서 그 경계선이 없는 곳은 벵골만의 580킬로미터 해안선뿐이다. 울타리는 만에서 북쪽으로 지그재그로 올라가서 대부분 평지를 따라 네팔과 부탄 근처의 좀더 산지 쪽으로 올라가다가 꼭대기를 따라서 오른쪽으로 돌아든 후에, 다시 남쪽으로 내려가서 가끔 밀림을 지나 바다 쪽으로 돌아간다. 평원과 정글을 통과하여, 강을 따라가고 언덕을 넘는다. 양쪽의 영토는 인구밀도가 높으며, 많은 지역에서 토지는 가능한 한 장벽 가까이에서 경작된다. 이는 다 자란 작물들이 종종 구분선을 건드린다는 것을 뜻한다.

이 장벽 중 수백 킬로미터는 이중인데, 일부는 철조망이고, 일부는 벽이며, 일부는 전기가 흐르고, 일부는 투광조명이 달려 있다. 일부 구간, 예를 들어 국경선 길이의 약 절반을 차지하는 서벵골에서는, 울타리에 인공위성 기반 신호 명령 체계와 연결된 스마트 센서, 방향 탐지기, 열영상 장치, 야간 투시 카메라가 있다.

인도인들은 긴 국경선을 항시 순찰하는 많은 군대에 의존했던 시스템에서 벗어나 울타리의 구멍을 쉽고 정확하게 짚어 신속 대응 부대를 급파할 수 있는 시스템으로 옮겨가려고 노력하고 있다. 전 세계의 다른 국경선과 마찬가지로, 기술은 한때 감시하고 보고하고 즉시 대응하는 데 수백 명의 사람과 시간이 필요했을 것을 단순화시켰다. 심지어 통제실로부터 수 킬로미터나 떨어진 곳에서 센서가 오작동한다고 해도, 1분 안에 드론이 순찰할 수 있다. 기술은 해마다 더 정교해진다.

이러한 수단들이 있음에도, 인도의 울타리는 넘으려는 사람을 막지 못한다. 철조망이 있는데도, 국경 경비병이 인도로 들어오려는 수백 명의 사람뿐 아니라 인도에 불법적으로 머문 후에 몰래 방글라데시로 돌아가고자 하는 많은 사람들을 사살했는데도, 계속 그렇게 한다. 2011년 그중 열다섯 살의 펠라니 카툰Felani Khatun이 있었다.

펠라니의 가족은 법적인 복잡함과 비용 때문에, 여권이나 비자를 발급받지 않고 인도에서 불법적으로 일하고 있었다. 가족을 만나려고 고향으로 돌아가기 위해 펠라니와 그녀의 아버지는 그들을 넘어가게 해달라고 밀수업자에게 50달러를 지불했다. 동이 튼 직후, 국경선 울타리가 안개에 휩싸여 있을 때, 그녀는 밀수업자가 울타리에 대놓은 대나무 사다리를 올라가기 시작했다. 그녀의 카미즈와 함께 입은 살와르[8]가 철조망 가시에 걸려 찢겼다. 그녀는 어찌할 바를 몰라 아버지에게 도와달라고 소리 지르기 시작했다. 수많은 테러리스트의 침투를 추적할 때, 인도의 국경보안군(BSF)은 사살하라는 명령을 받았고, 경비병은 명령을 따랐다. 그 죽음은 느렸다. 그녀는 몇 시간이나 피를 흘리면서도 여전히 살아서 울타리에 매달려 있었다. 해가 뜨고 안개가 걷히자 그녀가 보였고, 물을 달라고 울부짖는 소리가 들렸다. 마침내는 심한 상처로 죽었다. 그렇게 어린 소녀의 오랜 시간을 끈 충격적이고 폭력적인 죽음은 국제적인 관심을 이끌어냈고, 사살 정책에 대한 비난이 이어졌다. 결국 관심은 잦아들었지만, 정책은 여전했고 울타리도 그대로였다. 그녀의 죽음은 그러한 장벽에 대해 인간이 치르는 대가를 증언하고 있다. 인도가 이런 면에서 유일한 것은 아니다. 전 세계적으로 그와 같은 죽음이 증가해왔다. 리스 존스Reece Jones 박사는 "국경 보안이 증가한 탓에 2016년은 국경에서의 사망(전 세계적으로 7200명) 기록을 세웠다"고 지적한다.

인도와 방글라데시의 국경에 있는 울타리는 무기와 물건의 밀수를 막고 월경하려는 반란자를 저지한다는 점에서 정당화된다. 하지만 일차적으로 울타리는 폭동과 외국인 대량 학살로 귀결된 수준의 불법 이민을 막기 위해서 존재한다. 그것의 주된 목적은 사람을 못 들어오게 하는 것이다. 그러나 이곳은 험악한 지역이며, 이주는 여기서 유일한 이슈가 아니다. 아대륙 전역의 분리는 우리가 매우 자주 전 세계에서 발견하듯이, 부분적으로는 식민 열강들이 그어놓은 국경에서 연유하며, 지역의 종교적이고 민족적인 편견과 정치적 현실이 뒤섞여 있다. 종교적 균열의 다수는 중세 시대 인도에 대한

---

8 남아시아 사람들이 많이 입는 옷. 카미즈kameez는 셔츠와 비슷하고, 살와르shalwar는 바지와 비슷하다.

무슬림의 지배로 거슬러 올라갈 수 있다.

중앙아시아로부터 처음 이슬람이 침략한 뒤 대부분 힌두교였던 인구에 대한 대규모 개종이 있었다. 그러나 오로지 인도의 크기 때문에 침략자들에게는 문제가 생겼다. 중국과 마찬가지로 외부 세력이 연합을 구성하지 않고서는 인도를 완전히 통제하기란 거의 불가능하다. 그래서 비록 수천만 명의 사람이 이슬람교로 개종했음에도, 수억 명이 여전히 힌두교도로 남아 있었다. 무슬림 세력이 거의 인도 전체로까지 확장된 무굴 왕조(1526-1857년) 때도 정복자들은 영국인들이 나중에 발견하게 될 것을 깨달았다. 아대륙의 부를 이용하려면 절대 권력을 추구하기보다는 다양한 지역들을 분할하여 통치하는 것이 더 쉽다는 것 말이다. 타르사막 서부와 갠지스 삼각주 유역(현재 파키스탄과 방글라데시를 이루는 지역)의 많은 사람이 이슬람으로 개종했지만, 다른 모든 곳의 많은 사람은 힌두교도로 남아 있었다.

1947년 영국이 철수하자, 인도 건국의 아버지들, 특히 마하트마 간디는 힌두쿠시로부터 라카인 산맥까지 동서로 뻗고, 히말라야에서 인도양까지 북남으로 뻗은 다종교 민주국가를 만들려는 계획을 세웠다. 그러나 이후에 파키스탄 최초의 지도자가 된 무함마드 알리 진나Muhammad Ali Jinnah는 이 나라에서는 무슬림이 소수가 될 것이기에 무슬림에게 자신의 나라가 있어야 한다고 믿었다. 그는 '무슬림을 위한 무슬림의 나라'를 원했고, 지리적인 선이 아닌 종교적인 선을 따라서 부분적으로 그어진 국경선을 만드는 데 조력했다. 국경선은 주로 무슬림 인구가 살았던 영역을 구분하기 위해 영국인에 의해 그어졌다. 그래서 그 해에 두 개의 국가, 인도와 파키스탄이 존재하게 되었고, 후자는 서파키스탄과 동파키스탄으로 이루어졌다. 종교적인 분리가 지리학적인 분리가 되고 말았다.

그러나 종종 국경선은 현존하는 공동체를 양분했으며, 물론 모든 지역이 어느 정도 섞였기에 많은 사람이 억지로 이주해야만 했다. 1947년 아대륙의 거대한 분열에는 한바탕 광란의 유혈 사태가 동반되었다. 시크교도, 힌두교도, 무슬림이 안전하다고 느낀 지역들로 대규모로 이동할 때 수백만 명이 죽임을 당했다. 심리적으로, 관련된 나라 중 어떤 나라도 결코 회복하지 못했다. 그들 사이의 분열은 그 어느 때보다 크고, 이제 콘크리트와 가시철조망으로 더욱더 분명해지고 있다.

• • •

인도는 이주자의 자석이다. 인도는 민주주의 국가이며, 소수자들을 보호하는 법이 있고, 이웃 나라에 비해 경제적으로 번영했다. 아프가니스탄, 스리랑카, 미얀마(이전에는 버마로 알려진), 티베트, 파키스탄, 방글라데시로부터 난민과 불법 이민자가 몰려들었다. 중국이 1951년에 영토를 병합한 후에 탈출한 티베트인들이 최소한 11만 명이 있고, 금세기 초에 끝난 스리랑카 내전 동안 넘어온 타밀족 스리랑카인들이 약 10만 명이 있으며, 아프가니스탄의 격변으로 사람들이 꾸준히 인도로 흘러들어왔다. 그러나 지금까지 이민자 중 가장 많은 수는 인도에 삼면이 둘러싸인 방글라데시 출신이다.

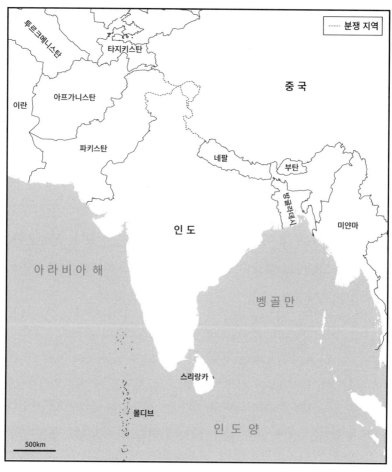

분쟁 지역

투르크메니스탄
타지키스탄
중 국
아프가니스탄
이란
파키스탄
네팔
부탄
인 도
방글라데시
미얀마
아 라 비 아 해
벵 골 만
스리랑카
몰디브
인 도 양
500km

가난과 기후변화, 종교적 박해를 피해 인도아대륙을 가로지르는
대규모의 이주가 발생하고 있다.

　　1947년 인도 분할 이후 당시 동파키스탄이던 지역에서 수많
은 사람이 박해, 불관용, 경제적 곤경을 피하기 위해 인도로 건너왔
다. 그 숫자는 서파키스탄과의 폭력적인 충돌 이후 더 늘었다. 지도
를 살펴보면 왜 그 두 나라가 결코 단일한 국가로 남을 수 없는 운

명인지를 금방 알게 된다. 그들은 2000킬로미터나 떨어져서 상이한 지리적·언어적 위치에 놓여 있다. 서파키스탄으로부터 수년 간 차별을 받은 후, 1971년 동파키스탄의 벵골인들은 독립운동을 시작했다. 파키스탄인 정부는 그들을 가차 없이 탄압하기 시작했고, 계속되는 폭력 속에서 수백만 명이 살해당하고 수백만 명이 인도로 탈출했다. 그리고 오늘날 수천 명이 해마다 계속해서 국경을 넘는다고 생각된다.

　많은 방글라데시 사람의 삶은 힘들다. 인구의 약 12.9퍼센트가 아시아 개발은행이 규정한 국민 빈곤선 이하의 삶을 산다. 이 문제에 엄청난 진전이 이루어졌지만, 수천만 명의 사람에게 삶은 여전히 극단적으로 가혹하다. 농촌 지역에서 일은 등골이 휘는 농장 노동으로 이루어지며, 성장하는 도시들에서는 공장의 일자리를 찾아온 사람들에게 주거를 마련하기 위해 대규모 빈민촌이 개발되었다. 힌두교인과 기독교인 같은 소수 집단은 박해받는다고 말하며, 전역에 걸쳐 이슬람 근본주의자들이 자행하는 종교적 불관용이 늘어나고 있다. 힌두교인을 이슬람으로 강제로 개종시키고 어린 소녀들을 납치했다는 수많은 보고가 있다. 방글라데시 헌법은 소수 집단을 인정하지 않는다. 제41조는 종교의 자유를 보장하지만, 실제로는 지난 수년 동안 극단주의 집단들이 10여 개의 힌두 사원을 공격하고, 수백 채의 집에 불을 지르고, 수천 명의 사람을 공격했다. 자연스럽게, 많은 이들이 힌두교도가 다수인 인도로 탈출했다. 매년 이어지는 태풍과 홍수를 더하면, 왜 그렇게 많은 사람이 국경을 넘으려는지 쉽게 알 수 있다.

그러나 일자리를 찾아 이주하는 것이나 박해를 피하는 것은 그리 단순한 일이 아니다. 인도-방글라데시 국경선은 수 세기 동안 물리적 분리 없이 살아왔던 공동체를 쪼개 놓았다. 일부는 언어적·문화적 유사성을 공유하며, 이웃과 국적이 다르다는 생각은 그들에게는 낯설다. 분리된 이후로도 그들은 계속해서 그 지역을 가로질러 여행하였다.

정확하지는 않지만, 대부분의 추정치에 따르면 21세기에 방글라데시에서 인도로 완전히 이주한 사람들은 1500만 명을 넘는다. 이 때문에 (대부분 무슬림인) 다수의 방글라데시인이 정착한 국경선에 인접한 인도의 주들—서벵골, 아삼, 메갈라야, 미조람, 트리푸라—에서 커다란 문제들이 생겼다. 물론 방글라데시 불법 이주자들은 모든 주요 도시들에도 있다. 가장 많이 영향을 받는 주 가운데 하나는 인도 북동부의 아삼주이다. 방글라데시 독립전쟁 중에 인도로 탈출한 사람들 다수는 힌두교도였지만, 곧 점점 더 많은 무슬림이 그들과 합류했다. 1971년과 1991년 사이에 무슬림 인구는 350만에서 630만으로 77퍼센트까지 증가하여 아삼주에서는 무슬림에 대한 주요한 민족적 반발이 일어났다. 아삼주 주민들은 일자리와 주거에 압박이 가해진다는 것뿐 아니라 자신들의 정체성과 문화가 도전받고 있다는 것에 불만을 품었다. 일부 힌두교도도 그들의 배경이 무엇이든 아삼 사람이 아니라는 이유로 모든 잘못을 뒤집어썼지만, 그 반발로 가장 많은 고초를 겪은 것은 무슬림이었다. 말하자면 돼지고기를 먹느냐 소고기를 먹느냐 같은 본질적으로 작은 차이가 긴장이 높아지면서 과장되었다.

1982년 대규모 반방글라데시 시위가 시작되었다. 민병대가 구성되고 마침내는 수천 명의 비아삼인들이 학살당하는 폭동으로까지 이어졌다. 무슬림이 주로 희생당했지만, 많은 경우 다시 사람들은 민족적·종교적 집단을 차별하는 것을 개의치 않았다. 이에 대응하여 인디라 간디Indira Gandhi는 국경에 가시철조망 울타리를 세우는 계획을 세웠고, 뒤이은 라지브 간디Rajiv Gandhi 정부는 실행을 약속했다.

아삼은 인도가 직면한 광범위한 문제들을 이해하는 데 유용하다. 다른 곳과 마찬가지로 아삼의 지형적 특성 탓에 국경을 충분히 안전하게 하기란 거의 불가능하다. 아삼은 방글라데시와 국경의 260킬로미터만 공유하지만, 이 중 일부는 해마다 홍수로 인해 경로가 바뀌어 영구적인 경계 표시가 곤란한 브라마푸트라강이다.

1971년 이후, 아삼의 인구는 1460만 명에서 3000만 명으로 두 배 넘게 늘었는데, 많은 부분이 불법 이민에 기인한다. 힌두 민족주의자들은 2060년이면 그 지역에서 무슬림이 다수가 될 것이라고 주장한다. 2015년에는 1900만 명의 힌두교도와 1100만 명의 무슬림이 있었고, 27개 구역 중 아홉 곳은 무슬림이 다수였다. 똑같이 중요하게, 2017년 인구조사는 민족적으로 아삼 사람인 사람은 현재 그 주 전체에서 소수이며, 사람들이 계속 유입되어 아삼 사람의 비율은 계속해서 감소하리라는 것을 보여주었다.

1982년의 살인적인 폭동 이후 의회는 1985년에 연방정부와 주정부, 그리고 3년 전 불안을 조성하는 데 일조한 폭력적인 운동의 지도자들 모두가 서명한 아삼 협정을 통과시켰다. 그 협정은 그 지역에서 이주자의 수를 줄이려는 의도에 따라 진행되었고, 1971년 파키스탄 전쟁으로의 회귀를 언급했다. 1971년 이전에 도착한 사람들은 특정 조건에 따라야만 머물 수 있지만, 그해 3월 25일―파키스탄군이 민간인을 향해 전면적인 작전을 개시한 날―이후에 아삼에 들어온 사람들은 추적해서 추방될 수 있었다. 1985년까지 방글라데시는 난민들이 돌아가기에 충분히 안정적이라고 간주되었기 때문이다.

그 협정은 작동하지 않았다. 전쟁 동안 방글라데시를 탈출한 1000만 명 중 수백만 명이 인도에 남아 있었고, 더 많은 사람이 계속 들어오고 있었다. 그 결과, 수년 동안 울타리는 더 길어지고, 더 높아지고, 첨단기술을 갖추게 되었다. 중앙 정부는 해결을 위해 협정을 강제하거나 법적인 기본 틀을 만들기보다는 장벽 건설에 집중했다. 그러는 동안 인명 피해는 계속 늘어갔다. 휴먼라이츠워치 Human Rights Watch는 21세기 첫 10년 동안 국경을 넘으려다 인도 국경 보안군에게 사살당한 방글라데시인이 900명에 이른다고 추정한다.

위험을 기꺼이 무릅쓰려는 사람들은 대부분 인도로 들어오는 데 성공한다. 그러나 거기에 오게 되면, 그들은 법적으로 끔찍한 처지에 놓이게 된다. 인도에는 난민이나 불법 이민자를 효과적으로 관리하는 국가 차원의 법이 없다. 인도는 지역 문제들의 복잡성을 고려하지 않는다는 근거를 들면서 1951년 국제연합 난민협약에 서명하지 않았다. 대신에, 모든 외국인은 1946년에 제정된 외국인법을 따라야 하는데, 그 법은 외국인을 '인도 시민이 아닌 자'라고 정의한다. 이 정의는 간결하다는 장점은 있을지 몰라도 누가 진정한 난민이고, 누가 망명 자격이 있는지 그리고 누가 경제적 이주자인지 결정하는 데 제한적이다.

계속되는 문제들—인도 국민 일부에 대한 적개심과 이민자들 자신의 막막한 상황—은 적절한 체계가 수많은 인구의 유입을 처리할 만큼 자리 잡지 못할 때, 특히 어떤 개발도상국가에서 다른 개발도상국가로 이동할 때, 세계 어디에서나 마주하게 되는 어려움을 부각시킨다.

인도 해외정보국 출신으로 리서치앤드어낼리시스윙Research and Analysis Wing의 전 대표인 산지브 트리파티Sanjeev Tripathi는 인도가 난민과 불법 이민자를 정의할 새로운 법률을 만들어야 한다고 주장한다. 그 법률에 따르면 방글라데시 정부가 방글라데시인을 다시 데려가서 그들에게 문서를 교부할 것이라는 데에 합의해야 한다. 그리고 "여기에는 방글라데시 이민자들을 찾아내 그들을 난민과 불법 이민자로 분류하여 재정착시키거나 본국으로 송환하며, 더 이상의 어떤 월경도 방지하는 공동 행동이 뒤따라야만 할 것이다." 그의 말처럼, 현재의 시스템은 "지역민들이 외부인들에 의해 압도당하는 느낌을 받는 인도 북동부 주들에서 인구 양상을 변화시키는 데 실질적으로 공헌했다. 이것은 그들의 생활 방식에 악영향을 미쳤고 양측의 긴장을 고조시켰다."

법적인 문제는 국내의 정치적 의지를 통해 해결할 수 있다. 방글라데시의 외교적인 협력이 더 문제이다. 이주자들을 다시 데려가는 데 필요한 행정 서류를 허위로 작성할 뿐 아니라 귀환하는 방글라데시인 중 소수자인 힌두교도를 국경 너머 다시 인도로 가도록 밀어붙이는 방글라데시 경비병들도 있다.

불법으로 간주되는 사람들을 체포하는 데는 추가적인 문제가 있다. 그런 사람이 수백만 명이며, 그들은 인도 내부에 잘 스며들어 있다. 그들은 종종 아다아르aadhaar라고 불리는 간단한 신분증을 소지하는데, 비록 인도 시민과 동등한 혜택을 누릴 수 없다고는 해도 인도 시민과 그들을 구분하지는 않는다. 게다가 서벵골 같은 지역에서는, 방글라데시인과 서벵골인의 특징과 방언을 구별하기 어렵기 때문에 문제가 복잡하다.

또한 박해를 피해 탈출했다는 이유로 방글라데시인 힌두교도에게 시민권을 부여해야 하는가를 두고 인도의 정치권은 싸움을 계속한다. 힌두 민족주의 바라티야 자나타당(인도인민당)이 집권했을 때, 이 당은 이 문제를 계산에 넣었다. 결국 2014년 성명서에 "인도는 박해받은 힌두교도를 위한 자연스러운 고향으로 남을 것이며, 그들은 여기서 안식처를 찾도록 환영받을 것이다"라는 문구가 포함되었다. 그러나 인도인민당은 문제를 질질 끌었고, 비록 무슬림의 이민이 국경 주에 사는 많은 유권자의 더 큰 관심사일지라도, 모든 외부인에 일정한 적대감이 있다는 것을 잘 알고 있다.

인도인민당 정부의 많은 지지자는 원하는 것이 확실하다. 이들은 몇몇 사람들에게 가혹하게 보일지도 모를 정책들을 요구한다. 이 정책들에 따르면 불법 이민자를 숨겨주는 사람은 형사소송을 당하고, 불법 이민자가 자발적으로 당국에 등록하지 않으면 취업이 금지된다. 2014년 전국선거운동에서 인도인민당 지도자 나렌드라 모디Narendra Modi는 국경 통제를 강화하겠다고 거듭 약속하고, 방글라데시 출신 불법 이민자들에게 '가방을 쌀' 필요가 있다고 경고했다. 그는 결국 총리가 되었다.

2017년 인도인민당 총재 아미트 샤Amit Shah는 국외 추방에 반대하는 야당 인도국민회의당 정치인이 아삼주를 방글라데시의 일부로 만들고 싶어 한다고 비난했다. 그리고 정부의 많은 인사는 그 문제를 국가 안보의 관점에서 본다. 인도의 안보라는 렌즈를 통해 보면, 그 문제는 이렇게 보인다. 파키스탄은 방글라데시의 독립을 도와준 인도를 결코 용서하지 않았다. 불화의 씨앗을 뿌리기 위해, 파키스탄은 '전진적인 전략적 깊이foward strategic depth'라고 알려진 전략을 추진한다. 파키스탄은 불법 이민을 장려하고, 방글라데시의 테러리즘을 후원하며, 하라카트-울-지하드 알-이슬라미Harkat-ul-Jihad al-Islami 및 자마트-울-무자헤딘 방글라데시Jamaat-ul-Mujahideen Bangladesh와 같은 집단의 활동과 수백 명의 그 전사들이 인도로 잠입하는 것을 지원한다. 계속해서 그 이론은 방글라데시와 국경을 접한 지역들에서 힌두-무슬림의 인구통계를 변경함으로써, 자치를 요구하고 마침내 독립을 요구하여 새로운 무슬림 국가를 창설하게 될 정당들이 만들어질 것이라고 한다. 심지어는 아삼과 서벵골로 이루어진 이 상상의 주에 대한 이름도 있다. 방고부미Bango Bhoomi. 따라서 그 이론은 인도는 약해지고 파키스탄은 방글라데시 옆에 발판을 마련한다고 결론 내린다.

그와 같은 계획이 있다는 생각을 지지하는 자들은 그에 대한 확고한 증거를 찾으려고 변화하는 인구통계를 지적한다. 국가 대 국가 수준에서 인도와 방글라데시의 관계는 돈독하지만 분리 이후

아대륙의 힌두 민족주의와 무슬림 민족주의가 보이는 우려스러운 내부 정치는 정치인들이 종종 정체성이라는 감정에 영합한다는 것을 의미한다.

방고부미 이론이 사실이든 아니든, 국경 통제에 대한 많은 비정부 전문가들은 장벽과 울타리가 사람들의 물결을 막는 데 큰 쓸모는 없을 것이며, 특히 테러리즘과 싸우는 데는 비효율적이라고 주장한다. 이 점에 대해 리스 존스 박사는, 새로운 첨단 기술을 갖춘 국경 울타리를 세우는 데 막대한 비용이 들었는데도 그것이 테러리스트의 침투에 "효과를 내지 못하는 것 같다"고 말한다. 왜냐하면 "테러리스트는 종종 가짜 서류를 구입해서 간단히 국경 검문소를 지나거나 유효한 서류를 갖고서 여행할 자금을 갖고 있기" 때문이다. 그는 또한 "장벽을 정당화하는 데 테러리즘의 위협이 사용되지만, 근본적인 문제는 거의 언제나 허가 받지 않은 빈자들의 이동이다"라고 말한다. 어쨌든 방고부미에 관한 그러한 말은 자연스럽게 방글라데시에서는 환영받지 못한다. 방글라데시는 인도의 울타리 건설을 오만하고 공격적이며 그들의 관계에 피해를 주는 행동으로 간주하기 때문이다.

당연하게, 많은 방글라데시인은 포위당한 느낌을 받는다. 동쪽, 서쪽, 북쪽에는 인도의 울타리가 있고, 남쪽 벵골만에는 바다가 있다. 그리고 바다는 해마다 더 가까워지고 있다.

방글라데시는 세계에서 인구밀도가 가장 높은 나라 중 하나이다. 방글라데시는 미국 플로리다주보다 작지만 1억 6500만 명이 거주하며(플로리다의 인구는 2000만 명이다), 인구는 빠르게 늘고 있다. 국

방글라데시에는 수백 개의 강이 있고, 땅의 대부분은 홍수의 위험에 처해 있다.

토는 대부분 갠지스 삼각주의 해수면에 위치한다. 100여 개의 강이 있고, 여러 강에서 해마다 홍수가 일어나 수백만 명의 이재민이 발생한다. 그들은 대부분 물이 빠진 뒤 결국 자신들의 땅으로 돌아간다. 그러나 많은 기후 전문가가 80년 안에 육지 온도가 적어도 섭씨 2도 상승하고 해수면이 90센티미터 상승할 것으로 예측한다.

그런 일이 일어나면, 방글라데시의 5분의 1이 바다에 잠길 것이다. 가장 위험한 일부 지역은 쿨나Khulna, 사트키라Satkhira, 바게르하트Bagerhat 같은 인도에 인접한 해안 지역이지만, 국토의 약 80퍼센트가 해수면보다 조금 위에 있다.

히말라야 산맥에서 녹아내린 빙하가 줄어들어 이미 방글라데시 상류 지역의 귀중한 옥토 일부가 사막으로 바뀌었다. 이런 현상은 계속될 것으로 예상된다. 종종 강을 역류한 바닷물에 물품이 오염되는 바람에 단순히 신선한 물을 찾기 위해 수십만 명의 사람들이 농촌 지역을 떠나 도시로 몰리고 있다. 빠르게 성장하는 도시 지역은 그들을 수용할 준비가 되어 있지 않다. 국제이주기구는 다카 빈민가 인구의 70퍼센트는 홍수나 태풍 같은 환경 재해 때문에 수도로 왔다고 추정한다.

세계 여러 지역에 이미 '기후 난민'이 있으며, 수천만 명이 더 생겨나서 대부분 도시 지역으로 향하게끔 되어 있다. 기후의 작은 변화조차 지방 주민들에게는 재앙적인 결과가 될 수 있기 때문이다. 예를 들어, 아프리카에서 수십 년 넘게 이어진 가뭄은 많은 지역에 극심한 기근을 초래했으며, 그 사이에 사하라 사막 역시 서서히 남쪽으로 넓어지고 있다. 그러나 아시아에서 기후 난민은 대개 홍수를 피하기 위해 노력하고 있다. 런던정경대학에서 출판된 2010년의 한 연구는 홍수에 가장 많이 노출된 상위 10대 해안 도시 중 아홉 곳이 아시아에 있음을 보여준다. 다카는 콜카타와 뭄바이에 이어 3위였다.

이런 미래를 현대적인 보건의료가 부족하고 교육 수준이 낮은 방글라데시 같은 나라에 적용해보자. 국토의 5분의 1이 물에 잠기고 나머지 땅은 농사에 적합하지 않다면, 엄청난 수의 사람들이 이주하리라는 것은 분명하다. 일부는 서부에 다다르려고 노력하겠지만, 수백만의 가장 빈곤한 사람은 인도로 향할 것이고, 울타리와 국경 경비대에 맞닥뜨릴 것이다. 이 지점에서 인도는 이미 시달리고 있는 것보다 훨씬 큰 인도주의적이고 정치적인 문제를 떠안게 될 것이다.

무슬림은 2억 명에 달하여, 인도 인구의 약 15퍼센트를 구성한다. 그러나 방글라데시에서는 국민의 약 90퍼센트가 무슬림이다. 대량 이주의 위기는 수많은 문제를 야기할 것이다. 불법 이민자와의 긴장 관계를 감안할 때, 인도는 얼마나 많은 방글라데시인을 받아들일 것인가? 특히 국경 주들에서 폭동이 일어나거나 정파들이 극단으로 치닫지 않으려면 어느 정도의 인구를 수용해야 할 것인가? 인도는 방글라데시의 힌두교인들이 견뎌내고 있다고 주장하는 종교적 차별의 수준을 감안하여 그들이 가장 고통 받는 자들이라는 이유로 그들을 선호할 것인가? 양국은 이미 이런 문제들과 씨름하고 있지만, 홍수라는 최악의 시나리오는 그 문제들을 엄청나게 악화시킬 것이다. 기후변화와 경제적 곤란은 다른 국가와 문화적·경제적으로 쉽게 융합되지 못하는 난민의 더 많은 이동을 야기한다.

방글라데시는 이런 측면에서 고유한 어려움을 갖고 있다. 미얀마의 로힝야족은 대다수가 불교도인 국가에서 무슬림 소수 집단이다. 약 75만 명이 방글라데시와 국경을 맞댄 아라칸Arakan 지역에 살고 있다. 민족적으로 남부 방글라데시의 치타공Chittagong 사람들과 가까운 그들은 난관에 처해 있다. 로힝야족은 국가가 없으며, 민족을 근거로 시민권이 부정되어왔다. 1982년 미얀마 독재정권은 시민권법을 제정했는데, 거기에는 1823년 아라칸 지역에 대한 영국의 식민화가 시작되기 전에 그 나라에 정착했다고 주장하는 135개의 민족들이 목록에 올라 있다. 로힝야족이 7세기부터 그 지역에 살았다는 명백한 증거가 있음에도 군사정부는 그들이 미얀마 출신이 아닌 것으로 분류했다. 로힝야족은 엄격한 여행 제한 조치를 견뎌야 하고, 사업을 시작하기도 어려우며, 공동체 구성원의 생일과 결혼을 등록하기 위한 결실 없는 투쟁을 벌이고 있다. 따라서 더욱더 고립된다.

1990년대 초, 미얀마 군부에 의한 종교적 박해, 살인, 강간, 고문, 강제노동이 보고되는 가운데 25만 명에 달하는 로힝야족이 방글라데시로 탈출했다. 국제연합난민고등판무관실(UNHCR)은 그들을 난민으로 간주했고, 처음에는 방글라데시가 그들을 수용했다. 그러나 그 수가 점점 많아지자 방글라데시는 강제로 수만 명을 국경 너머로 돌려 보내기 시작했고, 종종 그 와중에 난민들과 방글라데시 군대 사이에 충돌이 발생했다. 1990년대 중반까지 거의 약 2만 명이 미얀마로 돌아왔다. 그러나 방글라데시 정부가 그들을 등록하기를 중단하고, (외부인이 들어오는 것을 원치 않는다는 이유로) 구호기관에게 미등록자를 돕는 일을 그만두라고 요청했을 때, 얼마나 많은 사람이 거기에 있었는지도 확실히 알 수 없다. 세계에서 가장 가난한 나라 중 하나임에도 방글라데시는 금세기에 50만 명에 달하는 난민을 받았지만, 불행하게도 그들을 감당할 준비는 되어 있지 않았다.

1998년 UNHCR은 미얀마의 군사정부에게 로힝야족에 대한 동등한 대우를 요구했다. 군사정부는 이렇게 답했다. "그들은 인종적으로, 민족적으로, 문화적으로 우리 나라의 다른 민족들과는 다르다. 종교뿐 아니라 언어도 다르다." 최근 수년간 반로힝야 폭력이 증가했는데, 특히 2017년 8월 로힝야 무장단체가 국경 경찰에 가한 공격에 대한 대응으로 마을과 모스크가 불태워지고 사람들이 살해되었다. 방글라데시로 가려고 시도하는 사람은 결과적으로 다시 극적으로 늘어났다. 2017년 후반기에만 60만 명이 넘게 이동했다.

현재 수십만의 로힝야족이 방글라데시의 항구 도시 콕스바자르Cox's Bazar 부근의 빈민굴이나 UNHCR 캠프에서 살고 있다. 자기 시민들을 건사하기에도 바쁜 가난하고 과밀한 나라에서 인도주의적인 자원은 아주 얇게 퍼져 있고, 이 이민자들은 아무런 합법적인 직업도 없이 사회 바깥에 놓인 채 종종 무법과 범죄의 원천으로서 공포의 대상이 된다. 일부 방글라데시인은 최근의 난민 유입을 이유로 국경 통제를 강화할 것을 요구했다. 그러나 또한 더 인도주의적으로 대하라는 요구도 있었다. 또한 지역의 불안이, 종교적·민족적 분열을 이용하고 그에 영향을 받은 소수 집단들 사이에 극단주의 이념을 유포함으로써 갈등을 악용하게 될 테러리스트 조직을 끌어들일 수 있다는 공포감도 있다. 그 지역은 거기에서 분출한 폭력에 더욱 불을 붙여 과격화의 온상이 될 수 있을 것이다.

방글라데시는 가능한 한 빨리 난민들을 돌려보낼 예정이다. 미얀마는 한편으로는 난민들이 다시 받아들여질 것이라고 하면서도, 270킬로미터 국경선을 따라 장벽을 개선하고 확장하려는 다른 계획을 세우면서 거짓말로 얼버무리곤 했다. 또한 사람들이 돌아오는 것을 막기 위해 지뢰를 매설했다는 의혹도 제기되었다. 게다가, 로힝야족이 돌아가서 무엇을 기대할 수 있는지도 불분명하다. 200곳이 넘는 마을이 잿더미가 되었고, 그들에 대한 체계적인 차별도 여전하다.

미얀마가 소수 민족을 계속 사냥하는 한 분명한 해결책은 눈에 보이지 않는다. 그러므로 또 다른 장벽은 긴장과 불안의 원천으로 남아 있게 될 것으로 보인다.

. . .

아대륙의 급증하는 인구는 역사를 존중하지 않는 인간이 만든 울타리와 국경선이 형성한 지리에서 21세기의 도전에 직면하고 있다.

인도와 미얀마를 나누는 아삼 남쪽 라카인 산맥은 빽빽한 정글로 덮여 있다. 사람들은 인도로 망명을 시도하고 요구하기 위해 정글을 뚫고 나아갔지만, 그것을 국가적 문제로 만들기에는 숫자가 많지 않았다. 더 관심을 끄는 것은 때때로 인도로 들어가는 미얀마 내부의 나가Naga 부족이 일으키는 폭동이며, 이로 인해 인도가 아니라 미얀마가 국경선 해당 구역에 울타리를 건설했다.

나가 부족은 숲이 우거진 언덕 부족들의 집합체이다. 비록 언어는 매우 다양해도 공통의 문화적 전통을 따른다. 대부분 외부인은 이해할 수 없고 종종 서로 알아듣지 못하는 부족 뿌리 언어의 여러 방언을 사용한다. 일부 부족은 기독교로 개종하고 나서 수십 년 전에야 비로소 사람사냥을 그만두었지만, 그들은 원래 많은 문화적 관행들에 묶여 있고, 그 자신을 미얀마나 인도 출신으로 여기지 않는다.

1947년 인도가 국가를 선포하고 이듬해 미얀마(버마)가 국가를 선포한 뒤 나가 부족 사람들은 새롭게 선포된 국경에 따라 분리되었다. 인도 쪽 국경에 있던 일부 나가 부족 사람이 독립을 선동하기 시작한 1950년대에 무장투쟁이 발발했다. 1963년 나갈랜드주(인도에서 가장 작은 주)의 탄생은 폭력의 수준을 낮추었지만 영구적인 정착으로 귀결되지는 않았다. 1970년대 말까지 무장단체는 미얀마로 밀려났지만, 거기에서 다른 나가 부족과 더불어 투쟁을 계속했다. 현재 200만으로 추정되는 나가 부족이 국경의 양쪽에 퍼져 있는데, 그곳은 나가 민족주의자들이 통일된 조국으로 삼고 싶어 하는 지역이다.

통상적으로 여러 차례의 내부 반란을 처리하고 있는 미얀마 정부는 나가 부족의 훈련된 무장 민병대가 지형을 이용해 빈번하게 국경을 넘어 습격하는 것을 거의 막지 못했다. 자연스럽게 이것은 인도의 중앙정부와, 아삼, 마니푸르, 나갈랜드 주정부를 자극하는 주요 원천이 되었다. 2015년, 18명의 인도 병사가 살해된 뒤 인도군은 수년 만에 최초로 전격적인 야간 월경 작전을 감행했다. 헬리콥터에서 강하한 인도 특공대가 미얀마 안쪽으로 수 킬로미터를 밀고 들어가 나가족 반군 캠프를 공격했다. 비록 수치에 논란이 있지만, 뉴델리는 약 38명의 반군을 살해했다고 주장했다.

미얀마 정부는 공개적으로 침입에 항의해야 했지만, 실제로
는 친족Chin과 아라칸족Arakanese 반군 단체 출신의 '테러리스트들'을
맹렬히 추적하다가 종종 인도의 마니푸르와 미조람주 안으로 넘어
간 적도 있었다. 그래서 비공식적으로는 영토 침입을 용인하였다.
외교적 상례에 어긋나게도, 인도 정부는 사건의 전모를 떠들썩하
게 알렸다. 이로써 미얀마는 미래에 그와 같은 행동을 어떻게 막을
지 고민하게 되었다. 추가된 자극은 미얀마에 대한 중국의 영향력
이 증가하는 것이었지만, 이것은 인도와의 유대관계를 강화함으로
써 균형을 맞출 수 있었다.

2017년 초, 인도군의 계속되는 반란 진압 작전과 함께, 미얀마
는 나가족 사람들이 제한된 자치를 향유하는 지역인 '나가족 자치
구역'에 짧은 국경 울타리를 세우기 시작했다. 공식적으로 인도는
그 울타리에 관여하지 않지만, 뉴델리는 그 지역에서 '국경 지역 개
발'을 촉진하기 위해 1년에 500만 달러를 미얀마에 제공한다. 그 울
타리는 상호 국가 안보의 이름으로 존재하는데, 나가족 민병대가
인도로 들어오는 것을 막고 인도 출신의 그 누구도 미얀마 쪽 국경
에 건물을 세우지 못하도록 보장한다. 정부에 따르면, 그것의 목적
은 사람들의 이동을 제한하려는 것이 아니지만, 그럼에도 그것은
지금까지 국민-국가 국경선을 상상의 것으로 취급한 공동체와 가
족들을 쪼개려고 위협한다. 이에 대해 두 정부는 나가족이 비자 없
이도 국경의 양쪽 16킬로미터까지 여행하는 것을 허용하는 자유이
동체제Free Movement Regime를 암묵적으로 인정했다. 이것은 국경 시장
이 성장하는 데 도움을 주었고, 그 시장에서 미얀마 나가족은 대부

분 가정에서 유용하지만 이전에는 밀수로 넘어왔던 인도의 상품을 구입할 수 있었다. 이 모든 것이 자신을 인도인이나 미얀마인이 아니라 나가족 사람으로 여기는 사람들을 더욱더 분열시킬 것이다.

. . .

인도의 모든 국경이 그렇게 문제투성이여서 울타리가 둘러쳐진 것은 아니다. 인도와 부탄은 긴밀한 관계를 맺고 있고, 부탄 수출의 98퍼센트를 인도가 차지하기 때문에, 어느 쪽도 국경을 '강화'할 생각을 하지 않는다. 그리고 인도와 네팔의 관계가 특히 2015년 네 달 동안의 국경 '봉쇄' 이후에 비록 더 긴박해졌다고 해도, 뉴델리는 1600킬로미터나 되는 국경에 울타리를 칠 필요를 느끼지 않는다. 인도는 네팔에 영향력을 유지하고 싶어 하며, 공백을 허용하면 중국이 그 자리를 차지하리라는 점을 알고 있기 때문이다.

중국과 관련해서 말하자면, 4000킬로미터를 공유하는 국경선의 많은 부분을 따라 히말라야 산맥이라는 자연 장벽이 있어서 두 나라는 서로 상당히 많이 차단된다. 두 나라 사이는 중국이 권리를 주장하는 인도의 아루나찰프라데시주Arunachal Pradesh를 두고 분쟁을 벌이는데 그렇다고 적대적인 국경선으로 귀결되지는 않았다. 그럼에도 중국은 수십 개의 인공위성으로 국경선을 감시한다.

다시 말썽이 생기기 시작하는 곳은 파키스탄과 인도의 국경선이다. 분할된 이후, 두 나라의 관계는 우려스러웠고, 이것은 대단히 '뜨거운' 국경선이다. 인도는 양국 모두 자국 영토라고 주장하는 지역, 즉 카슈미르 안쪽에 분쟁적인 '통제선'(휴전선)을 따라서 550킬로미터 길이의 장벽을 세웠다. 그것은 대부분 인도가 통제하는 쪽으로 100미터 안에 있고 3.6미터 높이의 이중 울타리로 이루어져 있다. 그것은 서벵골-방글라데시 울타리와 유사하며, 어떤 침입에도 국경선 부대에게 신속 대응을 경보하는 지휘 체계와 연결되는 동작 감지기와 열화상 기술을 갖추고 있다. 두 울타리 사이의 가느다란 땅에는 지뢰가 묻혀 있다.

1947년 인도 독립법에 따라 주들은 인도나 파키스탄에 가담할지 또는 독립할지 선택해야 했다. 카슈미르의 통치자 마하라자 하리 싱Maharaja Hari Singh은 힌두교도였지만, 그의 백성들 대부분은 무슬림이었다. 마하라자는 중립을 택했고, 파키스탄의 부추김을 받은 무슬림은 반란을 일으켰다. 그러자 마하라자는 카슈미르를 인도에 양도하였다. 결국 전면전이 일어났고, 영토는 양분되었다. 하지만 양쪽 모두에서 인구의 대다수는 무슬림이었다. 또 다른 전쟁이 1965년에 이어졌으며, 1999년 인도군과 파키스탄의 후원을 받는 집단들 사이에 심각한 충돌이 있었다. 이 즈음 양국은 핵무장을 했으며, 그들의 충돌을 방지하는 것은 훨씬 더 중요해졌다. 낮은 수준의 반란이 인도가 통제하는 카슈미르 지역에서 잇따랐고, 이러한 두 세력 사이의 극심한 분쟁은 산발적으로 더 악화될 위험이 있다. 대화가 오가고 종종 크리켓 경기를 통해 우정의 제스처를 취하기도 하지만, 인도는 문제가 해결될 때까지 평화를 지키는 한 가지 방식은 전면적인 싸움을 촉발할 수 있는 반란 집단의 침투를 막는 장벽을 세우는 것이라는 결론에 이르렀다.

그것은 수십 년이 걸리는 거대한 프로젝트지만, 뉴델리는 현재 북쪽과 서쪽 국경 방어의 틈을 메워가고 있다. 이미 1980년대와 1990년대에 펀자브와 라자스탄 지역에 울타리를 쳤으며, 아라비아해의 구자라트에서부터 바로 위쪽 히말라야 산맥의 카슈미르까지 서쪽 전체 국경을, 포괄통합국경관리체계(CIBMS)라고 부르는 것으로 '봉쇄'하는 작업을 하고 있다. 이 지형의 일부는 이미 남쪽의 늪지대와 북쪽의 타르 사막 때문에 건너가기 어렵다.

포괄통합국경관리체계는 방글라데시 국경과 유사한 체계이지만, 이곳이 훨씬 더 활발하며 인도와 파키스탄이 군사적 행동을 벌일 위험이 상존한다. 새로 세워지는 장벽은 모두 레이더, 열화상, 야간투시경, 그리고 5킬로미터마다 보이는 통제실에 연결된 여러 장비를 갖추고 있다. 20만 개의 투광기를 설치할 계획이 있으며, 강변에 있는 130개 구역은 통제소와 연결된 수중레이저를 갖추게 될 것이다. 인도군은 또한 20킬로미터 높이에서 신문을 식별할 수 있는 무인비행체(UAVs)뿐 아니라 수십 킬로미터 떨어진 곳에 있는 사람의 움직임도 탐지할 수 있는 장비 구입을 검토하는 중이다. 파키스탄은 국제연합 결의안과 지역 협정을 위반하고 있다고 말하면서 장벽 건설을 비판하였다. 그러나 인도인들은 국경을 넘는 포격과 민병대의 습격 사건이 인도가 취하는 조치 덕에 감소하고 있다고 말한다.

이 같은 문제들에는 해석의 여지가 있다. 인도는 요새화된 전망대 건설을 방어적인 조치로 보겠지만, 파키스탄은 그것을 공격적인 움직임을 위한 발판으로 간주할 수 있기 때문이다. 인도-파키스탄 국경지상규칙협정(1960-61)은 양측의 관점을 어떻게 수용할지를 정해 놓았지만, 결코 어느 쪽도 서명하지 않았고, 실제로 그런 협정은 임시방편에 머물고 말았다. 1960년대 초에 명확하게 정리되지 못한 새로운 분쟁의 소지가 해마다 필연적으로 발생할 수 있다. 예를 들어, 2017년 인도는 펀자브의 아타리Attari 국경에 100미터 높이의 깃대를 세웠다. 파키스탄은 즉각 협정 위반이라고 인도를 비난했고, 라호르Lahore에서 볼 수 있는 그 깃대에 인도가 파키스탄을 정탐하도록 해주는 카메라가 장착되었을지도 모른다고 말했다.

카슈미르의 상황은 더 정형적이다. 어디에 국경을 정할지에 대한 협정은 없다고 해도, 이론상 통제선 양쪽의 행동은 1949년의 카라치 협정에 따라 규정된다. 그 협정에 따르면, 빈번히 양측이 무시하기는 하지만, 통제선 안쪽 500미터 내에는 어떤 방어 시설물도 있어서는 안 된다. 깨지기 쉬운 휴전 역시 빈번하게 위반된다. 인도와 파키스탄 정규군 사이의 국경을 넘는 총격전만 있는 것이 아니다. 뉴델리는 폭력을 유발하고 심지어 인도의 도시에서 공격을 감행하기 위해 인도가 통제하는 쪽으로 넘어 들어오는 테러리스트 집단을 파키스탄이 후원하고 있다며 이슬라마바드를 비난한다. 1980년대 초부터 두 나라는 통제선 근처 높은 시아첸 빙하에서 간헐적인 포격전에 가담했다. 히말라야 산맥의 카라코람 산맥에 위치한 이곳은 세계에서 가장 높은 전장이다. 파키스탄과 인도의 병사들은 해발 6000미터 높이의 가장 험난한 지역 중 한 곳에서 대치한다. 높은 고도에서의 군복무는 산소 부족으로 인한 수면장애와 환각을 야기하기에 12주 동안만 한다. 병사들은 포격을 교환하지만, 고성능

폭약보다는 동상 때문에 더 많은 희생자가 생긴다.

카슈미르는 양국 사이에 가장 큰 문제로 남아 있다. 그들은 외부인이 그은 국경선을 공유하고 있다. 국경선은 공동체를 분열시켰고, 현재 핵으로 무장한 두 나라 간의 적의를 보여주는 요새화된 기념물로서 서 있다.

파키스탄과 아프가니스탄을 가르는 2400킬로미터 길이의 서부 국경선 역시 외부인이 그은 것이다. 원래의 무슬림 정복자들은 인도를 침공하기 위한 발판으로 아프가니스탄을 이용했고, 그 후에 영국인들은 제국의 왕관을 장식하는 보석의 서쪽 주변부를 나타내기 위해 이용했다. 그 국경선은 아직도 헨리 모티머 듀랜드Henry Mortimer Durand 경의 이름을 따서 듀랜드라인Durand Line으로 알려져 있다. 1893년 듀랜드와 아프가니스탄의 토호 압두르 라만 칸Abdur Rahman Khan은 영국이 통제하는 인도와 러시아가 통제하는 중앙아시아의 완충지대로 아프가니스탄을 수립한 국경선을 그렸다.

그것은 문제가 많은 국경선이었고, 지금도 그러하며, 앞으로도 그럴 것이다. 국경에 걸쳐 살던 파슈툰족은 다른 국가의 시민들로 분리되는데, 그 분리를 많은 이들이 수용하지 않는다. 그런 이유로, 그리고 아프가니스탄이 그 선의 동쪽 일부 영토에 대한 권리를 주장하기 때문에, 카불은 그 국경선을 인정하지 않는다.

파슈툰 민족주의가 분단으로 이어지는 것을 막는 데 필사적인 파키스탄은 약한 아프가니스탄을 선호한다. 부분적으로 이것이 파키스탄 군부의 일부가 암암리에 탈레반을 비롯한 아프가니스탄 내부의 다른 집단들을 지원하는 이유이다. 비록 이것이 듀랜드라인 동쪽에 있는 그들을 물어뜯는 것으로 되돌아왔다고 해도 말이다. 현재 밀접한 유대관계와 유사한 상황에 처해 있는 아프가니스탄 탈레반과 파키스탄 탈레반이 존재하며, 둘 다 파키스탄의 민간인과 군인들을 살해한다.

2017년 봄 사태가 악화되어 파키스탄은 연방관리부족지역 Federally Administered Tribal Areas의 국경선을 따라 두 구역에 울타리를 세우는 계획을 선언하였다. 그 선언에 따르면, 이것은 국경을 넘나드는 탈레반의 작전에 맞서 싸우려는 것이었다. 그러나 파키스탄이 어렵사리 이 험난한 산악 지형에 울타리를 세운다고 해도, 이미 엎질러진 물이다. 탈레반은 파키스탄 내부에 있으며 돌아다닐 수 있다.

한편, 듀랜드라인의 남쪽에는 파키스탄-이란 국경선이 있으며, 여기서 장벽 건설에 관여한 것은 이란이다. 3미터 높이, 1미터 두께의 콘크리트 장벽이 국경선의 일부를 따라 세워지고 있다. 이것은 수년간의 마약 밀수에 뒤이어, 또한 수니파 무장집단이 파키스탄에서 (대다수가 시아파인) 이란으로 침투한 것에 뒤이어 생겼다. 그 결과 2014년 이란 군대가 무장 집단과 대결하기 위해 국경을 넘었다. 그때 그들은 파키스탄의 국경 경비대와 교전을 벌였다. 두 나라의 관계는 여전히 우호적이었지만, 장벽의 시대에 이란은 상황이 악화되는 것을 막고자 물리적 분리를 시도하는 선택지를 취했고, 이로써 인도, 방글라데시, 그리고 그 지역의 다른 나라들이 설정한 추세는 지속되었다.

위의 모든 사례는 아대륙에서 광대한 개방 무역지대를 창출하려는 일부 정치인 및 많은 경제인의 꿈과 정면으로 부딪친다. 특히 인도는 그 지역 전역에 걸쳐 더 쉬운 여행과 무역을 위한 계획을 발전시키기 위해 미얀마, 네팔, 부탄, 방글라데시로 진출해왔다. 궁극적으로 유럽연합 일부와 유사하게 국경 통제가 엄청나게 간소화되는, 효율적인 교차점을 갖춘 초국적인 도로와 철도를 구상했다. 그러나 진전은 더디고, 현재 대부분의 나라에서 보이는 국경 건설 프로그램은 실용성과 지역 협력의 정신에 어긋난다.

가장 심각한 분열을 보이는 곳은 인도-파키스탄 국경과 인도-방글라데시 국경이다. 이 분열은 본질적으로 종교적이다. 인도는 힌두교도가 다수인 세속적인 민주주의 체계와 전통을 가진 나라지만, 최근 몇 년간 인도는 힌두 민족주의의 급격한 성장을 보였다. 파키스탄은 말썽 많은 민주주의와 군사 통치의 역사를 가진 이슬람 공화국이다. 반면 방글라데시는 비록 명목상으로는 세속적인 공화국임에도, 국가 부문과 공적인 생활 양면에서 더욱더 종교적으로 되었고, 소수 집단과 무신론자들은 자신의 신념 때문에 살해당할 심각한 위험에 놓여 있다.

· · ·

아대륙의 모든 장벽이 돌이나 철사로 만들어진 것은 아니다. 일부는 눈에 보이지 않지만, 그럼에도 그것들은 존재한다. 일부 국가에서 나타난다면 국제적인 비난을 피할 수 없는 충격적인 추문—세계는 대체로 인도 카스트 제도의 참상에 침묵한다—이 있는 인도는 규모와 수준 면에서 내부적으로 엄청나게 분열되어 있다.

그 제도에는, 적이도 국법으로 명시되어 있지 않다고는 해도 아파르트헤이트의 흔적이 있다. 그것은 일부 사람은 우월한 존재로 분류되고, 다른 사람은 불결한 존재로 분류되는 차별적인 사회를 만들어냈으며, 사람들은 '자기 자리에' 머물러 있어야만 한다. 그 결과 특정 범주의 사람은 직업 선택의 자유를 빼앗기고 이동도 제한을 받는다. 그 제도는 지배적인 카스트가 특권적인 지위를 유지하며, 다른 사람들은 법적인 구제에 의지하지도 못한 채 폭력에 휘둘리기 쉬운 빈곤한 삶을 살도록 운명 짓는다. 카스트 사이의 장벽은 대개 외부인에게는 보이지 않는다.

카스트 제도의 뿌리는 종교적이며 3000년 이전으로 거슬러 올라간다. 힌두교인들은 생계를 위해 무엇을 하는가에 기초를 둔 엄격하고 위계적인 집단으로 분리된다. 이것은《마누법전Manusmriti》으로 정당화된다. 이 책은 힌두교 율법에 대한 가장 권위 있는 책으로, 그 제도를 '사회의 질서와 규칙성의 토대'로 간주한다. 높은 카스트는 함께 생활하며 먹고 마시는 장소가 분리되어 있고, 다른 카스트와의 결혼은 보통 금지되거나 적어도 눈살이 찌푸려지며, 실제로 많은 직업이 낮은 카스트에게는 닫혀 있다.

산업사회 이전의 일부 유럽 사회는 직업을 세습했고 계급 제도에 따라 이어졌지만, 그것은 종교에 기초하지 않았고 근대를 거치면서 엄청나게 약화되었다. 인도의 카스트 제도 역시 어떤 곳에서는 도시 생활의 압력 때문에 시들해지고 있지만, 종교적인 기초가 있는 탓에 일상생활에 스며들었다. 인도는 대부분 농촌 사회이며, 따라서 뿌리를 감추고 종교적 유산을 피할 수 있는 능력은 제한적이다. 그러나 인구가 서서히 도시로 이동할 때조차 카스트 제도는 지속된다. 종교 제도가 지속되기 때문이다.

그 제도에 따르면 사람은 네 가지 주요 범주로 나뉜다. 브라만Brahmin, 크샤트리아Kshatriya, 바이샤Vaishya, 수드라Shudra이다. 교육과 지적인 영역을 관장하는 브라만은 창조의 신인 브라마Brahma의 머리에서 나왔다고 전해진다. 크샤트리아(그의 팔로부터 온)는 전사이자 통치자이다. 바이샤(그의 허벅지로부터 온)는 상인이고, 수드라(그의 발로부터 온)는 비천한 일을 한다. 이 네 가지 범주는 약 3000개의 카스트로 나뉘고, 이는 다시 2만 5000개의 하위 카스트로 나뉜다.

그 제도 바깥에는 불가촉천민으로 알려지곤 했던 사람들이 있지만 지금은 대부분 달리트Dalit('부서진 사람')라고 불린다. 인도에서 죽은 동물의 시체를 처리하거나 거리를 청소하는 사람을 본다면 그는 달리트일 가능성이 있다. 화장실을 청소하거나 하수구에서 일하는 사람은 거의 확실히 달리트이다. 그들은 범죄, 특히 강간, 살인, 폭행의 희생자가 될 가능성이 훨씬 크지만, 달리트에 대한 범죄로 기소된 사람의 유죄 판결 비율은 다른 집단에 대한 범죄보다 상당히 낮다. 많은 농촌 지역에서 그들은 여전히 공공 우물에서 물을 긷거나 힌두 사원에 들어가는 것이 허용되지 않는다. 태어나면서 갖게 된 카스트는 앞으로 갖게 될 직업을 좌우하며, '낮은 카스트' 사람은 대학 교육을 받았다고 해도 손에 빗자루를 들게 되는 것은 흔한 일이다. '낮은' 카스트 모두가 차별을 겪지만, 가장 밑바닥에 달리트가 있다.

카스트 제도에는 피부색이라는 요인이 있는데, 많은 사람이 이를 무시하곤 하지만, 그럼에도 분명히 그 요인이 있다. 2016년 하이데라바드 세포분자생물학연구소Hyderabad's Centre for Cellular & Molecular Biology가 수행한 유전학 연구는, 계급 구조 안에는 '피부 색소가 미치는 지대한 영향'이 있고, 더 밝은 피부 색조가 '더 높은' 카스트 사이에서 주로 발견된다는 것을 밝혀냈다. 국가의 세속법은 이론적으로 차별을 금지했지만, 그 제도를 유지하고자 하는 높은 카스트 사람들이 지배를 계속함에 따라 법은 강제되지 않는다. 많은 정치인 역시 특정 카스트의 투표에 의지하기 때문에 실제로 행동하기를 꺼린다.

그 제도는 인도 문화에 깊이 침투해 있다. 예컨대, '높은' 카스트 출신인 마하트마 간디는 이렇게 말했다. "힌두 사회가 존립할 수 있었다면, 그것이 카스트 제도에 바탕을 두고 있기 때문이라고 나는 믿습니다. …… 카스트 제도를 파괴하고 서유럽의 사회제도를 채택한다는 것은, 힌두교인들이 카스트 제도의 핵심인 세습 직업의 원리를 포기해야만 한다는 것을 의미합니다. 세습 원리는 영원한 원리입니다. 그것을 바꾸는 것은 무질서를 만드는 것입니다." 간디를 변호하자면, 그는 나중에 카스트 제도와 불가촉천민에 대한 처우에 반대한다고 분명하게 말했다. 그러나 그는 계속해서 바르나varnas, 또는 사회 계급에 대한 생각을 옹호했다. 그는 모든 사람에게는 할 일을 규정하는 특별한 세습적인 소명이 할당되지만 이것이 우월함의 수준을 함축하는 것은 아니라고 말했다. 바르나는 '인간 가족을 보편적으로 지배하는 삶의 법칙'이라고 썼다.

자격 부여와 '자연법칙'의 이러한 의미는 인도 고유의 것으로 남아 있다. 달리트와 다른 카스트들은 운동장을 평평하게 하려고 노력하면서 세속법을 이용해왔다. 그들은 약간의 성공을 거두었지만 그로 인해 그들에 대한 폭력의 수위가 높아지기도 했다. 인도의 2014년 국가범죄기록은 2년 동안 낮은 카스트 사람들에 대한 범죄가 29퍼센트 증가했음을 보여주었다. 달리트가 토지를 소유하거나 구입하는 것이 폭력의 가장 흔한 원인이었다. 그들을 사회의 밑바닥에 남겨 두기로 결정한 지역 공동체가 그들에게 폭력을 가하기 때문이다.

카스트에 대한 믿을 만한 국가 통계는, 카스트가 포함된 마지막 인도 인구조사가 1931년에 있었기 때문에 찾기가 어렵다. 그때 불가촉천민은 인구의 12.5퍼센트를 차지했다. 현재 27년간 적극적으로 행동했는데도 그들은 인도 국민 중에서 가장 가난하고 가장 억압받는 사람들로 남아 있다. 정부, 사법, 외교, 군대의 요직은 물론 주요 기업, 학계, 언론, 교육계의 고위직은 모두 인구의 3.5퍼센트밖에 차지하지 못하는 브라만이 압도적으로 장악했다. 모든 사회가 사회적 계층화에 바탕을 두지만, 영국이라는 계급기반 사회의 엘리트 공립학교 제도조차 그와 같이 엄격하고 고착된 사회구조로 귀결되지는 않는다. 인도 문화의 지방적이고 종교적인 토대를 감안하면, 많은 인도인이 원한다고 해도 이러한 편견을 극복하기에는 오랜 시간이 걸릴 것이다. 그 제도가 살아남은 이유는 지지자들이 그것이 어느 정도 사회를 결속시킨다고 공공연하게 주장하기 때문이다. 인도는 산업혁명 이후 유럽에서 목도된 사회의 분열로부터 보호될 필요가 있었다. 카스트 제도를 반대하는 사람들은 그것이

비도덕적이며 인간의 재능을 억압하기 때문에 나라의 발전을 막는다고 반박한다.

독립 이후 수십 년 동안 일부 달리트는 장애를 극복하고 유명해졌다. 특히 1997년부터 2002년까지 대통령을 역임한 코체릴 라만 나라야난Kocheril Raman Narayanan을 들 수 있다. 시골에서 도시로 점점 더 많은 사람들이 이동함으로써, 보이지 않는 장벽은 약해지기 시작했다. 당신이 어떤 카스트인지는 도시에서 덜 분명하고, 일부 도시인은 그 제도를 심각하게 받아들이지 않으며, 지금은 카스트 간의 결혼 사례도 존재한다. 그러나 달리트권리센터the Centre for Dalit Rights의 프라바티 랄 밈로스Prabhati Lal Mimroth는 차별의 뿌리가 국민의 마음에 깊이 박혀 있어서 카스트 제도에 맞서는 법의 정신이 진정으로 수용되기까지는 수 세대가 걸릴 것으로 믿는다. "교육이 불가촉성을 근절할 것으로 믿는다면 우리는 틀렸습니다. 그것을 바꾸는 데에는 100년 이상이 걸릴 것입니다."

통계가 보여주듯이, 그 제도는 나라 전역에 여전히 살아 있다. 수천만의 사람들이 법이 아니라 문화에 따라 인간의 기본권을 부정당한다. 이것은 대부분의 사람이 떠올리는 인도의 이미지가 아니다. 인도에서 돌아온 여러 세대의 관광객과 학생 배낭여행자들은 박애, 비폭력, 영성주의, 채식주의를 장려하는 힌두교의 정신으로 충만해졌다. 하지만 그와 나란히 지구상에서 가장 저급한 사회 제도 중 하나가 있다는 것을 거의 보지 못한다.

1936년에 인도의 위대한 지식인 빔라오 람지 암베드카르Bhimrao Ramji Ambedkar는 힌두 개혁가 집단으로부터 연례 강연을 해달라는 초청을 받았다. 그는 많은 도전적인 언급 중에서도 다음과 같은 말이 포함된 연설문을 제출하였다. "카스트 제도보다 더 저급한 사회 제도는 있을 수 없습니다. ······ 그것은 유익한 활동을 하는 사람을 약하게 만들고, 마비시키고, 불구로 만드는 제도입니다." 그 강연은 내용 중 일부가 '참을 수 없다'는 이유로 취소되었다. 암베드카르는 그해 말에 그의 작업을 논문으로 출판했다.

21세기 인도 사회는 '죽어가는' 것과는 거리가 아주 멀다. 실제로 활기차고 고도 기술산업의 영역을 포용하는 점점 더 중요한 나라이다. 그러나 그 내부에는 수천만 시민들의 전진을 가로막는 수백만의 장애물이 있다. 인도를 둘러싼 장벽은 사람들을 차단하기 위해 고안되었지만, 인도 내부의 장벽은 사람들을 억압하기 위해 고안되었다.

인도아대륙을 관통하는 분열은 점점 더 분명해지고 있으며, 빈곤, 박해, 기후변화를 피하려는 사람들의 지속적이고 점증하는 이동에 의해 악화되고 있다. 기후변화에 대한 대다수 과학자의 예측이 맞는다면, 그들이 금세기에 이동을 계속할 것이라는 점은 명백하다. 이제 그것을 압박하는 많은 무게를 지탱할 수 있는 장벽이 세워져야 한다. 장벽은 부분적이고 일방적인 임시방편의 '해결책'으로 세워질 수 있고 세워질 것이지만, 번영 또한 이루어지지 않는다면 모든 사람이 패배하게 될 것이다. 지역의 인구통계를 통제하려는 시도에서, 수천 킬로미터의 국경선 대부분에 있는 장벽은 지금 더 높고 넓게 세워지고 있으며, 더 기술적으로 정교해지고 있다. 우리가 보았듯이, 그와 같은 장벽은 사람들이 어쨌든 넘어오려고 시도하는 것을 막지 못한다. 많은 사람에게 시도하는 것 외에는 다른 선택지가 없다. 그리고 점점 더 폭력적으로 되어가는 국경 경비는 끔찍한 인명 피해로 이어질 수 있다. 펠라니 카툰은 자신의 생명을 바쳤고, 방글라데시 삼각주 평원 아래쪽에는 그녀와 같은 사람이 수백만 명 이상 있다.

6

아프리카
식민주의가 남긴 장벽

"우리를 하나로 묶는 힘은 본래적이며,
우리를 갈라놓는 중첩된 영향력보다 더 크다."

크와메 은크루마Kwame Nkrumah

모로코가 통제하는 영역과 폴리사리오해방전선이 차지한 영역 사이,
서사하라를 나누는 모로코 장벽 앞에서 사라위 깃발을 들고 있는 사라위족 소녀.

아프리카 꼭대기에 장벽이 있다. 그것은 모래의 장벽이고, 수치와 침묵의 장벽이다.

서사하라를 통과해 모로코의 일부로 들어가는 모로코 장벽은 2700킬로미터를 뻗어 있다. 전체 건축물은 모로코가 대서양 연안의 남부 지방이라고 부르는 곳과 사막 내부의 자유지대를 분리하는데, 그곳은 사라위족 사람들이 사하라아랍민주공화국the Sahrawi Arab Democratic Republic이라고 부르는 지역이다. 장벽은 2미터 높이로 쌓은 모래이며, 방벽 양쪽의 사막으로 참호가 수 킬로미터 뻗어 있고, 수백만 개의 지뢰가 매설되어 있다. 세계에서 가장 긴 지뢰밭일 것이다. 5킬로미터마다 최대 40명의 부대를 수용하는 모로코의 전초 기지가 있으며, 일부 부대원은 기지들 사이의 공간을 순찰하는데, 각주요 거점의 4킬로미터 뒤에는 기동대가 있고, 그들 뒤에는 포병기지가 있다. 긴 장벽에는 또한 자유지대 안쪽으로 8킬로미터까지 '볼' 수 있는 레이더 마스트들이 점점이 있다. 이 모든 것은 장벽과 모로코가 자국 영토로 간주하는 지역으로부터 꽤 멀리 떨어진, 폴리사리오해방전선Polisario Front(PF)이라고 불리는 서사하라 군대로부터 전투기들을 지키기 위해 세워진 것이다.

그곳은 가혹한 곳이다. 낮에는 열기가 섭씨 50도에 이르고, 밤에는 기온이 거의 어는점까지 떨어진다. 모래가 실린 시로코 바람이 건조한 땅을 통해 불어오면, 공기는 겨자색으로 바뀌고 시야는 제한된다. 외부인에게 그곳은 적대적이고 소름 끼치는 지역이지만, 사라위 사람에게 그곳은 집이다.

1975년 스페인이 그 지역에서 철수하기 전에 이미 서사하라 독립운동이 있었다. 스페인 사람들이 떠나자 35만 명의 모로코인이 '그린마치Green March'에 참가했는데, 그들은 그 지역에 걸어 들어갔고, 그곳을 모로코 영토라고 주장했다. 스페인은 그 후에 통제권을 모로코와 모리타니아에게 넘겨주었다. 라바트Rabat의 정부는 효과적으로 그 영토를 합병했고, 2만 명의 군대를 보냈는데, 그 군대는 즉시 폴리사리오해방전선과 대치하게 되었다. 그 싸움은 16년 동안 이어지며 수만 명의 목숨을 앗아갔다. 수적인 우세와 현대식 군사 장비를 갖췄음에도 모로코군은 폴리사리오해방전선의 게릴라 전술을 제압할 수 없었다. 1980년 그들은 '수치의 장벽'으로 알려지게 된 것을 세우기 시작해서 1987년에 끝마쳤다.

그리고 지금 그곳에는 침묵이 있다. 서사하라의 충돌은 잊혔다기보다는 들어본 사람이 거의 없는 충돌이다. 장벽 양쪽에 살고 있는 사라위족 사람들은 아랍어의 하사니야Hassaniya 방언을 말하고, 모로코 사람과는 다른 문화적 정서를 갖고 있다. 비록 지금은 대개 도시인이고 수만 명이 난민 캠프에서 살지만 전통적으로 유목 민족이다. 모로코 정부는 이주민에게 세금 감면, 보조금, 배급을 제공하면서 그곳에 정착하도록 장려했고, 서사하라의 인구 구성은 완전히 바뀌었다. 남아 있는 사라위족의 총 인구는 알려지지 않았지만, 약 20만에서 40만 명 사이로 추정된다. 20세기 중반까지 그들은 국경에 대한 개념이 없었다. 그들은 단지 예기치 못한 강우를 따라 광대한 지역을 넘나들었다. 이제, 그들이 전통적인 영토로 간주한 곳의 85퍼센트가 모로코의 통제 아래 있다. 사라위Sahrawi라는 단어는 '사막에 사는 사람'을 의미하는데, 이것이 그들이 원하는 삶이다(모로코 주민이 되는 것이 아니라). 그들은 우리가 이 장 전체를 통해서 만나게 될 다른 민족들처럼, 타자가 그은 선의 희생자이다. 이 경우 광대한 선은 모래로 모래 위에 만들어졌다.

모로코만 분리주의 운동과 맞서는 것은 아니다. 아프리카 전역에, 남수단과 콩고민주공화국에서 보았듯이 떨어져나가려는 시도들, 믿을 수 없이 폭력적인 내전으로 빠져드는 충돌들이 있다. 왜 그렇게 많은 아프리카 나라들이 그런 끔찍한 투쟁을 겪는가? 다양한 이유가 있지만, 그 대륙에 국민국가들이 형성된 역사가 결정적인 역할을 한다.

독립운동은 인정과 자결을 위한 투쟁이다. 유럽에서 발전한 국민국가 개념은 어느 정도 역사, 민족, 문화, 지리 또는 언어를 공유하는 공동체인 국민의 '국가'를 위한 자결적인 정부를 요구하면서 19세기와 20세기에 들불처럼 번져나갔다.

유럽의 식민주의자들이 지도 위에 선을 긋고, 지금까지 아프리카 대륙을 구성하는 국민국가를 창조했을 때, 그들은 풍부하게 다양한 사람, 관습, 문화, 민족적 특징을 담고 있는 광대한 땅덩어리를 그중 어떤 것과도 거의 상관없이 다루었다. 그리고 그들이 창조한 국민국가는 종종 이미 거기에 있던 국가들과는 아무 관계도 없었다. 이 국가들—또는 국민들—은 때때로 부족이라고 언급된다. 서양 작가들은 종종 '부족tribe'이라는 단어를 까다롭게 사용하며, 서양과 아프리카의 일부 학자들은 식민주의자들이 그 개념을 발명했다고까지 말할 것이다. 그들은 단순히 말장난을 하고 있다. 왜냐하면 그들은 부족이라는 단어가 그릇되게도 일부 사람에게는 후진성과 동의어가 되었다는 것에 당황하기 때문이다. 그럼에도, 아프리카의 많은 국민국가와 그밖의 다른 곳에 부족들은 존재하며, 그들의 중요성을 부정하는 것은 무의미해 보인다.

내게는 서아프리카 출신인 친구가 있다. 그가 자신에 관해 말한 첫 번째는 이름이었고, 그다음에 코트디부아르 출신이라는 것, 그다음에 만딩고Mandinka 부족 출신이라는 것이었다. 여기서 그의 자긍심이 솟아났고, 이를 통해 서아프리카의 여러 나라—각 나라에서 그들은 유의미한 소수를 구성한다—에 퍼져 있는 민족과 일체감을 느꼈다. 그는 특이하지 않다. 엄청난 수의 아프리카인이 그들의 국가나 민족을 가리키기 위해 부족이라는 단어를 사용하며, 그들이 속한 부족과 동일시한다. 부족 내부에는 다양한 역사, 관습, 음식, 그리고 아마도 언어와 종교가 있을 것이다. 이 점에서 아프리카인들은 전 세계 다른 어떤 사람들과도 다르지 않다. 그들을 구분하는 것은 많은 아프리카 국민국가 내부에 얼마나 강하게 이 부족주의가 남아 있는가이다. 해외의 한 영국 가족이 다른 가족을 만나면 다음과 같은 내용으로 껄끄러운 대화를 나눈다. "아, 영국인이시

군요. 어디서 오셨나요?" "밀턴케인스에서요." "오, 밀턴케인스" 하고는 잠시 침묵이 흐르는데 아마도 밀턴케인스로 가는 가장 좋은 도로를 이야기하며 침묵이 깨질 것이다. 나이지리아 방문 중에 코트디부아르에서 온 만딩고 사람이 잠비아에서 온 또 다른 만딩고 사람을 만난다면 더 많은 얘깃거리가 있을 것이다.

분류하기는 어렵지만, 아프리카에는 엄청나게 다양한 언어, 종교, 문화를 아우르는 적어도 3000개의 민족 집단이 있는 것으로 추정된다. 그중 가장 큰 집단은 에티오피아의 암하라족Amhara과 오로모족Oromo인데, 약 5400만 명을 차지한다. 나이지리아는 아프리카 대륙의 10대 부족 중 네 개 부족의 고향이다. 요루바Yoruba, 하우사Hausa, 이그보우Igbo, 이자우Ijaw 부족은 인구 1억 8600만 명의 나라에서 총 1억 명에 달한다. 짐바브웨의 쇼나족Shona, 남아프리카의 줄루족Zulu, 가나의 아샨티족Ashanti은 각각 그 수가 1000만 명이다. 거기에 많은 소집단과 하위집단이 있다. 매우 대략적으로, 그리고 어떻게 추산하느냐에 따라, 나이지리아에만 250개에서 500개의 부족이 있다고 추정된다.

부족주의에는 공동체 의식, 공유된 역사, 가치, 관습, 곤란한 시기에 지원의 원천을 제공하는 매우 많은 긍정적인 측면이 있다. 도시화가 증가하는 가운데서도 이러한 부족 전통은 사람들이 집단을 이룰 때 지속되어 새로운 공동체를 창조할 수 있었다.

대체로, 도시에 새로 온 사람은 사회적으로 받아들여진다고 느끼며 요령을 알려줄 사람들이 있는 구역으로 향할 것이다. 자주 그곳은 당신이 동일시하는 사람들 사이에 있을 것이고, 이것은 당

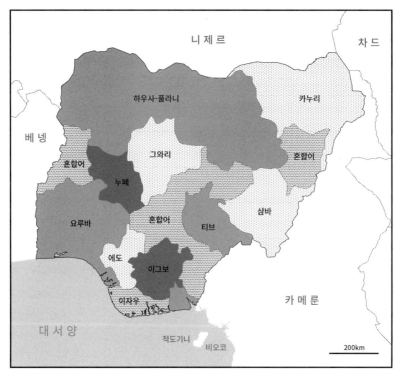

니 제 르

차 드

하우사-풀라니

카누리

베 넹

혼합어

그와리

혼합어

누페

요루바

혼합어

티브

삼바

에도

이그보

카 메 룬

이자우

대 서 양

적도기니

비오코

200km

나이지리아의 다양한 언어 영역

신에게 수적으로 안전한 느낌을 준다. 이것은 빠르게 부족의 재창출로 이끈다. 우리는 이것을 모든 곳에서, 예를 들면 전 세계 모든 '차이나타운'에서 목격한다. 그리고 케냐 나이로비 같은 아프리카 도시에서도 볼 수 있는데, 거기서는 종종 케냐 주변의 다른 부족 출신 사람들이 같은 부족 사람들이 사는 곳에 정착한다. 케냐의 시골 지역 출신인 루히아족Luhya 사람은 수도로 이주할 때 비록 도시의 가장 가난한 지역 중 하나일지라도, 카왕와레Kawangware 지역에서 더 빨리 편안함을 느낄 수 있을 것이다. 케냐 부족들은 나이로비 안에 확장된 부족 마을을 개척했다. 이것은 대륙 전역에 걸쳐 수십 년 동안 계속되고 있다. 케냐 작가 마조리 올뤼데 맥고예Marjorie Oludhe Macgoye가 1986년 발표한 소설 《태어남Coming to Birth》에서는 주인공인 루오 부족의 파울리나라는 열여섯 살 소녀가 시골 키수무를 떠나 나이로비에 도착하여 마콩게니 지역으로 향한다. 마콩게니는 루오 부족이 주로 거주하고 있었고, 여전히 그러하다.

부족에 속한다는 것은 긍정적인 것이고, 다른 곳에서와 마찬가지로 아프리카에서는 많은 사람에게 자긍심의 원천이기도 하다. 하지만 하나의 핵심적인 질문은 어느 정도로 부족들의 존재가 가장 큰 부족 단위의 형성, 국민국가의 형성, 그리고 그것이 대표한다고 하는 응집력을 가로막는가 하는 것이다. 그 문제는 국민국가가 형성된 방식에 있다.

· · ·

라고스Lagos에서 동쪽으로 몇 시간을 운전해가면 조금 어렵게 수 세기 동안 정글에 묻혀, 그다음에는 역사에 묻혀 사라진 거대한 성벽 도시의 잔해를 발견할 수 있다. 그 성벽은 침략자를 무찌르기 위해 8세기에 세워지기 시작한 것으로 보인다. 11세기까지 베닌시티Benin City는 서아프리카에서 가장 발전한 베냉 왕국의 수도였다.

1485년 포르투갈인들이 그곳을 우연히 발견했을 때, 그들은 놀랍게도 그들 자신의 수도 리스본보다 더 큰 도시 지역을 발견했다. 해안에서 도보로 약 나흘 걸리는 평원에 위치한 그 도시는 20미터 높이의 거대한 성벽과 경비가 있는 예외적으로 깊은 도랑으로 둘러싸여 있었다. 1974년 판 《기네스북》에는 "왕국 전체의 성벽과 더불어 그 도시 성벽은 기계 시대 이전에 수행된 세계에서 두 번째로 거대한 토목공사였다"라고 쓰여 있다. 1990년의 《뉴사이언티스트New Scientist》에 실린 프레드 피어스Fred Pearce의 기사(영국의 지리학자이자 고고학자인 패트릭 달링Patrick Darling의 작품에 따르면)는 그 성벽이 한때 "재료를 덜 썼음에도 중국의 만리장성보다 네 배 길었다"고 언급했다. 그 성벽은 길이가 1만 6000킬로미터였고, 최대 10만 명의 인구가 거주한 것으로 추정된다.

그 도시의 디자인은 우리가 지금 프랙탈 디자인—점점 더 작은 규모로 유사한 패턴을 보이는 복잡한 반복적인 패턴—이라고 부르는 규칙에 따라 설계된 것으로 보인다. 도시 중앙에는 왕궁이 있었고, 고도로 관료적인 사회를 감독했다. 이곳으로부터 30개의 주도로가 약 36미터의 넓이로 퍼져나가는데, 서로 직각을 이루며 모두 주도로로 이어지는 좀더 좁은 도로들을 갖고 있다. 도시는 열한 개의 이웃으로 나뉜다. 일부는 도시 전역에서 발견되는 광대한 예술작품을 비추었던 팜유를 연료로 심지를 태우는 키 큰 램프들로 밤에 불이 밝혀졌다. 도시 내부에는 2층 높이의 주택들과 벽으로 둘러싸인 황토로 만들어진 복합건물들이 있었다. 외부에는 벽으로 둘러싸인 500개의 마을이 있었는데, 모두 수도에 연결되어 있었다. 그것은 일부 마을과 그 주변 20개의 더 작은 해자들을 포함하는 해자 시스템을 갖추고 있었다.

초기 포르투갈 탐험가들은 도시의 규모뿐 아니라 도시에 있는 놀랍도록 아름다운 예술작품과 건축물에 감동받았다. 1691년 포르투갈 배의 선장 루렌코 핀투Lourenco Pinto가 관찰한 내용은 이러했다. "모든 도로가 직선으로 뻗어 있고, 눈으로 볼 수 있을 만큼 멀다. 집들은 크고, 특히 왕의 집은 풍부하게 장식되고 멋진 기둥들이 있다. 그 도시는 부유하고 부지런하다. 잘 다스려져서 도둑은 알려진 바 없고 그렇게 안전하게 살기에 사람들은 집에 문이 없다."

1897년 서아프리카의 이 보석은 대륙에서 통제권을 확대하려고 했던 영국 군대에 의해 파괴되었다. 그 지역에 대한 지배권을 다지려는 영국의 시도가 있고 몇 년 후에 상황은 폭력에 빠져들었다. 1200명 정도의 영국 해병대 병력이 그 도시를 습격하여, 궁전과 집들을 불태우고 종교적 상징물과 예술작품을 약탈하였다. 훔쳐간 청동기 다수가 오늘날에도 세계 도처의 박물관에 남아 있다. 왕은 도망갔지만 몇 달 후에 돌아왔고, 남부 나이지리아로 유배되어 거기서 1914년에 죽었다.

그 무렵 승리한 영국인들이 왕국에 대한 그들의 권위를 각인시키고, 도시와 그 주변을 '영국의 나이지리아'로 통합했을 때, 거대한 도시의 성벽 대부분이 파괴되었다. 지역 주민들은 새로 집을 짓기 위해 건축 자재로 쓸 만한 많은 것을 가져갔고, 인구는 서서히 줄어들었다. 남아 있는 것은 그 지역의 주민들을 제외하고는 대부분 잊혔다. 1960년대 초에 고고학자들은, 서쪽으로 225킬로미터 떨어진 성보의 에레도Sungbo's Eredo라고 불리는 곳의 성벽과 도랑 같은 복합체 유적과 마찬가지로, 그 지역을 탐사하여 현재의 유네스코

문화유산으로 지정하기 시작했다.

그 도시가 존재했다는 것을 알려주는 것이 거의 남아 있지 않다고 해도, 그것은 식민지 이전 아프리카 문명의 풍부함, 다양성, 부유함을 보여주는 으뜸 가는 사례였다. 이 왕국들이 집권했을 때 이들은 분리된 독립체였지만, 현재 그들은 나이지리아라는 훨씬 더 큰 전체의 작은 부분에 지나지 않는다. '영국의 나이지리아'의 국경선처럼 유럽인들이 그은 국경선은, 부족적인 구분에 따라 유기적으로 진화한 기존의 국가와 왕국이 아니라 유럽의 탐험가들이 얼마나 멀리 갔는가에 따라 그려지는 경우가 많았다. 그들은 강제로 수백 개의 국가, 즉 부족들을 한데 모았다.

수많은 아프리카 국가들은 결코 민주주의가 아니었지만, 통치자는 대개 그 부족 내부에서 생겨난 정부 체계의 신민들과 같은 더 넓은 부족 출신이었다. 식민주의자들이 철수했을 때, 서로 다른 민족들은 이제 규정된 지역에서 함께 집단을 이루게 된다는 말을 들었고, 종종 그들을 다스릴 권리를 갖지 못한 통치자와 함께 남겨졌다. 식민 유산에는 이중의 모순이 있다. 첫 번째는, 다수의 민족과 부족으로 단일한 국민국가를 창출한다는 모순이다. 두 번째는 유럽인들이 민주주의와 자결이라는 개념을 그들에게 남겼다는 모순이다. 우리가 보고 있는 현재의 분열과 갈등의 많은 부분은 급격한 통합의 실험에 그 뿌리가 있다.

독립한 아프리카 국가들의 1세대 지도자들은 식민지 지도를 다시 그리려는 시도가 수백의 작은 전쟁으로 이어질 것으로 이해했다. 그들은 진정한 국민국가를 세워서 민족적 분열을 줄일 수 있으리라는 희망으로 기존의 국경선을 유지한 채 일하기로 했다. 그러나 그 후에 대부분의 지도자는 이 국경선 내에서 국민들을 통합하려는 정책을 시행하지 못했다. 이처럼 새롭게 주조된 국민국가 안으로 한데 모인 많은 민족은 차이를 해결하고 하나가 되는 유익한 경험을 수 세기 동안 하지 못했다. 일부 국가는 식민주의가 만들어놓은 제도적 모순들과 여전히 싸우고 있다.

앙골라가 가장 적절한 예이다. 앙골라는 미국의 오클라호마, 아칸소, 캔자스, 미시시피를 합친 것보다 크다. 16세기에 포르투갈인들이 도착했을 때, 그 지역은 아마도 100개의 부족으로 나뉠 최소 열 개 주요 민족 집단의 고향이었다. 포르투갈인들은 더 나아가서 훨씬 많은 민족을 식민지로 통합했지만, 영국, 벨기에, 독일과 충돌했다. 상이한 민족 집단들은 식민 지배자들을 싫어한다는 것 외에는 공통점이 별로 없었다. 1960년대 초에는 그들 중 충분한 수가 독립전쟁을 시작하기 위해 단결할 수 있었다. 1975년 포르투갈인들은 통일된 국민국가로 기능할 것으로 기대되는 앙골라라는 신생 국가를 남겨놓은 채 떠났다.

아프리카에 식민주의가 일어나지 않았고, 유럽과 유사한 양상을 따라 근대화되어 상대적으로 동질적인 국민국가를 발전시켰다고 잠시 상상해보라. 앙골라의 민족들 중 하나인 바콩고족Bakongo은 반투어Bantu의 하나인 키콩고Kikongo 말을 쓰며, 식민지 시절 이전 그들의 왕국은 현재의 앙골라, 콩고민주공화국, 가봉을 포함하는 여러 영토에 걸쳐 있었다. 그들은 약 1000만 명에 이르는 콩고공화국과 콩고민주공화국의 키콩고 말을 쓰는 동료들과 친밀감을 느낀다.

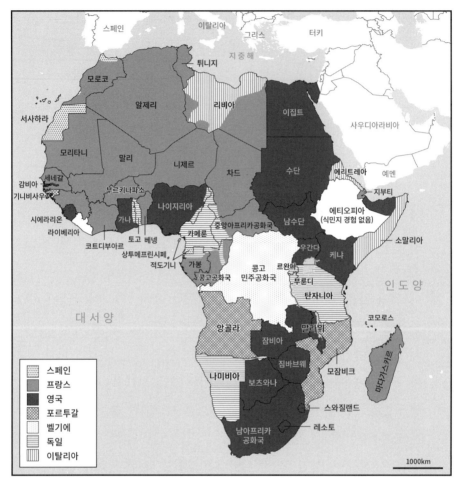

과거 아프리카의 식민지 세력이 점령한 영토

콩고민주공화국에서 그들은 최대 민족 집단이지만, 앙골라에서 그
들은 소수이다. 이것은 현재 세 개 나라 모두에 존재하고, 식민지
이전의 영토 관념에 기초하여 키콩고 말을 쓰는 사람들의 국민국가
를 세우고자 하는 분두디아콩고Bundu dia Kongo 운동의 부상을 설명해

준다.[9] 유사한 역사를 가진 다른 많은 사람이 그렇듯이, 그들은 여전히 통일된 국민국가를 형성하기 위해 힘쓰고 있다.

식민지 시대에 분리된 민족들은 민족주의를 고취하는 수밖에 없다. 그들은 유럽인들이 정한 연합에 가담하는 것에 동의하지 않았다. 그 후, 그들이 마침내 유럽인들을 내쫓을 수 있게 되었을 때, 그들은 자신의 의사에 반해 부과되었고, 그 속에서 너무도 자주 주요 민족 집단이 다른 집단들을 지배했던 제도에 충성심을 느끼도록 기대되고 있다는 사실에 좌절했다. 일부 국가에서는 이러한 분열이 정치적으로 해결될 수 있지만, 많은 곳에서는 그러질 못해서 내전이 발발하고 분리주의 운동이 부상하고 있다.

1994년에 시작된 카메룬과 나이지리아의 육지 및 해상 경계 분쟁을 예로 들어보자. 양국은 석유가 풍부한 바카시 반도에 대한 영유권을 주장했다. 상황은 매우 악화되어 간헐적인 무력 충돌이 발생했고, 바카시자결전선Bakassi Self-Determination Front(BSDF)이 세워졌다. 이 단체는 제복을 착용하고 공격용 소총을 들고 있는 구성원들의 영상을 배포하고, 자치를 요구하는 '새벽Dayspring'이라는 해적 라디오 방송국을 운영한다. 그리고 카메룬에는 독립 정신을 가진 민족과 관련된 다른 문제가 있다. 카메룬은 주로 프랑스어를 사용하는 나라지만, 총 2300만 인구 중 영어를 사용하는 약 500만 명의 소수 집단이 있다. 그들 일부는 차별당한다고 주장하며, 그들 대다수가 살고 있는 나이지리아 접경인 두 개의 서부 지역에서 자치 요구

---

9 키콩고 말로 '콩고인의 모임'을 뜻하며, BDK로 알려져 있다. 이것은 콩고 민족 집단과 결합되어, 1969년에 기초가 만들어진 정치적·문화적 의제를 가진 종교 운동이다.

가 증가하고 있다. 망명 중인 '대통령'도 있고, 가능성이 높지 않지만 두 지역이 '남카메룬'으로 통일될 경우에 대비하여 국기와 국가도 있다.

　그 밖에도 많은 예가 있다. 세네갈 남부의 카자망스Casamance 지역은 자치를 위해 싸워왔다. 케냐에는 자신의 고유한 문화를 바탕으로, 영국으로부터 독립을 쟁취했을 때 케냐의 일부분으로 포함돼선 안 된다고 주장하면서 케냐 연안 지역의 독립을 원한 '몸바사공화국평의회Mombasa Republican Council'가 있다. 그들의 슬로건은 스와힐리어로 "프와니 시 케냐Pwani si Kenya(해안은 케냐가 아니다)"이다. 케냐인들 역시 소말리아에서 오는 테러리즘 문제를 안고 있어서 당국은 국경을 따라 부분적으로 전기가 들어오는 울타리를 세우는 데 2017년의 대부분을 보냈고, 거의 완성되어 간다. 전 세계의 많은 사례에서, 국경의 양쪽에 거주하는 사람들은 울타리가 사업, 가족 간의 유대, 그리고 목동들이 목초지를 찾을 때 가축의 이동을 방해한다고 말한다.

　수많은 분리주의 운동 중에 (위에서 보았듯이) 머지않은 장래에 성공할 것으로 보이는 것은 거의 없지만, 분리가 배제될 수는 없으며 일부는 최근 몇 년 사이에 해내기도 했다. 에티오피아는 독립운동으로 에리트레아를 잃었고 여전히 오가덴Ogaden과 오로미아Oromia 지역에서 분리주의 파벌들과 대면하고 있다. 반면에 수단은 두 나라로 쪼개져서, 남수단은 2011년에 세계에서 가장 새로운 국가가 되었다. 슬프게도, 상황은 내전으로 번졌다. 지배적인 딩카Dinka 부족은 누에르Nuer, 아콜리Acholi 등의 부족들을 차별한다고 신속하게 비난받았으며, 이것은 그들 간의 싸움으로 이어졌다. 전쟁은 수십만 명의 생명을 앗아갔고, 100만 명이 넘는 사람들이 고향을 등졌다.

이것은 아프리카의 최근 역사에서 익숙한 이야기이다. 아마도 최악의 예들 중 하나는 나이지리아일 것이다. 거기서는 1967~70년의 내전과 단명한 '비아프라공화국Republic of Biafra'에 앞서 이그보족의 대량 학살이 일어났는데, 총 300만 명이 넘게 살해당했다. 나이지리아에서는 독립국가가 되려는 비아프라인들이 여전히 문제이다. 그러나 이것이 결코 유일한 사례는 아니다. 브룬디는 또 다른 예가 된다. 브룬디는 인구의 약 85퍼센트가 후투족Hutu이지만 14퍼센트의 소수 민족 투치족Tutsi이 정치적·경제적으로 강력하다. 그 나라는 둘의 긴장으로 오랫동안 황폐화되었다. 1965년에 투치족 왕에 대한 쿠데타 시도가 최소한 5000명이 살해당한 민족 투쟁으로 이어졌다. 1972년에 대량학살은 자이레에 근거지를 둔 후투족 반란군들의 침략을 촉발시켰다. 그 후 4년 동안 거의 20만 명이 사망한 것으로 여겨진다. 1993년 전면적인 내전이 발발하기 전까지 소규모 폭력 사태가 1980년대를 전염병처럼 휩쓸었고, 2005년까지 계속되었다. 이번에는 후투족 대통령 멜키오르 은다다예Melchior Ndadaye가 투치족 암살자에 의해 살해당했고, 이후 양측의 전투가 이어졌다. 마지막 몇 년간 낮은 수준의 폭력 사태가 목격되었고, 약 40만 명의 브룬디인들이 나라를 탈출하여 탄자니아로 향했다.

르완다에서는 약 8만 명의 투치족과 온건한 후투족 사람들이 1994년의 집단학살 때 살해당했다. 200개가 넘는 민족 집단으로 이루어진 콩고민주공화국은 1996년 이후 끔찍한 폭력 사태를 겪어왔다. 추정치는 다양하지만, 일부는 사망자 수를 600만 명 정도로 보며, 갈등의 아픔은 오늘날에도 지속되고 있다. 라이베리아와 앙골라를 포함하여 수많은 다른 나라 역시 광범위하고 지속적인 갈등을 견뎌냈다. 폭력의 배후 요인들은 복잡하지만, 국경선의 부담, 발전의 부족, 빈곤을 꼽을 수 있다. 그러나 의심의 여지 없이 민족적 분열이 중요하다. 그리고 민족들이 여전히 빈번하게 국민국가의 국경선을 넘고 있기에, 한 국가의 갈등이 또 다른 국가로 빠르게 퍼질 수 있다.

모든 국민국가가 이웃과 차이가 있지만, 세계의 대부분 지역에서 지리와 민족에 바탕을 둔 영토 분쟁은 오랜 기간을 두고 유기적으로 발생했다. 많은 경우 분쟁은 해결되었다. 그러나 아프리카의 경험은 외부인들이 그 지역 전체에 만들어낸 비교적 최근의 지리적이고 민족적인 모순에서 비롯된 것이다. 그렇다. 우리는 식민주의로 돌아온다. 왜냐하면 아프리카인들이 스스로 식민주의의 영향으로부터 거리를 둘 수 있을 때까지 그로부터 벗어날 길은 없을 것이기 때문이다. 사회공학의 규모를 감안하면, 독립한 지 60년에서 70년의 세월은 결코 충분한 거리가 아니다.

물론 스페인이 그은 선을 여전히 따를 수밖에 없는 모로코와 서사하라에서 보았듯이, 유럽인이 그은 국경선이 여전히 영토 분쟁을 외교적으로 해결할 토대라는 것은 아무런 도움이 되지 않는다. 어떻게 대응하고 누구 편을 들지 불확실하기에, 국제 사회는 서사하라에 대한 모로코와 폴리사리오해방전선의 권리 주장을 인정하지 않았다. 그 지역은 국제연합의 비자치지역 목록에 올라 있는데,

이는 그 지역이 공식적으로 탈식민화되지 않았다는 것을 의미한다. 따라서 실질적으로 그 지역 대부분이 모로코의 통제를 받고 있다고 해도, 기술적으로 스페인이 여전히 서사하라의 관할권을 갖고 있다.

또 다른 예는 결국 국제사법재판소International Court of Justice(ICJ)에서 2002년에 해결된, 카메룬과 나이지리아의 분쟁이다. 흥미롭게도 양국은 오래된 부족의 주장이나 거주민들의 희망이 아니라 영국인이 통치한 나이지리아와 카메룬이 독일제국의 일부였을 때 유럽인들이 그리고 서명한 식민 시대의 문서들을 인용하면서 법정으로 갔다. 이 문서들은 국제사법재판소의 판단 근거가 되었는데, 국제사법재판소는 "바카시 반도에 대한 주권은 카메룬에게 있으며, 경계선은 1913년 3월 11일 영국-독일 협정에 따라 정해진다"라고 판결함으로써 카메룬의 손을 들어주었다. 법정은 국경 분쟁이 "19세기와 20세기 초에 유럽 열강들에 의한 분할, 국제연맹의 위임통치, 국제연합의 신탁통치와 두 국가의 독립을 포함하는 역사적인 틀 안에 해당한다"는 점을 지적했다.

모든 나이지리아인이 국제사법재판소의 판결이나, 그것을 준수하기로 한 당시 정부의 결정에 만족하지 않는다. 일부는 그 문제가 다시 시작되기를 원한다. 니제르 삼각주 지역의 신문인《뱅가드Vanguard》는 판결을 뒤집기 위해, 그리고 조상들의 토지 소유권을 근거로 그 사건을 재검토하기 위해 수년 동안 캠페인을 벌여왔다. 최근의 기사는 다음과 같은 선언으로 끝을 맺었다. "바카시 반도를 되찾는 일은 반드시 이루어져야 할 과업이다."

다양한 분쟁과 갈등이 실제로 얼마나 민족성에 의존하는지에 관해서는 학계의 논쟁이 있다. 일부 학자는 정치인들이 자신의 목표를 이루기 위해 상이한 파벌들을 이용하고 있을 뿐임을 보여준다. 때로는 그럴지도 모르겠지만, 이용될 수 있는 차이들이 없다거나, 그 차이들이 깊지 않다는 것을 의미하지는 않는다.

몇몇 경우 강력한 부족이 정책 입안자들을 국익에 초점을 맞추지 못하게 방해할 수 있고, 정치를 부족의 노선에 따라 분열시킬 수 있다. 예컨대 비교적 안정적인 남아프리카공화국의 민주주의는 민족적으로 맹목적[중립적]이어야 하지만, 정치 제도는 민족과 부족의 노선에 따라 쪼개진다. 예를 들어 줄루족은 인카타자유당Inkatha Freedom Party과 연결되는 반면, 호사족Xhosa은 아프리카민족회의를 지배한다. 남아프리카공화국의 헌법은 이러한 분열을 인정했고, 전통적인 지도자들의 지방의회를 림포포, 콰줄루-나탈, 이스턴케이프, 자유주, 음푸말랑가, 노스웨스트에 세웠다. 그것들은 본질적으로 남아프리카의 상이한 '민족'이나 부족들을 반영하고 있다.

또 다른 정치적 문제는 부족주의가 편애주의favouritism 혹은 달리 표현해서 부패를 부추긴다는 것이다. 이것은 케냐의 전임 대통령인 다니엘 아랍 모이Daniel arap Moi가 모든 방식으로 영향을 미치는 '암'으로 묘사했듯이, 전체 대륙에 큰 문제이다. 정치적 약속, 사업상의 거래, 법적인 판결은 모두 그것에 영향을 받을 수 있는데, 이는 종종 어떤 일자리에 가장 적임인 사람이 그 자리를 얻지 못한다는 것을 의미한다. 그것은 정해진 집단 외부로부터의 결혼을 좌절시키며, 국가 통합에 악영향을 미친다. 그것은 또한 국가의 경제적 복지에 엄청난 피해를 준다. 경제 개발, 사회적 기반시설 또는 어떤

230

방식의 공적인 지출을 위해 조성된 기금이 점점 더 부유하고 힘 있는 개인들의 주머니로 빼돌려진다. 국제연합은 부패가 아프리카 대륙을 통틀어 해마다 약 500억 달러를 떼어먹는다고 추정한다. 물론 부패는 세계 모든 나라에서 발생하지만, 아프리카에서 특히 광범위한 것으로 알려져 있다. 아프리카연합이 2018년을 '부패와의 전쟁에서 승리하기' 위한 해로 이름 붙인 것은 바로 이 때문이다.

다른 한편, 일부 사람들은 수많은 견제와 균형이 부족 제도에 통합되었고, 이것이 한 나라 전체에 걸쳐 부와 권력의 더 공정한 배분을 보장할 수 있다고 제안하였다. 예를 들어, 나이지리아는 민족적·종교적 분열을 극명하게 보여주었다. 많은 지역이 압도적으로 한 집단 또는 다른 집단의 지배를 받는데, 남부는 주로 기독교인이지만 북부는 대부분 무슬림이다. 남부는 문자 해독률이 더 높고, 건강 상태도 좋으며 더 많은 돈을 향유한다. 그 나라의 정치 지도는 유사한 선을 따라서 간다. 그 결과 그 나라 전체에 걸쳐 어떤 차별이나 권력의 불균형도 고르게 하려는 불문율이 있다. 즉 대통령직(예산의 대부분을 통제하는)은 기독교인과 무슬림이 번갈아 맡게 될 것이다. 이것은 최고 수준의 사례지만, 정부와 의회의 많은 결정은 불안과 불만을 피하려는 목적에 따라 그 나라의 다양한 부족에게 미칠 영향을 고려하여 이루어진다. 만일 A, B, C 부족을 대표하는 정당이 D 부족의 견해를 무시한다면, 그들은 그 나라의 그 부분에서 말썽이 생길 것을 예상할 수 있다. 한 가지 면에서는 이것이 다른 정치 제도의 작동 방식과 다르지 않지만, 아프리카에서 그것은 대부분의 정치제도보다 더 부족/민족에 기반을 두고 있다.

일부 국가는 이러한 분열의 정치적 효과를 제한하는 데 다른 국가들보다 더 성공을 거두었다. 예컨대 가나의 크와메 은크루마 Kwame Nkrumah는 부족적 친화성에 기초한 정당들을 불법화했고, 코트디부아르에서 1960년부터 1993년까지 대통령이었던 펠릭스 우푸에부아니Félix Houphouët-Boigny는 종교적 긴장을 억제할 정도로 권력을 나누어가졌다. 보츠와나는 비교적 안정적이었는데, 부분적으로 이는 높은 정도의 동질성과 더불어 민주주의 제도와 기능적인 경제를 가진 몇 안 되는 아프리카 국가 중 하나이기 때문이다. 탄자니아는 100개 이상의 부족으로 이루어졌지만, 또 다른 예외이다. 제1대 대통령인 줄리어스 니에레레Julius Nyerere는 국가의 정체성을 확립하기 위해 유일한 국어는 스와힐리어가 될 것이라고 주장했다. 이미 그 나라에서 광범위하게 사용된 그 언어는 나라를 한데 모으는 접착제가 되었다. 그러나 탄자니아조차 미세한 균열을 보인다. 현재 잔지바르Zanzibar의 이슬람주의자들은 1964년 탄자니아를 탄생시킨 탕가니카Tanganyika와 잔지바르의 연합을 종식시키기 위한 국민투표를 요구하고 있다.

부족주의가 강력한 지배력을 가진 나라에서 부족주의는 발전에 얼마나 많은 영향을 미칠 것인가? 부족의 영향을 받지 않는 자유로운 나라의 사례가 없어 아마도 정확하게 측정하기란 불가능할 것이다. 그럼에도 부분적으로 일치하는 집단들이 제기하는 상충하는 주장들을 지속적으로 조화시켜야 한다는 것은 단일한 실체인 국가의 발전을 저해하는 것이라고 말해도 무방하다. 그리고 확실히 갈등이 폭력으로 빠져들 때 나라 전체가 불안정해지고, 경제는 혼란에 빠지며, 수백만 명의 사람들이 희생될 수 있다. 갈등은 나라 전체와 개별 시민 모두에게 믿을 수 없을 정도로 비용이 클 수 있으며, 대륙 전역에서 발생하는 빈곤과 불평등의 끔찍한 순환에서 한몫한다.

· · ·

아프리카는 세계에서 가장 가난한 대륙이다. 세계화는 수천만 명의 사람을 빈곤으로부터 구제했지만, 부자와 부자 아닌 사람 간의 간극은 더 넓어졌다. 분열은 가장 불평등한 열 개 나라 중 일곱 개 나라가 있는 아프리카에서 특히 두드러진다. 대륙 전역에 마천루, 다국적 기업, 그리고 증가하는 중산층으로 급속하게 채워지는 현대 도시들이 있다. 그러나 이렇게 급성장하는 도시에서, 부유한 사람들과 하루에 2달러도 안 되는 돈으로 간신히 살아가는 믿을 수 없을 정도로 가난한 사람들이 함께 살고 있다. 세계은행의 2016년 연구에 따르면, 가난하게 살아가는 아프리카인의 비율은 1990년 56 퍼센트에서 2012년 43퍼센트로 하락했지만, 인구 증가 탓에 그러한 조건 속에서 살아가는 사람들의 숫자는 실제로 2억 8000만 명에서 3억 3000만 명으로 증가했다.

짐바브웨는 아프리카에서 더 가난한 나라들 중 하나이며, 많은 인구가 다른 곳에서, 특히 남쪽의 훨씬 부유한 이웃 나라—보츠와나와 남아프리카공화국—에서 더 나은 삶을 찾는 데 열중하고 있다. 그러나 더 부유한 나라들은, 국경을 넘으려고 분투하는 가난한 이주자들의 대량 유입을 원하지 않는다. 보츠와나는 짐바브웨와의 국경선을 따라서 480킬로미터 길이의 전기 울타리를 갖고 있다. 보츠와나는 소의 구제역 확산을 막기 위해서라고 말하지만, 짐바브웨의 소들이 높이 뛰어오를 수도 없는데 그렇게 울타리가 높아야 할 필요가 있을까? 짐바브웨, 그리고 빈곤에 허덕이는 그 국민은 남아프리카공화국로부터도 울타리로 차단당한다. 남부 아프리카에서 가장 부자 나라 중 하나인 남아프리카공화국은 이주민들의 자석이다. 이 때문에 남아프리카공화국이 모잠비크와의 국경선을 따라서 울타리를 세우기로 한 것이다.

이러한 장애물이 있는데도, 많은 사람이 남아프리카공화국으로 넘어가며, 높은 수준의 이민은 세계 어디서나 그렇듯이 긴장을 야기한다. 2017년에 나이지리아의 지도부는 남아프리카공화국 정부를 향해, 외국인들은 '짐을 싸서' 떠나야 한다는 줄루족의 왕 굿윌 즈웰리티니 카베쿠줄루Goodwill Zwelithini kaBhekuzulu의 언급에 뒤이어 반이민 폭력 사태가 격화되는 동안, 이른바 '외국인 혐오 공격'을 막는 데 개입하라고 호소했다. 그는 자기 말이 잘못 전해졌다고 말했지만, 피해가 발생했고 다수의 폭도가 "왕께서 말씀하셨다"고 외치는 소리를 들었다. 300만 명의 강력한 짐바브웨 공동체 출신 사람들이 주요한 표적이 되었지만, 남아프리카공화국에는 약 80만 명의 나이지리아인도 있었으며, 혼란의 시기에 어떤 외국인도 군중의 눈에 띄면 무사하지 못했다. 나이지리아인의 집과 사람들이 공격받았고, 나이지리아인 소유의 몇몇 작은 상점들은 약탈되고 불태워졌다. 여러 명의 사망자가 발생했고, 수백 명의 사람들이 집에서 강제로 쫓겨나 정부가 세운 수용소로 도피했다. 혼란은 또한 나이지리아에서 반-남아프리카공화국 시위로 이어졌고, 남아프리카공화국 사람들에게 "집으로 가버려"라고 외치는 가운데 상점들이 공격받았다.

　여기서 우리는 전 세계의 나라들에서 친숙한 시나리오를 본다. 지역의 일자리를 빼앗을 뿐 아니라 마약을 판매함으로써 범죄율을 높이고 갱단을 만든다는 등의 이유로 비난받는 이민자들을 향한 공포와 분노가 그것이다. 범죄가 반드시 이민과 연결되지는 않지만 빈곤과는 연결되며, 둘 다 아프리카 전역에 널리 퍼져 있다. 통계가 보여주듯이, 범죄율과 관련해서, 특히 살인사건 발생률과 관련해서 아프리카는 미국에 이어 세계 2위이다. 2012년 세계 범죄율에 대한 국제연합 보고서에 따르면 그 해에 43만 7000건의 살인사건 중 36퍼센트가 미국에서 발생했고, 31퍼센트가 아프리카에서 발생했다. 그에 비해 유럽에서는 단지 5퍼센트만이 발생했다. 동일한 보고서는 아프리카의 일부 지역에서 살인율이 증가하고 있음을 보여주었다.

　빈곤은 범죄의 원인이기도 하고 결과이기도 하다. 가난한 사람들은 빈곤의 악순환에 갇혀 있다. 판자촌에서 절망적인 삶을 살아가는 대부분의 사람들은 유복한 사람들이 안락한 삶의 기본으로 간주하는 것에 접근할 수 없음에도 범죄에 눈을 돌리지 않는다. 그럼에도 그들은 절도, 폭력, 무기, 갱단, 마약 판매, 법의 과도한 집행, 착취와 같은 범죄의 결과로 고생한다. 이 모든 것은 불안정과 저개발로 돌아가서 그들이 태어날 때부터 빠진 빈곤 상태를 유지하는 데 일조한다.

그러나 빈자들이 이러한 순환에 갇혀 있는 동안 부자들은 더욱더 부유해지며, 그들 자신의 장벽—경제적 분열과 대륙 전역에서 발견되는 방대한 불평등의 분명한 표시인 폐쇄 주택지gated community—뒤로 물러섬으로써 매일 가난의 곤경으로부터 자신을 보호하기 위해 부를 이용한다. 한 광고가 분명하게 보여주는 것처럼 이런 방식의 삶에는 많은 매력이 있다.

당신의 삶에서 복잡한 것을 덜어내세요! 루사카의 최신 교외로 탈출하세요. 비개방적이고 안전한 주거지. …… 무카무냐MukaMunya는 경보 장치가 설치된 전기 울타리, 대문이 달린 입구, 그리고 허가받은 사람만 입장을 허용하는 24시간 보안 시스템으로 보호됩니다. …… 주 도로 역시 타르로 포장되어 차대가 낮은 고급차를 운전하는 꿈을 선택하게 해줍니다. 많은 시설을 즐기세요. …… 공원의 클럽하우스에는 테니스 코트 2개, 스쿼시 코트 1개, 25미터 수영장, 그리고 충분히 채워진 바가 있습니다. 루사카의 가장 훌륭한 학교 중 하나 가까이에 '승마 지대'가 있으며 마을에는 쉽게 차로 진입할 수 있습니다.

폐쇄 주택지의 장벽은 사치, 안전, 그리고 배타성을 약속한다. 목록에 이름이 없다면 들어갈 수 없고, 목록에 오르려면 돈을 지불해야 한다. 많이. 무카무냐는 잠비아의 반투어 계통 중 하나인 솔리어Soli로 '나의 장소'를 뜻하지만, 대부분의 지역민에게 그곳에 집을 갖는 것은 꿈일 수밖에 없다.

요새화된 공동체[주택지]들은 정확히 새로운 것은 아니다. 초기 농경 사회에서부터 로마 시대와 중세를 거쳐 거주지들을 둘러싼 장벽은 통상적인 삶의 방식이었다. 국민국가의 부상과 경찰력을 포함한 내부의 안전 덕에 비교적 최근에야 도시들이 장벽을 철거하고 외부로 확장하기 시작했다. 지금 장벽은 다시 올라가기 시작했다. 그러나 과거에는 전체 공동체가 위협을 받을 때 보호를 위해 장벽 뒤로 물러설 수 있었던 반면에, 지금은 오직 소수의 사람들만이 거기에 영구적으로 산다.

폐쇄 주택지에서 살려는 경향은 20세기에 다시 등장했고, 이후로 줄곧 증가하고 있다. 현재 그런 주택지들은 아프리카 전역에 건설되고 있는데, 잠비아, 남아프리카공화국, 케냐, 나이지리아가 주도하고 있다. 남아프리카공화국은 아프리카의 폐쇄적 경향을 개척했다. 《이코노미스트The Economist》에 따르면, 일찍이 2004년에 요하네스버그에만 300개의 외부와 차단된 단지들과 20개의 보안 저택이 있었다. 2015년 넬슨 만델라의 미망인 그라사 마첼Graça Machel은 남아프리카공화국의 '파크랜드 거주지' 스타인시티Steyn City를 출범했는데, 규모가 모나코의 네 배 크기에 남아프리카공화국에서 가장 비싼 주택을 포함했다.

물론 이것은 아프리카에 한정되지 않는다. 예를 들어, 미국에서 '요새화된 마을'은 롤링힐스에스테이트Rolling Hills Estate와 같은 폐쇄된 소수 집단 거주지와 함께 1930년대 캘리포니아에서 시작된 것으로 보인다. 일부 학자는 1980년대 폐쇄 주택지 건설이 가속화된 상황을 확인하며, 정부가 복지와 공공 지출을 줄이자 여유가 있

는 사람들이 공적인 공간으로부터 물러난 것이라고 암시한다. 1997
년의 한 연구는 그 당시까지 미국에 300만 명의 주민이 거주하는 2
만 개의 폐쇄 주택지가 있었다고 추정한다.

　　예를 들어, 유사한 양상이 남아메리카에서도 분명히 드러난
다. 이 양상은 금세기에 '요새 공동체들'의 극적인 증가로 나타났
다. 페루의 리마에는 그 도시의 가장 부유한 동네 중 하나인 카수
아리나스Las Casuarinas를 가장 가난한 동네 중 하나인 팜플로나알타
Pamplona Alta로부터 분리하는 수치의 장벽이라고 알려진 것이 있다.
일부는 거의 도시 안의 도시로 성장했다. 예를 들어, 브라질 상파울
루의 알파빌Alphaville은 3만 명 이상의 주민을 수용하며, 도심이 운영
되고 조직되는 방식을 완전히 변화시켰다. 한편 중국인들은 그것을
훨씬 능가하는 개발을 진행하고 있다.

　　이러한 현대적 생활방식은 엄청난 부자에게만 해당하는 것도
아니다. 아프리카의 많은 나라에서 중산층이 급속히 증가함에 따라
최고급 단독주택의 사치를 감당할 수는 없지만 현대 고층 블록의
대규모 복합단지 아파트를 구입할 수 있는 사람들에게 판매되는 폐
쇄된 주택단지의 개발이 이어졌다. 예를 들어, 2100만 명이 사는 나
이지리아의 수도 라고스에서 당신은 세계에서 가장 가난한 사람들
을 찾을 수 있는데, 그들은 도시의 석호 위에 떠다니는 판자촌 빈민
가에 살거나, 또는 수백만 달러짜리 대저택에 인접한 본토 주변의
섬들에 밀집해 있다. 새로 개발되는 고급 시장에 100만 달러 이상
에 방 두 개짜리 아파트가 나오는 것은 드문 일이 아니다. 만약 라
고스와 인접한 대서양 매립지에 건설된 에코아틀란틱Eko Atlantic 같

은 신도시 중 하나에서 아파트를 산다면, 분명 100만 달러를 내고도 거스름돈을 한 푼도 받지 못할 것이다. 그 도시는 그러한 개발지들로 둘러싸여 있다. 그것들은 인구 1억 8600만 명에 석유가 풍부한 이 나라에 중산층과 중상류층이 급증하고 있다는 사실과, 도시 지역에서 부의 배분이 어떻게 변화하고 있는지를 증언한다.

그런 부동산들의 호황은 부분적으로 우리가 보았듯이 높은 범죄율에 따른 부산물이다. 그러나 아이러니하게도, 2014년에 출판된 《주거와 건설 환경 저널Journal of Housing and the Built》에 실린 어느 연구는 요새 내부의 집으로 이사하는 것은 실제로 당신의 재산에 침입하려고 애쓰는 누군가의 기회를 늘릴 수도 있다고 암시했다. 폐쇄 주택지에서 살 수 있을 만큼 충분히 부유한 사람은 강도가 훔칠 만한 가치가 있는 것을 갖고 있기 때문이다.

그 보고서는 복합단지가 그곳 밖의 사람들보다는 일반적으로 더 높은 수준의 보호를 제공한다는 것을 인정했지만, 복합단지는 공공 공간을 버림받게 내버려두며 범죄 위험이 더 높다고 말했다. 폐쇄 주택지는 건설되는 곳마다 사회적 응집력을 약화시키는 위협이 된다. 물론 부유한 사람들이 사는 도시의 부분들은 언제나 있었지만, 모든 사람에게 개방된 마을 광장, 시장, 공원, 또는 오락 구역 같은 공유된 공간 역시 있었다. 도시와 교외 생활의 새로운 모델은 배타적으로 디자인된다. 마을을 둘러싼 보안장치를 통과할 수 있을 경우에만 마을 광장에 도착할 수 있다. 이처럼 부족한 상호작용은 시민의 참여의식을 위축시키고, 내부인들 사이에 집단 사고를 조장하며, 심리적 분열로 이어져서 마치 벽으로 차단당한 듯이 가난한 사람들을 '외부자'로 느끼게 만든다. 모두에게 상대적인 정도의 번영을 가져다주지 않는 부의 증가는 분열을 강화한다.

전체 공동체에 대한 결과가 있고, 지방정부와 중앙정부에 대한 태도에 미치는 연쇄반응이 있다. 만일 상당수의 사람들이 수도관과 도로 같은 기반시설을 제공하기 위해, 그리고 다음에는 사설경찰과 소방관으로 그들을 보호하기 위해 사기업에 돈을 지불하고 사설 의료기관만을 다루는 공동체에 살고 있다면, 지방정부와 중앙정부의 역할은 감소한다. 그리고 정부의 검토 과제가 오직 사회의 작은 부분만을 관리하는 것이라면, 국민국가의 응집력도 약해진다. 이러한 시나리오에서 정치인은 재정난과 관련해서 2016년에 데이비드 캐머린David Cameron이 내건 슬로건—"우리 모두는 함께 그 안에 있습니다"—을 떠올리기 어려울 것이다.

또는 국제연합인간주거계획United Nation Human Settlement Programme (UN-Habitat) 보고서의 표현에 따르면 다음과 같다. "폐쇄gating의 효과는 도시들의 실제적이고 잠재적인 공간적·사회적 파편화에서 보이며, 공공 공간의 이용과 이용 가능성을 감소시키며, 사회경제적 양극화의 증가로 이어진다. 이런 맥락에서 폐쇄는 직관에 어긋나는 영향력을 갖는 특징을 나타내는데, 취약하고 가난한 사람들, 거리의 아이들과 가족들, 그리고 그들을 약탈하는 공격자들에게 공공의 거리를 내맡길 때, 심지어 범죄와 범죄에 대한 공포가 증가한다는 것이다." 그러나 일부 연구는 복합단지 내부에서 폐쇄는 부족과 민족성을 초월하는 사회적 응집력과 공동체 관계에 대한 의식을 북돋는 데 도움이 되었다고 암시한다. 이것은 민족성에 바탕을 둔 부족

개념이 깨지는 지점이다.

가나의 폐쇄 주택지에 관한 2015년 연구에서, 거주민들에게 왜 그 주택단지에서 살기를 선택했는지 물었을 때, 첫 번째 대답은 '주택의 질', 두 번째는 '안전과 보안', 세 번째는 '거주민들의 계급' 이었다. '공동체 의식'은 여섯 번째였고, 문화에 미치는 영향에 대한 암시, 즉 '대가족 제도로부터의 완충장치'는 여덟 번째였다. 이 이유가 여덟 번째이기는 했지만, 그것은 장벽으로 둘러싸인 도시에 대한 이러한 현대적 재해석이 그 대륙 전체를 통해 발견되는 긴밀한 확대 가족의 유대가 약화되는 데 어떻게 서서히 기여할지에 대한 흥미로운 통찰이었다.

국가가 제공하는 복지가 약하고 고용이 일시적이고 비공식적인 곳에서는, 비교적 고소득의 가족 구성원 한둘이 수십 명의 대가족을 먹여살리는 것이 보통이다. 가족 구성원에게 일자리를 주는 것은 편애 인사가 아니라 가족의 책임으로 간주된다. 이것은 아프리카에서 오래된 일이어서, 대가족 사이에 물리적 장벽을 만드는 것은 형성된 대부분의 재산이 대가족이 아니라 핵가족을 위한 것이 되기 때문에 부정적인 영향을 미칠 것이다. 주택단지는 다른 세계인데, 이는 단지 물리적인 의미에서가 아니다. 새로운 세계 내부에 있는 사람들에게 훨씬 느슨한 '부족'은 직접적인 이웃들의 사회적 계급이다.

장벽 뒤에 사는 새로운 부족은 서로를 동일시하는데, 그 이유는 그들이 훔칠 만한 가치가 있는 것들을 갖고 있기 때문이지, 그들의 부모가 원래 특정 지역 출신이거나 특정한 언어를 말하기 때문이 아니다. 그들은 유사한 생활방식, 유사하게 보호되는 유사한 이 해관계를 가진다. 당신을 보호해달라고 다른 사람에게 돈을 지불할 수 있을 정도로 충분한 돈을 갖고 있을 때, 당신이 당신을 함께 묶지 않을 때, 그래서 장벽 뒤에서 '우리'라는 감각은 희석되어 때로는 '나' 만큼이나 작아진다.

. . .

민족적 정체성은 여전히 대부분의 아프리카 나라들에서 우세하다. 국민국가의 경계선은, 그것이 법적인 틀 안에 존재하고 때때로 어떤 종류의 물리적 장벽으로 표시되는 한 실재하지만, 경계선 안과 주위에 살고 있는 사람들의 마음속에도 언제나 존재하는 것은 아니다. 전통적인 영토가 모로코 장벽에 의해 쪼개진 사라위족처럼, 많은 사람은 여전히 조상의 땅이 끌어당기는 것을 느낀다.

국경선을 변경하지 않겠다는 식민지 이후 아프리카 지도자들의 합의는, 그렇게 하면 끝나지 않는 갈등이 일어날 것이라는 두려움, 그리고 그들이 진정한 국민국가를 세울 수 있고 따라서 민족적 분열도 감소시킬 수 있다는 희망에 근거한 것이었다. 그것은 믿을 수 없이 어려웠다. 특히 아프리카에서는 민족들이 여전히 빈번하게 국민[민족]국가의 국경선을 넘는 반면에, 예를 들어 서유럽에서는 더 자주 한 민족이 끝나고 다른 민족이 시작되는 지리적 또는 언어적 경계선이 있기 때문이다.

우리는 21세기에 순조롭게 접어들었으며, 뒤돌아보자면 아프리카는 항상 도중이었다. 아프리카는 식민지 이전의 민족의식을 재발견하고 현재 기능하고 있는 국민국가의 현실과 균형을 잡을 필요가 있다. 그것은 위험천만하고 미세한 선이지만, 이 광대한 공간 전체에서 발생하는 분열을 무시하거나 부정한다고 해서 분열이 사라지지는 않을 것이다.

한때 '아프리카 쟁탈전'이 있었다. 지금은 사람들이 서로 떨어져 살기를 바라는 해결책을 연구하면서, 사람들이 함께 평화롭게 살도록 설득하기 위해 일정한 번영을 가져오려는 경쟁이 있다.

7

유럽

포용과 폐쇄, 통합과 분열 사이

|

"오늘날, 어떤 장벽도 세계의 한편에서 일어나는
인도적 또는 인간적 권리의 위기를
세계의 다른 편에서 일어나는 국가 안보 위기로부터 분리할 수 없다.
한 생명의 존엄성을 지켜내지 못한 채 시작하는 것은 모두
너무도 자주 전체 국가들에 대한 재앙으로 끝난다."

코피 아난Kofi Annan

베를린 장벽이 무너지기 시작할 때 모인 사람들, 1989년 11월.

1979년 어느 우중충한 이른 아침, 나는 동독을 거쳐 과거 통일 독일의 수도였던 베를린의 서독 구역에 있는 샤를로테부르크 역으로 가기 위해 서독에서 군용 열차에 탑승했다. 그 당시 베를린 장벽은 세워진 지 18년이 되었고, 영원히 고정되어 있을 것으로 보였다. 또 다른 방식으로 살아갈 가능성은 없어 보였다. 현재는 콘크리트와 철조망에 고정되어 있었고, 이는 우리 모두를 죽일 수 있을 정도로 원자를 분열시키겠다고 위협한 분쟁의 일부였다.

영국 공군(RAF)에서 복무한 나는 군인 신분증이 있어 이 특별한 여행을 위한 여권이 필요 없었다. 국경에서 우리는 철조망과 감시탑이 있는 역에 멈추었다. '트라포스TraPos'로 알려진 동독 교통경찰이 탐지견과 함께 객차 밑을 살피는 동안, 퉁명스럽고 쌀쌀맞은 소련 국경수비대원들이 기차에 들어와 우리의 서류를 점검했다. 자본주의의 기관차와 승무원은 훌륭한 공산주의 형태로 대체되었고, 약 두 시간 후에 우리는 서독과 서베를린을 연결하는 군용 회랑으로 칙칙 소리를 내며 들어갔다.

현실이 영원한 잿빛인 듯 허름하고 칙칙하며 어슴푸레한 세계로 들어서자 객차의 문은 바깥쪽에서 쇠사슬로 잠기고 창문은 밀폐되었다. 기차가 역에 정차했을 때 일어서는 것, 동독이나 소련 관리나 민간인에게 말을 거는 것은 금지되었다. 230킬로미터 길이의 도로에는 투광 조명등과 기관단총을 든 경비병들이 배치된 감시탑이 곳곳에 있었고, 높은 철조망 울타리가 둘러쳐져 있었다. 울타리 뒤에는 '킬링존killing zones'이 있어, 국경을 넘으려고 할 만큼 용감하거나 어리석은 사람이 있을 경우 그를 사선에 놓이게 할 수 있었다. 철커덕거리면서 가다 서다 하는 네 시간의 여정 끝에 우리는 베를린으로 진입하여 20세기 최대의 이념적 분열의 상징을 향해 나아갔다. 이것은 다른 도시와는 달리 침략자들을 물리치기 위해서가 아니라 사람들을 가두기 위해서 지어진 도성이었다.

우리 세대가 자랄 때, 분열의 수학은 쉬웠다. '그들'과 '우리'였다. 비교적 이해하기 쉬운 양극의 세계였다. '그들'은 낯선 땅에서 '철의 장막' 뒤에 살고 있었는데, 거기에서는 한 시민이 한 도시에서 다른 도시로, 예를 들어 상트페테르부르크에서 모스크바로 가려면 허가를 신청해야 했다.

오늘날 대부분의 유럽인은 이동의 자유를 당연하게 생각한다. 그러나 대륙 횡단 여행이 극도로 제한된 것은 그리 오래전의 일이 아니다. 냉전 동안, 서유럽에서 국경을 넘으려면 여권이 있으면 됐다. 반면에, 철의 장막을 건너 동유럽으로 들어가려면 여권, 서류, 보안 검사가 필요했고, 모든 움직임이 감시될 것을 각오해야 했다. 철의 장막과 베를린 장벽은 공유된 역사, 상호 연결된 문화, 고대 무역로를 가진 대륙이 이념과 강대국 정치에 의해 완전히 쪼개졌음을 냉혹하게 물리적으로 상기시켜주었다.

제2차 세계대전이 끝나고, 공산주의와 자본주의 승전국들이 이 새로운 분열을 넘어 서로를 판단했을 때, 소비에트 경제체제는 시민들을 빠르게 실망시키기 시작했다. 동독 사람들은 창밖을 내다 보거나 길을 건너는 것만으로도 서독의 극적인 재건을 확인할 수 있었다. 서독의 텔레비전 전파는 동독의 대부분 지역에 도달하여, 급성장하는 소비자 사회의 이미지를 일반 가정에 방송하였다. 심 지어 동독인들은 서독 송신기의 범위를 벗어난 가장 동쪽에 위치 한 지역을 '무지한 자들의 계곡'이라며 놀리기도 했다. 날마다 사람 들이 진보를 목격할 수 있었다는 것은 소비에트 체제가 우월하다 는 생각에 타격을 주었다. 1958년에 집권당인 독일통일사회당은 서 독의 소비재 소비량을 2년 내에 추월하는 것이 주된 과제라고 떠벌 였다. 이런 일은 일어나지 않았지만, 소련은 우주 경쟁에서 주도권 을 잡았다. 당시의 공산주의 슬로건을 풍자한 동독의 인기 있는 패 러디는 "크림도 없고, 버터도 없지만, 달에는 붉은 깃발이 펄럭이네 Ohne Butter, ohne Sahne, auf dem Mond die rote Fahne"였다.

장벽이 세워지기 전, 아주 많은 동베를린 사람들이 일을 하거 나 영구적으로 거주하기 위해 서베를린 구역으로 이주하는 바람에 동독 경제는 극도의 곤경에 빠졌다. 10년 동안 약 200만 명이 서베 를린으로 이주하는 것으로 의사를 표시했고, 그 흐름은 증가하고 있었다. 1960년 1월부터 1961년 7월 말까지 33만 명이 추가로 서쪽 으로 이동했다. 동독은 노동력과 신뢰를 잃고 있었다.

8월 13일 한밤중, 모스크바의 승인이 떨어지자 동독군은 세계의 위대한 여러 수도 중 한 곳의 절반을 장벽으로 봉쇄하기 시작했다. 한쪽의 당국자들은 그것을 반파시스트 방벽Antifaschistischer Schutzwall이라고 불렀고, 다른 한쪽의 당국자들은 그것을 '수치의 벽'이라고 불렀다. 처음 몇 년 동안 그것은 간간이 장벽으로 이루어져 있었지만, 대개는 차단된 거리, 벽으로 막힌 창문, 그리고 철조망으로 이루어져 있었다. 그러나 10년 안에 콘크리트 장벽은 감시탑, 벙커, 전기 울타리, 개, 자동 사격장, 수백 명의 무장 경비병으로 보강되었다.

동베를린에서는 사람들이 장벽에 접근하는 것이 금지되었지만, 서베를린에서는 거리를 따라 장벽까지 가 독일인들과 유럽인들의 분열에 따른 논리적 광기와 접촉할 수 있었다. 이쪽에서는 냉전 시대의 블랙 유머를 벽에 스프레이로 칠할 수 있었다. 나는 "장벽을 뛰어넘어 당에 가입하라"와 "경고! 동독 높이뛰기 훈련 지역"이라는 영어로 쓰인 두 가지 낙서를 기억하고 있다. 실제로는 아무도 장벽을 뛰어넘을 수 없었지만 수만 명이 동쪽에서 서쪽으로 넘어가는 다른 방법을 시도했다. 일부 연구자들은 합계 수치를 훨씬 더 높게 잡겠지만, 그렇게 시도하다가 적어도 140명이 목숨을 잃었다. 터널이 가장 분명한 탈출 방법처럼 보였지만, 그 외에도 기억할 만하고 성공적인 노력이 있었다.

장벽이 세워진 지 넉 달 만에, 28세의 열차 기관사 하리 데털링Harry Deterling은 자신이 운전하던 여객 열차를 벽으로 향하게 하고 스로틀 밸브를 열어 벽을 들이받아 박살냈다. 우연히도 승객 중에는 그의 가족 여섯 명도 있었다. 2년 후 곡예사 호르스트 클라인

Horst Klein은 국경 너머로 사용되지 않는 강철 케이블이 뻗어 있는 것을 알아차렸다. 아래를 순찰하는 경비병들 위로 18미터 떨어진 곳에서 그는 두 손을 번갈아가며 조금씩 움직여 서베를린으로 갔다. 아마도 가장 대담하고 멋진 탈출은 1979년에 일어났을 것이다. 한스 슈트렐치크Hans Strelczyk와 군터 베첼Gunter Wetzel은 기계와 관련된 지식을 이용해 프로판 실린더를 이용한 초보적인 열기구를 만들었다. 그들의 아내는 캔버스와 침대 시트로 풍선을 만들었다. 네 명의 아이들을 모은 뒤(그리고 풍향을 확인한 뒤) 그들은 2500미터 상공으로 떠올라 자유를 찾아 서쪽으로 몇 킬로미터를 날아갔다.

그럼에도 그 존재 이유로만 판단한다면 벽은 성공적으로 세워졌다고 할 수 있다. 얼마나 많은 사람이 성공적으로 건너갔는지는 알려지지 않았지만, 그 수는 겨우 5000명 정도밖에 되지 않는 것으로 추정되고 있으며, 대탈출은 중단되었다. 노동력이 갇히게 된 이후 동독 경제는 안정되기 시작했으며, 1960년대 중반에 동독 정부는 무역과 통화를 통제하게 되었고, 러시아 제국의 나머지 속국들과 함께 기능할 수 있게 되었다.

그러나 동독 주민들은 선택의 여지가 없었고, 그들 대부분은 그 점을 알고 있었다. 그들은 육체적·정신적으로 몇 세대에 걸쳐 장벽 뒤에 갇혀 있었다. 장벽이 세워진 직후, 심리학자들과 정신과 의사들은 '장벽병Mauerkrankheit'이라는 용어를 사용하기 시작했다. 관련된 이론에 따르면, 장벽은 일부 사람들이 스스로 감옥에 갇혀 있다고 간주하는 증후군을 초래했고, 결과적으로 조현병, 알코올 중독, 우울장애, 심지어 자살 같은 심리적·행동적 장애를 불러일으켰다. 스위스의 정신분석가인 카를 융Karl Jung은 철의 장막은 일반적으로 유럽이 '신경증 환자처럼 분리되어 있다'는 것을 의미한다고 주장하면서 더 넓은 시각을 제시했다. 물론 주민들에게 일정 수준의 정신질환이 어떻게든 있었을 것이지만, 이러한 상황에 장벽이 관련되지 않았다고 믿기는 어렵다.

서독 주민들에게 동독은 '저 너머에', 즉 철의 장막 뒤에 있었다. 여러 세대의 사상가들과 지식인들은 동독 체제가 경제적·도덕적 측면에서 서독 체제보다 우월하다고 확신했다. 1989년 동독 체제에 대한 진실이 극도로 명백하게 다가왔을 때, 몇몇 사람은 평생에 걸친 믿음이 거대한 감옥 체제의 부스러기에서 나온 것임을 인정하기 어려워했다. 그 이외의 우리는 여름휴가 때 부다페스트, 드레스덴, 바르샤바를 방문하기 위해 '인터레일interrail(유럽인들을 위해 일정 기간 일정 지역에서 마음대로 국유철도를 이용할 수 있도록 한 유럽의 기간제 승차권—옮긴이)'을 이용하지도 않았고, 프라하나 탈린을 주말에 방문하지도 않았다. 내가 30대였을 때 저기에 다다르는 것은 어려웠고 저기에 사는 사람들이 '여기에' 오는 것은 거의 불가능했기에 우리 대부분은 '저 너머'에서 온 누군가를 만났다. 철의 장막 건너편의 많은 사람들은 자기 나라 안의 한 도시에서 다른 도시로 여행하거나 국경선을 넘어 서방으로 가려면 허가가 필요한 체제에서 살았다. 28년 동안 사정은 그대로였다. 그리고 갑자기 상황이 바뀌었다.

1985년 미하일 고르바초프Mikhail Gorbachev가 소련의 공산당 서기장이 되었다. 그는 인민의 삶을 휘감은 사슬들을 서서히 풀어주

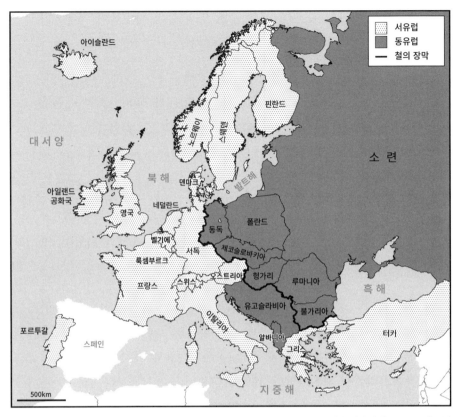

철의 장막으로 나뉜 냉전시대(1947~89)의 유럽

기 시작했다. '개조'를 뜻하고, '경청'을 의미하기도 하는 '페레스트
로이카perestroika'라는 단어가 사용되기 시작하였다. 이와 더불어 '개
방'을 뜻하는 '글라스노스트glasnost'라는 아이디어가 사용되었다. 무
수한 방식으로 사회와 정치는 개방되었고, 사람들은 서로의 말을
경청했다. 1989년 늦은 봄까지 그 아이디어는 멀리 퍼져나가, 철의
장막 뒤편에 있는 헝가리는 오스트리아와의 국경선 울타리 일부를

해체하기 시작했다. 그해 여름 수천 명의 동독 사람들이 여름휴가를 헝가리에서 보내기로 했다.

8월까지 동독의 수백 가구가 부다페스트의 서독 영사관 바깥에 진을 쳤고, 수백 명 이상이 성가정성당 구내에 피난처를 마련했는데, 이들은 모두 동독의 비밀경찰인 슈타지Stasi 요원들의 감시를 받았다. 오스트리아 국경에서 열리게 될 '범유럽 피크닉'에 관한 소문이 널리 퍼졌고, 사람들은 갑자기 움직였다. 8월 19일 늦은 오후까지 수백 명이 나무 문 옆에 모여들었고, 수십 명이 그쪽으로 움직였다. 그다음에는 수백 명이 말 그대로 틈새를 통해 달려갔고, 일부는 기쁨에 겨워 울고, 일부는 웃고, 일부는 정말로 국경을 넘었다는 것을 믿지 못해 오로지 계속 달렸다. 3주 후에 헝가리는 국경 건널목들을 완전히 개방했고 6만 명의 사람들이 물밀 듯이 밀려왔다. 독일 수상 헬무트 콜Helmut Kohl은 후에, "베를린 장벽의 첫 번째 돌은 헝가리에서 제거되었다"고 말했다.

가을에 동독에서 대규모 반정부 시위가 있었다. 10월에는 아주 혐오스러운 지도자 에리히 호네커Erich Honecker가 사임했고, 아주 조금 덜 혐오스러운 에콘 크렌츠Egon Krenz가 그 자리를 대신했다. 정치국은 러시아의 지도도 받지 못한 채 평소 하던 대로 정책을 만들고 있었다. 정치국은 동베를린 사람들의 서독 여행비자 신청을 허용하기로 결정했다. 이것은 관리될 수 있는 과정이었고, 공산당 당국은 시간을 벌어 통제력을 유지할 방법을 고안해낼 수 있었을 것이다. 하지만 역사를 바꿀 수 있는 그런 작은 세부사항 중 하나가 방해가 되었다. 11월 9일 비자 결정을 발표하는 임무를 맡은 사람은 선전부 장관 귄터 샤보스키Günter Schabowski였다. 그는 휴가에서 막 돌아와 정책이 결정된 회의에 참석하지 못했으며, 이튿날 국경경비대 지휘관들이 따를 절차의 세부사항에 대해서도 전혀 알지 못했다. 그는 "새로운 규제는 언제 시작됩니까?"라는 질문을 받고 망설이다가 "내가 아는 한에서는, 지금 당장"이라고 대답했다. 장벽에는 이미 수천 명의 동베를린 사람들이 있었고, 몇 시간 안에 양쪽에 수만 명이 모였다.

처음에 동독 국경경비대원들은 아무도 나가지 못하게 막았지만, 이어진 혼란 중에 그들은 몇 개의 여권에 도장을 찍었고, 결국 군중들이 몰려드는 것을 허용하기 위해 뒤로 물러섰다. 1년 전까지만 해도 아무도 예상하지 못한 놀라운 장면이었다. 서독과 동독 사람들은 서로 얼싸안았고, 샴페인을 터뜨렸으며, 보통의 동서 베를린 사람들인 '장벽을 쪼는 사람들'은 끌, 망치, 도끼를 들고 장벽 꼭대기에 기어 올라가서, 그 거대한 장벽을 무너트리는 작업을 시작했다. 그날 밤을 표현하는 낱말은 광란wahnsinnig이었다.

그날은 모든 유럽인에게 정신없고 감동적인 날이었다. 당시 나는 파리에 살고 있었고, 약 36시간 후에 낡아빠진 동베를린 트라반트 자동차가 네 명의 동베를린 젊은이를 태운 채 샹젤리제 거리를 털털거리며 달려가는 것을 보았다. 국경이 개방되자 그들은 가장 먼저 빛의 도시를 보러 가기로 결정했고, 거의 멈추지 않고 거기까지 차를 몰고 왔다. 큰 거리를 따라 파리 시민들은 독일 이웃들과 새로운 시대에 박수를 보내기 위해 멈춰 섰다.

두 개의 독일은 서로 떨어진 지 45년 만인 1990년 정치적으로 통일되었다. 1989년 서독의 전 총리 빌리 브란트Willy Brandt의 "이제 함께 속한 것은 함께 성장할 것입니다"라는 말이 기사화되었다. 실제로는 유럽 일반에 관해 말하는 것인데도, 그가 독일에 대해 언급하고 있는 것으로 추측되었다.

그렇다면 통일된 독일인가? 통일된 유럽인가? 어느 정도까지는 그렇다. 여전히 끌과 망치가 부술 수 없는 분열, '머릿속의 장벽'이 있었다. 그 장벽은 사람들의 여행을 막지는 않지만, 깊은 경제적, 정치적, 사회적 격차를 만들어냈기에 물리적 장벽보다 극복하기가 더 어렵다는 것이 증명될 것이다. 그래서 환희의 눈물과 형제애의 선언 이후 재통일의 힘든 과정이 시작되었다. 이것은 동등한 것들의 합병이 아니었다. 1990년 당시 동쪽의 인구는 1610만 명, 서쪽은 6370만 명이었으며, 서쪽의 경제에 비해 동쪽의 경제는 왜소해 보였다. 자본주의적이고 민주주의적인 서쪽의 체제는 동쪽의 과거 공산당이 박살 나는 것을 지켜본 통합 선거의 권한으로 무장한 채 공산주의 기제를 파괴하기 시작했다.

모든 큰 나라들은 지역마다 문화적 차이가 있지만, 이곳은 사람들이 서로 아무런 접촉도 하지 못한 채 서로 다른 체제에서 살아온 큰 나라였다. 예를 들어, 서쪽에서는 신앙과 교회 출석이 서서히 감소하고 있던 반면, 동쪽에서는 과거의 유물이었다. 동독 사람들은 공산주의를 거부했는지는 모르지만, 그렇다고 그들이 자본주의의 더 가혹하고 더 이기적인 측면들에 준비되어 있었다는 것은 아니었다. 마찬가지로, 많은 서독 사람들이 통일을 환영했는지 모르지만, 실패한 경제와 현대 세계의 방식으로 '재교육'이 필요한 인구를 흡수하는 데 드는 비용 때문에 금세 투덜대기 시작했다.

그것은 모두 독일판 '우리와 그들', 즉 동독 사람Ossis(오시스)과 서독 사람Wessis(베시스)으로 요약된다. 2004년 여론조사에 따르면, 동독 사람의 8분의 1이 장벽이 무너지기 전의 옛 시절을 그리워했으며, 1999년에는 많은 동독 사람들이 여전히 일자리를 상실함으로써 느끼는 굴욕감, 의무적인 재교육 프로그램, 새로운 제도와 소비자 문화를 받아들이는 데서 겪는 어려움에 관해 말했다. 2015년 한 연구에서도, 최소한 절반의 독일인들은 여전히 경제적·문화적 측면 모두에서 차이를 느낀다는 결론이 나왔다. 동부 지역은 종종 여전히 '새로운 연방주들'이라고 언급되는데, 이는 일부 사람들에게 두 독립된 실체가 합의에 따라 합치는 것과는 반대로, 동쪽이 서쪽에 합쳐지고 있음을 상기시킨다.

2조 달러 이상 투자했음에도 동부 지역은 서부보다 여전히 더 가난했고, 2017년에 실업률은 서부의 두 배인 12퍼센트였다. 이것은 실패의 이야기가 아니다. 그 지역은 과거보다 상당히 더 부유하고 더 효율적이게—드레스덴, 라이프치히, 그리고 그 밖의 도시들은 번창하고 있고, 생활 수준은 향상되었다—되었지만, 통일 후 25년이 지났음에도 분열은 여전하다. 동부의 도시 중 독일에서 가장 잘사는 도시 20개의 목록에 올라 있는 도시로는 예나가 유일하다. 이는 동부의 임금이 낮기 때문만은 아니다. 공산주의 체제로 인해 재산 소유가 매우 저조하기 때문이다. 통일할 때 사람들이 갖고 있던 저축은 동독의 2마르크 대 서독의 1마르크의 비율로 전환되었다.

2010년에 빌레펠트대학교의 사회학자들은 동독 출신이 인구의 약 20퍼센트를 차지함에도, 정치, 기업, 언론에서 '엘리트'라고 정의한 사람들은 5퍼센트 미만임을 발견했다. 그곳에서는 부분적으로 재통일 이후 학교에 대한 높은 수준의 투자 덕분에 특히 수학과 과학의 교육 수준이 더 높은데도 말이다. 그 교육 격차는 그 자체로 동부 지역 출신의 가장 영민한 사람도 최고 급여를 받는 직업을 얻기 위해 서부로 향한다는 것을 의미했다. 여성들이 남성들보다 더 높은 교육 수준을 성취하기에, 젊은 여성이 남성보다 적었고, 그와 동시에 출산율도 떨어졌다. 동부와 서부 출신 사람들이 오랫동안 관계를 맺거나 결혼하는 것은 한때 흔치 않은 일이었지만, 지금은 생겨나기 시작했다. 그럼에도 이들 중 대다수는 서부 출신 남자와 동부 출신 여자로 이루어진다. 그들이 표준과는 여전히 거리가 멀다는 것은 동독 사람/서독 사람 커플을 이르는 별명인 '보시스Wossis'에서도 드러난다. 이 모두는 속도가 느리기는 하지만 동부 독일의 인구 감소에 기여했다. 일부 보도가 암시하는 바에 따르면, 그러한 감소는 부분적으로 드레스덴과 라이프치히('독일의 가장 멋진 도시') 같은 도시들의 성공 덕분에 멈추기도 했지만, 이것은 농촌 지역에서 젊은이들이 대거 이주했기 때문이다.

문화에서도 지역적 차이가 있다. 음식과 소비재 모두 통일 후 독일의 정체성을 세우는 데 한몫했다. 25년 전 동독 사람들은 리바이스 청바지, 비디오 녹화기, 고급 초콜릿을 파는 상점으로 몰려들었다. 그러나 '새로운' 상품의 소비는 새로운 공동의 관계에서 서방의 우위를 다시 두드러지게 하였다. 매우 적은 동독 상품이 서방 세계의 슈퍼마켓에 진출했으며, 털털거리고 캑캑거리는 '트라비' 자동차는 유럽 전체 유머의 주제가 되었다. 트라반트 자동차에 관한 농담은 사라졌고(옛 동독의 상품들을 생산하는 공장들 다수가 사라졌듯이), 문화적이고 지역적인 차이는 세월이 지남에 따라 정치적 의미가 덜해졌다. 하지만 2010년에도 동독 사람인 앙겔라 메르켈Angela Merkel 수상이 그녀가 좋아하는 음식에 관해 질문을 받고 솔랸카solyanka로 알려진 동독의 러시아식 쇠고기 요리와 피클 수프를 선택했을 때 전국적으로 대서특필되었다. 시간이 지나면 솔랸카와 슈프레발트 Spreewald 오이 같은 지방 음식들은 단순히 지역 요리의 정체성을 이루는 한 요소가 될 것이고, 정치적 특성을 잃을 것이다. 오스탈지 Ostalgie(향수와 동쪽의 합성어)가 시들해지면서 되돌아가는 일도 없을 것이다.

현재 독일의 분열은 냉전 기간 동안만큼 극명하지 않으며, 일부 분열은 공산주의와 자본주의의 분열에 선행하는 요인들 때문에 일어났다. 그러나 장벽과 철의 장막의 윤곽은 여전히 볼 수 있고 느낄 수 있다. 당신은 베르나우어슈트라세Bernauer Strasse를 따라가다가 니더키르히너슈트라세Niederkirchnerstrasse에서, 베를린 연방의회 의사당 옆에서, 그리고 찰리 검문소 자리에 세워진 장벽박물관에서 물리적인 잔재를 볼 수 있다. 벼룩시장에서 당신은 '1989년의 저 유명한 밤에 장벽에서 끌로 잘려나간' 콘크리트 한 조각을 살 수도 있지만, 팔려나간 조각을 모으면 그 장벽을 여태까지 세워진 가장 큰 구조물 중 하나로 만들 것이라는 점을 고려한다면 그것이 진짜일 가능성은 희박하다. 어느 쪽이든, 당신은 역사, 인간의 고통, 오늘날의 많은 사람에게 상상할 수 없는 것으로 보이는 방식으로 유럽을 쪼갠 20세기의 궁극적인 정치적 분열의 조그만 잿빛 상징을 집으로 가져갈 수 있다.

. . .

베를린 장벽이 무너진 후 모든 것이 환희와 사랑이어야 했고, 우리는 진정으로 통일된 느낌을 받았다. 그 느낌은 이제 희미해져 가고 있다. 빠르게.

장벽이 무너진 후 사태는 급변했다. 동유럽인들이 추운 곳으로부터 들어오고 독일인들이 재통합했을 때, 국민국가는 사라지고 단일 통화를 가진 통일되고 국경 없는 유럽에 속하는 미래가 찾아올 거란 정치적 합의가 있었다. 이러한 유럽연방은 거대한 무역협정이 지배하는 세계화된 세계의 다른 주요 블록들과 상호작용할 것이다. 사람, 재화, 서비스, 화폐는 모든 회원국들 사이에서 자유롭게 이동할 수 있을 것이다.

EU의 창립자들은 제2차 세계대전 후에 흩어지고 분열된 유럽을 재건하는 데 도움을 주었다. 그것은 원래 공유된 무역 지대 안에서 번영하도록 국민국가들을 회복하는 데 바탕을 두었기에, 유럽경제공동체라고 불렸다. 그 후예들은 유럽 국가들이 이데올로기로 결속된 하나의 통일 국가가 될 수 있다고 생각했다. 2000년에 걸친 유럽 부족들 간의 전쟁을 종식시키려는 열망에 뿌리를 둔 고귀한 소망이었다. 1990년대에 유고슬라비아는 슬라브 민족 사회주의의 담요 아래서는 발칸 반도에서 피어오르는 민족주의의 불길을 잡지 못했다는 것을 너무 늦게 발견하고 집 전체가 불에 타서 무너지는 것을 지켜보았다. 유럽의 초국가를 추구하는 사람들은 유고슬라비아의 사례를 EU 계획이 성공해야만 하는 이유에 대한 증거로 간주했다. 그러나 다양한 세부사항들과 몇몇 영향력이 큰 요인들이 그 체제 안의 문제점들을 노출시켰다.

국민국가들의 공동체가 1980년대에 회원국 연합으로 변모하기 시작했을 때, 모든 사람이 지지하지는 않은 주권국의 경계가 흐려지는 과정에서, 점점 더 많은 권력이 브뤼셀로 이양되었다. 수년 넘게 여러 나라가 더 많은 독립성과 예산, 법률, 무역 규제 등과 관련하여 자국민의 이익을 위해 결정을 내릴 능력을 요구했다. 그들은 브뤼셀에 집중된 권력의 지시를 원치 않는다. 그리고 EU의 지시를 따름으로써 일부 국가에서는 심각한 경제적 문제가 발생하였다. 1986년의 단일유럽법은 단일한 시장을 정립하였고, 단일 통화 유로가 1999년에 만들어졌다. 그러나 그에 동반하는 단일한 재정 또는 금융 정책도 없었고, 지역적인 금융 충격을 흡수할 유연성도 유로 체제 안에는 없었다. 시절이 좋을 때는 사람들이 이러한 상호의존적 체제를 만드는 것이 현명한지 그다지 의문을 제기하지 않았다. 그러나 이제 유로는 종종 세계시장에서 자신의 지위를 유지하려고 분투하며, 그 가치가 놀라운 수준으로 등락할 수 있어서 EU 구성원에게 별로 유혹이 되지 못한다. 그리고 금융의 승자와 패자가 있었다. 예를 들어, 그리스는 끔찍한 수준의 청년 실업을 겪고 있는데, 이는 부분적으로 베를린과 브뤼셀이 그리스에게 강요한 경제 정책에 기인한다.

　EU는 또한 2004년 동쪽 여러 국가의 가입을 허용하기 위해 확장한 후에, 동유럽과 서유럽의 통합이라는 도전에 직면하였다. 유럽인에게 회원국 전체에 걸쳐 살고, 일하고, 여행할 권리를 부여하는 이동의 자유는 EU의 여러 이상 중 하나이다. 그것은 유럽 전역을 성장시키고, 유럽 사람들의 융합을 장려한다는 두 가지 의도를 가졌다. 불과 수십 년 전에는 불가능했을 방식으로 대륙 전역, 특히 철의 장막 뒤 숨겨진 장소들로 여행한 많은 사람이 품은 이상이다. 어떤 면에서 그것은 냉전 기간 동안 퍼져 있던 '타자'에 대한 감각을 감소시켰다. 그러나 독일이 베를린 장벽 붕괴 이후 오랫동안 영향을 받은 것과 마찬가지로, 동유럽과 서유럽 사이에는 여전히 많은 차이가 있다. 헝가리, 폴란드, 불가리아 같은 국가들은 동독처럼 여행 제한과 경제적 실패를 겪었으며, 나중에는 소련의 붕괴로 경제에 극심한 지장을 받았다. 진전이 이루어졌지만, EU의 가장 가난한 나라 중 다수는 동유럽에 속해 있던 나라들이다.

　동유럽의 국가들이 EU에 편입되었을 때, 영국과 프랑스 같은 나라들의 일인당 GDP는 폴란드보다 거의 여섯 배나 높았다. 사정이 이러한데도 서유럽 국가의 여러 정치인은 얼마나 많은 사람이 일자리를 찾기 위해 서쪽으로 이동할지를 심각하게 과소평가했으며, 수백만 명이 곧바로 옮겨갔을 때 아무런 준비가 되어 있지 않았다. 이주 노동자가 필요하다는 것은 사실이며, 그들은 종종 일부 토착민들이 거부하는 일을 한다. 그러나 경제학의 논리는 프랑스, 네덜란드, 영국의 배관공, 건설업자, 택시 운전사들이 일자리, 주택,

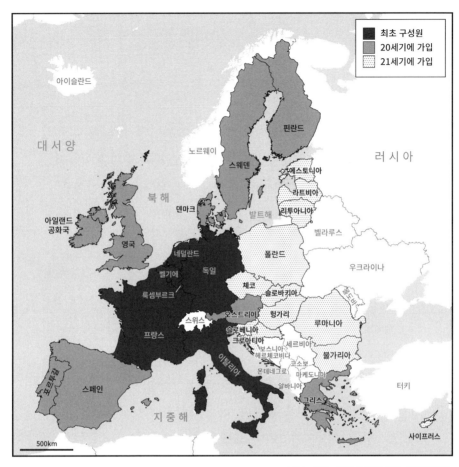

EU는 처음 설립된 이후 계속 확장되었다.

의료를 놓고 새로 온 사람들과 경쟁하고 있는 그 자신을 발견할 때,
이주 노동자가 그 나라에 얼마나 이득이 되는지를 설득하는 데는
효과가 별로 없었다. 매우 많은 경제적 이주자들이 가난한 유럽 나
라들에서 부유한 나라들로 여행하기 시작했을 때, 사람들은 동유

럽 이주 노동자들의 유입을 불평하고, 자유로운 이동이 주는 이득에 의문을 제기하기 시작했다. 이것은 영국독립당(UKIP)의 부상과 함께 영국에서 가장 강하게 느껴졌고, 궁극적으로 브렉시트 투표에 기여하였다.

이처럼 불만이 늘어가는 상황에서 2008년의 금융 붕괴가 일어나자 유럽연합 전역의 정부는 후속 조치로 사회적 지출과 투자를 삭감했다. 은행이 무너지는 동안, 각국의 납세자들은 난장판을 수습할 처지에 놓였다. 실업률이 상승하고 국경이 개방된 지역 전체에서 이주가 증가하면서, 체제의 취약성이 드러나기 시작했다. 스칸디나비아 국가들은 EU가 붕괴할 경우 노르딕연합의 가능성을 논의하기 위해 회동했다. 비세그라드 그룹(슬로바키아, 체코공화국, 폴란드, 헝가리)은 점점 더 브뤼셀에 대한 연합전선을 강화했다. '하나의 유럽'은 브렉시트의, 스코틀랜드, 벨기에, 이탈리아, 스페인의 분리주의 운동의, 그리고 거의 모든 나라에서 성장하고 있는 유로에 회의적인 정당들의 도전을 받는다. 이런 상황은 2017년 후반 카탈루니아의 위기와 함께 심각한 문제로 떠올랐고, 한 국가state 안에 여러 민족nations이 있을 때 존재하는 긴장을 부각시켰다.

'하나의 유럽'을 지지하는 사람들은 여전히 많다. 이들 중 가장 저명한 사람은 EU 안으로 더 많은 힘을 모으려는 계획을 입안한 프랑스의 에마뉘엘 마크롱Emmanuel Macron 대통령이며, 그는 결정적으로 모든 나라를 위한 한 명의 재무장관을 제안한다. 마크롱은 '자유세계의 지도자' 자리에 공백이 있다고 생각하는 것으로 보이며, 특히 메르켈 수상이 2017년 선거에서 좋지 않은 성과를 거둔 후에, 그 자신을 그런 지도적 인물로 자리매김한다. 그러나 다른 사람들이 보기에, 그가 품은 유럽의 꿈은 악몽이다. 그의 아이디어에 동조하는 나라들은 한 줌도 되지 않아 보이며, 독일조차 향후 어떤 경제적 문제들에 비용을 지불하는 것으로 끝날까 우려하기에 조심스럽다.

진정한 신봉자들은 유럽 프로젝트가 어떤 것이든 지지할 것이고, 열렬한 민족주의자들은 항상 그것과 맞서 싸울 것이지만, 불가지론자들은 효과가 있을 경우에만 지지할 것이다. 그리고 유럽 유권자 대부분은 그것이 더는 결과를 내놓지 못한다고 느끼기 시작했다. 경제적 번영으로 그들을 결속시킬 수 없다면, 실패하고 있는 시스템은 지지를 잃을 것이며 더불어 점점 수위가 높아지는 민족주의는 더는 억압되거나 무시될 수 없을 것이다.

EU는 대부분 유럽인의 가슴속에 국민국가를 심어넣는 데 실제로 성공하지 못했다. 창설자들이 유럽을 창설함으로써 유럽인이 우선이고 국민국가는 그다음이라는 정체성을 가진 사람들로 귀결될 것이라는 믿음을 갖고서 너무 빨리, 그리고 너무 오만하게 움직였다는 주장도 있을 것이다. 1861년 이탈리아 통일의 선구자들 중 하나인 마시모 다첼리오Massimo d'Azeglio는 "우리는 이탈리아를 만들었습니다. 이제 우리는 이탈리아인을 만들어야만 합니다"라고 말했다. 그것조차 힘든 일임이 증명되었고, 어떤 면에서 여전히 진행형이다. 이것은 종교, 역사, 그리고 지리를 공유한 지역들의 경우였다. EU와 유로존을 창설한 다음 유럽인을 만들기 시작하는 것은, 핀란드와 헝가리의 매우 다른 이해관계, 필요, 우선순위가 그리스와 포르투갈의 그것들과 맞물려야 하는 무한히 어려운 계획이다.

많은 학자가 민족주의는 '상상의 공동체'에 기초하기 때문에 '거짓된 구성물'이라고 주장하곤 하지만, 민족적 정체성에 관한 사람들의 감정에 거짓된 것은 없으며, '상상'이라는 말은 비실재적이라는 것을 의미하지 않는다. 예를 들어, 팔레스타인 사람들은 언어, 종교, 문화를 통해 강한 정체성을 발달시켰고, 따라서 그들은 한 민족이며, 그 자체로 한 국가를 가질 만한 민족이라고 믿고 있다. 이러한 서사에 도전하는 학자들은 거의 없지만, 지적으로 그들은 계속해서 민족주의는 시대에 뒤처진 것이고, 심지어는 원시적이라고 주장한다. 후자에 대해서는 그들의 주장이 일리가 있을 수도 있지만, 전 세계에서 발견되는 민족주의의 실재를 무시하는 것은 어리석다. 일부 학자, 지식인과 언론, 기업, 정치 계급의 일부는 그 자신을 민족주의로부터 해방된 것으로 본다. 2016년 유럽위원회 의장인 장클로드 융커Jean-Claude Juncker는 국경선을 '사상 최악의 발명품'이라고 묘사했다. 그의 말은 일리가 있을 수도 있지만, 유럽의 초국가에 대한 그의 노골적인 생각에 민족주의자들을 승복시키기는 쉽지 않아 보인다.

융커로 대표되는 새로운 엘리트는 민족주의를 제대로 이해하지 못한 것으로 보이며, 너무 성급하게 그것을 무시했다. 역사가 고故 토니 주트Tony Judt는 1996년에 유럽인들의 더 가까운 유대는 불가능하다고 주장하면서 이렇게 썼다. "우리는 민족들과 국가들의 실재를 인정해야 한다. 이 말을 무시한다면 그것들은 급진 민족주의자들의 선거용 자원이 된다는 점을 기억해야 한다."

그 일은 실제로 일어났다. 이주로 인해 민족들이 급격한 변화를 경험하자 이민자들에 대한 태도가 강경해졌고, 급진 민족주의에 대한 지지는 증가하였다. 최근에 일어나는 이런 문제는 금융 위기의 영향으로 아직 비틀거리고 있던 EU가 이미 회원국들을 통합하기 위해 분투하고 있었다는 사실과 함께, 발트해에서 지중해까지 EU 체제에 나타나기 시작한 균열을 악화시켜, 유럽인의 꿈을 위협하고 있다. 울타리, 장벽, 분열은 이제 유럽인의 삶의 일부분이다.

2011년부터 꾸준히 형성된 이주민 위기는 2015년에 정점을 찍었다. 처음에는 대부분의 유럽 지도자들이 환영했지만, 2015년에만 100만 명이 넘는 난민을 감당할 준비는 되어 있지 않았고, 점점 더 많은 사람이 더욱더 그렇게 하기를 꺼리게 되었다는 것이 분명해졌다. 태도가 바뀌기 시작하자 많은 나라가 국경선을 넘어오는 이민자들을 다시 통제하려고 노력했고, EU의 어떤 국경선들은 다시 강화되기 시작하였다.

이주민 위기와는 무관하게, 부활한 러시아도 장벽을 다시 세우는 데 한몫했다. 러시아의 크림반도 병합에 이어, 우크라이나는 동쪽 국경선을 따라서 방어 요새를 건설하기 시작했다. 2015년 에스토니아와 라트비아는 러시아와의 국경에 울타리를 세우기 시작했고, 2017년 러시아의 행동에 놀라서 이미 징병제를 재도입한 리투아니아는 그 예를 따랐다. 세 나라 모두 우방 NATO 회원국들이 그들을 지켜주기가 얼마나 어려울지 알고 있다. 울타리를 세워 영토를 규정하는 것은 사실상 러시아의 침공을 막는 물리적 장벽이 아니었다. 탱크로 곧장 통과할 정도지만 이는 모스크바에 대한 심리적 반발이었다. "우리는 우리 자신을 방어할 준비가 되어 있다"는 선언이었다. 이 때문에 훈련 중인 러시아 군대가 '우발적으로' 발트해 국가들 중 하나로 잘못 들어서기는 힘들게 됐다.

모두가 수바우키갭Suwalki Gap으로도 알려진 수바우키코리더 Suwalki Corridor를 우려하고 있다. 이곳은 러시아의 오지인 칼리닌그라드Kaliningrad와 모스크바의 동맹인 벨라루스를 연결하는 폴란드 영토 내에 있는 너비 100킬로미터의 띠 모양 땅이다. 러시아 군대는 칼리닌그라드의 강력한 기지에 물자를 보급하기 위해 수바우키코리더와 나란히 있는 리투아니아를 통과할 수 있는 허가를 받았다. 적대적 행위가 발생할 경우 러시아가 쉽게 그곳을 폐쇄할 수 있어서 발트해 국가들은 NATO 동맹국들로부터 완전히 차단된다. 상황이 복잡한 것은 수바우키 지역이 한때는 리투아니아의 일부였고, 폴란드와 리투아니아의 긴장 관계가 지속되고 있다는 사실 때문이다. 그러나 그곳이 유럽에서 가장 위험하고 요새화된 국경 지역 중 하나가 된 이유는 러시아가 위협적으로 행동하기 시작했기 때문이다.

그러나 이주민 위기는 유럽이 냉전 기간 동안에 가졌던 것과 거의 같은 길이의 물리적 장벽인 국경선을 지금도 갖고 있는 주된 이유이다. 그 상황은 EU 자체의 국경선을 따라서 시작되었다. 몇몇 장소에는 이미 울타리와 장벽이 있었는데, 예를 들면 모로코에 있는 스페인의 고립 영토인 멜리야Melilla와 세우토Ceuto ─ 스페인이 자기 땅이라고 주장하는 아프리카의 작은 부분 ─ 를 둘러싼 울타리와 장벽들이 그것이다. 앞서 본 많은 장벽과 마찬가지로 6미터 높이의 이중 울타리에는 허점이 있는 것으로 판명되었다. 2018년 초 최소한 200명의 아프리카 이주민이 그 울타리를 기습했는데, 일부는 너무도 필사적이어서 그들을 제지하려던 경찰관들을 공격하였다. 대부분 나중에 체포되었고 이주민 수용소로 보내졌지만, 지난 몇 년간 수천 명이 이 경로를 통해 스페인으로 갔다.

2011년에 세워질 최초의 새로운 장벽 중 하나는 중동과 아프리카 출신 이주민과 난민이 들어오는 것을 막기 위해 그리스와 터키의 국경선을 따라서 쳐진 가시철조망 울타리였다. 2015년 불가리아도 그 뒤를 따랐다.

그러나 이 국경 장벽은 새로운 이주민의 물결을 멈추지 못했다. 이주 경로는 자주 바뀌고―예를 들면 많은 사람이 위험한 바다를 건너 터키에서 그리스로 가는 것을 선택한다―2016년 EU와 터키가 협정을 맺어 터키가 이주민 다수를 다시 데려가는 데 동의했음에도, 여전히 많은 이들이 EU로 가는 방법을 찾고 있다. 이에 따라 수많은 국경 검문소와 장벽들이 EU 국가들 사이의 국경선을 따라 나타나기 시작했다.

헝가리가 가장 먼저 시작한 국가 중 하나였다. 냉전의 장벽이 무너진 지 26년 후에 새로운 장벽을 세우기 시작했다. 처음에는 세르비아와의 국경선을 따라, 그다음에는 크로아티아와의 국경선을 따라 세웠고, 사람들의 접근을 막는 480킬로미터가 넘는 가시철조망 울타리 작업으로 끝맺었다. 2015년 여름 동안, 수천 명의 이주민이 매일 헝가리로 넘어왔고, 2017년까지 그 숫자는 사실상 전혀 줄어들지 않았다. 헝가리 정부는 이민과 사람들을 재정착시키려는 EU의 계획에 가장 공공연하게 반대했다. 2016년 빅토르 오르반

Viktor Orbán 총리는 EU가 이민자 할당량을 강요하는 것을 원하는지 묻는 국민투표를 발의했다. 비록 투표율은 낮았지만 대다수 사람이 정부에 동조했다. 그럼에도, 대다수 사람은 다음과 같은 관점에 공감하는 것으로 보인다. 퓨리서치센터의 조사에 따르면, 헝가리인의 76퍼센트는 난민들이 테러 사건을 증가시킬 거라고 생각하고, 82퍼센트는 그들이 일자리와 사회적 혜택을 취함으로써 국가에 부담이 된다고 본다. 헝가리 정부는 외국의 위협에 대한 국민들의 두려움을 활용하고, 테러와 이슬람의 확산과 관련된 이민의 위험에 초점을 맞추며, 이민 정책을 한층 더 강화함으로써 정부의 의제를 계속 밀어붙이고 있다. 헝가리가 이주민들에 대한 태도와 정책 때문에 광범위하게 비판받아왔다고 해도 EU의 제재를 받지 않았고, 헝가리 총리의 인기는 꺾이지 않았다. 오르반은 2018년 총선에서 또다시 충분한 표 차이로 승리하였다.

동부와 서부의 EU 국가 사이에는 문화적 차이로 보이는 것이 공공연히 존재한다. 우리가 보았듯이, 일부 동부 EU 국가들에서 국민과 선출직 정치인들은 서부 국가들보다 훨씬 더 노골적으로 이민에 반대한다. 예를 들어, 오르반은 서구의 정치인이라면 정치 생명이 끝날 수도 있을 정도의 이민 반대 발언을 공공연하게 한다. 가장 큰 차이 중 하나는 동유럽의 많은 우익 정치인들은 경제가 아니라 문화의 관점에서 이민에 대한 정치적 논쟁의 틀을 짠다는 점이다. 기독교 문화인 그 나라에서는 비기독교 사회 출신의 사람들이 들어오는 것을 허용하는 것은 잘못이라는 말을 자주 들을 수 있다. 이러한 견해에 일부 지지자들은 다민족, 다문화를 보이는 서유럽에 질색하며, 자기들 나라에서는 그런 일이 일어나지 말아야 한다고 결심한다. 이 점에서 그들은 EU의 가치와 강하게 충돌한다. 이것은 조직에 심각한 문제이며, 지리적 선을 따라서 분열하도록 위협한다.

어쨌든 동부와 서부의 여러 나라가 헝가리의 예를 따랐다. '국경이 개방된' 솅겐Schengen 지역을 포함하여 수많은 '임시' 국경 통제가 강화되었다. 슬로베니아는 크로아티아와의 국경선을 따라서 울타리를 세웠고, 마케도니아는 그리스와의 국경선을 따라서, 오스트리아는 슬로베니아 및 이탈리아와의 가장 붐비는 국경 건널목을 따라서 울타리를 세웠으며, 영국해협을 건너서 들어오는 이주민들을 막기 위해 칼레Calais에 장벽을 세우려는 계획도 있다. 북쪽으로, 노르웨이는 러시아와의 국경선을 따라 울타리를 세웠고, 스웨덴은 덴마크와 연결되는 외레순 대교Øresund bridge를 건너 말뫼Malmö로 들어오는 이주민의 물결을 제한하기 시작하였다. 장벽 및 울타리와 함께, 다른 나라들도 더 많은 조치를 취함으로써 국경선을 강화하기 시작하였다. 이것들은 대개 덜 안전한 국경을 통해서 EU로 겨우 들어온 비유럽인 이주민과 난민의 이동을 제한하려고 고안된 것으로, 최근 몇 년 사이 테러 공격의 물결은 검문에 대한 생각을 더 많은 사람이 받아들이는 데 일조하였다. 그러나 이러한 장벽의 존재는 여전히 영향을 미치고, EU의 근본 이념 중 하나를 위협한다.

장벽은 또한 이민자들이 현재 갇혀 있는 나라들에게, 특히 이민자들이 계속해서 도착하는 곳에서 심각한 영향을 미친다. 예를 들어, 그리스에는 갈 곳이 없어 섬 중심부에서 오도 가도 못 한 채 그곳의 자원을 소진하는 수만 명이 있다. 이주민 위기가 일부 나라에 더 많은 영향을 미치고, 일부 나라들은 그 부담을 나누기를 거부하면서 회원국들의 관계는 더욱더 시험대에 서게 된다.

그럼에도 엄청난 수의 유럽인들은 이민을 긍정적으로 바라보며, 그들 나라로 새로 오는 사람들을 기쁜 마음으로 환영한다. 많은 사람이 서유럽에게 폭력과 박해를 피해 도망친 사람들을 도와야 할 도덕적 의무가 있다고 느낀다. 또한 어떤 사람들은 고령화된 인구와 낮은 출생률 탓에 유럽 사회에 실제로 이민자가 필요하다는 많은 정치인, 경제학자, 기업 지도자의 주장을 지지한다. 예를 들면, 중간 연령이 46.8세인 독일과 같은 일부 나라는 인구 감소에 직면해 있다. 미래의 건강한 경제를 보장하려면 이민자가 필요하다. 그러나 정부가 반복적으로 이런 점을 설명하려고 해도, 사람들은 그들의 감정을 미래의 어떤 막연한 문제가 아니라 현재 상황에 맞추려는 경향이 있으며, 이민을 지지하는 사람들은 줄어들고 있다. 따라서 2014년 퓨리서치센터가 실시한 것 같은 여론조사에 따르면, 그리스 인구의 86퍼센트와 이탈리아 인구의 80퍼센트는 그들 나라에 이민자 입국 허용이 더 제한되기를 원했다. 그 조사는 이주민 위기가 고조될 때 이루어졌지만, 2015년 절정에 도달하기 1년 이상 전의 것이었다. 더 많은 이주자를 원한다고? 조사 대상인 그리스인의 고작 1퍼센트와 독일인의 14퍼센트만이 그렇게 느꼈다.

많은 EU 지도자들은 이민에 대한 반발을 준비하지 못한 것으로 보인다. 그 반발은 새로 온 많은 사람들이 자신의 삶에 영향을 미친다고 느끼는 사람들의 수많은 이유에서 말미암은 것이다. 이와 관련해서는 대륙 전체에 걸쳐 교육 수준에 따라 확연히 갈라졌고, 지금도 마찬가지다. 대학 교육을 받지 않은 훨씬 더 많은 사람은 이민이 감소되기를 원하는데, 이는 그들이 종종 EU 안팎에서 저임금 일자리를 두고 이민자들과 경쟁하고 있다는 사실과 관련이 있는 것으로 보인다. 이 범주에 드는 많은 사람은 특히 주위에서 보이는 변화의 규모와 속도에 불안감을 느끼는 편협한 사람이라는 소리를 듣는 것을 싫어한다. 교육의 부족과 편협함을 동일시하는 것은 이중의 모욕으로 보인다.

유럽 전역에서 테러 사건이 증가하자 사람들은 테러리즘을 높은 수준의 이민과 연결하게 되었다. 사람들은 테러리스트들이 난민과 망명 신청자로 가장한 채 EU로 들어와서, 유럽 국가를 자유롭게 여행할까봐 두려워한다. 2015년 11월 파리 테러의 가해자 중 일부는 이주민이었지만, 실제로 대부분의 공격은 EU 시민들이 저질렀다.

일부 사람들은 또한 추가적인 부담을 감당할 수 없다고 우려하면서 그들의 공공 서비스에 위협을 느끼고 있다. 이것은 또한 공정성의 느낌과도 관련이 있다. 예컨대, 헝가리나 프랑스에 있는 외과 수술 대기실에 있다고 상상해보라. 그런데 그 안에 있는 많은 사람들이 그 나라에서 태어나지 않았다. 당신은 모든 사람이 치료 받기를 원할 수도 있다. 그러나 동시에 당신은 수십 년 동안 의료 체계를 위해 돈을 지불해왔지만 옆에 있는 사람은 그렇게 하지 않았다고 생각할 수도 있다. 치료를 오래 기다릴수록 그것이 공평하지 않다고 생각할 가능성이 더 높다. 이것들은 기본적인 본능일 수도 있지만, 예측 가능하다. 물론 많은 회원국이 지불하는 한, EU 체제는 그것을 공평하게 하려 하며, 모든 회원국의 시민은 그들이 어떤 국가에 속해 있든 혜택을 받을 수 있다. 그러나 대기실에 있는 사람이 EU 국가 출신도 아니라면, 일부 사람들에게는 정의롭지 않다는 느낌이 한층 강해질 것이다.

EU 전역에서, 지도자들은 이민의 수준과 내부의 불만을 관리하기 위한 방법을 모색해왔다. 2016년 덴마크는 현금과 보석을 가지고 입국하는 망명 신청자들이 1만 크로너어치만을 보유할 수 있도록 하는 법안을 도입하였다. 이 액수를 넘는 돈은 반드시 '기본적 생계 유지, 의료 및 주거' 비용을 충당하는 데 사용해야 했다. 결혼반지와 같은 정서적인 품목은 나치 독일의 유대인에 대한 대우와 비교한 후 면제되었다. 비록 덜 광범위할지라도, 독일의 몇몇 주와 스위스도 이미 비슷한 조치를 조용히 도입하였다. 예를 들어, 2015년 스위스가 4만 5000명의 난민 가운데 자산을 회수한 사례는 고작 112건일 뿐이다.

덴마크의 조치, 그리고 동일한 법안의 다른 조치들이 늘어나는 난민들의 수와 그들을 돌보는 데 드는 비용에 대한 불안을 누그러뜨리고 난민들이 그런 방향으로 가는 것을 단념시키기 위해 도입되었다는 것은 거의 확실하다. 정부는 극우 단체에 대한 지지도 상승에도 주의를 기울였다. 그러나 덴마크의 법은 이미 실직자가 되어 보험이 없는 덴마크인은 국가 지원을 받기 전에 어느 정도 귀중품을 팔아야 한다는 사실을 간과했다. 2015년 2만 1000명의 망명 신청자를 환영한 정치인들이 사회적 평등주의라는 스칸디나비아의 문화에 자선이라는 아이디어를 파는 것은 점점 더 어려워지고 있었다. 덴마크인들은 비록 프랑스 인구의 12분의 1에 불과하지만, 프랑스보다 망명 신청자를 더 많이 수용하고 있었다. 그리고 덴마크 내부에도 새로운 규정을 비판하는 사람들이 있지만, 그 조치는 인종주의적이고 나치의 정책과 비교된다는 점에서 많은 사람들이 불쾌해한다.

새로 온 사람들이 '유럽적 가치'를 공유하지 않는다고 우려하는 사람들도 일부 있다. 이것은 정의하기 어렵지만, 대부분의 사람들은 EU 국가들이 개인의 자유, 즉 성 평등, 종교의 자유, 언론의 자유에 관해 비슷한 생각을 가지고 있다는 것에 동의할 것이다. 이러한 규범이 없는 다른 문화권의 사람들이 유입되면 자신들의 가치가 위협받게 될 것이라고 느낄 수 있다. EU 국가들 전체에서 다문화주의와 그 가치에 대한 생각을 둘러싸고 문화 전쟁이 벌어졌다. 예를 들어, 성별 분리가 고등교육 장소에서 허용되어야 하는가? 완전한 부르카가 프랑스의 라이시테laïcité라는 개념—종교를 공적인 삶에서 분리시키는 것—과 양립할 수 있는가? 일부 시민들이 여성 할례를 문화적 규범으로 간주한다면, 어떤 처벌이 따라야 하는가? 예를 들면, 유대인과 기독교인들이 《코란》에서 묘사되는 것처럼 특정 집단의 사람들을 '최악의 피조물'로 비난하는 것과 같은 믿음의 전파를 허용하는 것도 언론 자유에 포함되어야 하는가? 아니면 종교적인 문제에서 여자는 《신약성서》의 가르침대로 '남자에 대한 권위를 가질 수 없으며, 침묵해야만 한다'는 것은?

유럽은 이제 전 세계 사람들의 집이다. 유럽은 1970년대 후반과 1980년대에 수십만 명의 베트남인을 받아들였고, 많은 중국인과 인도인이 왔으며, 대부분의 수도에는 남아메리카 공동체가 있다. 그들은 모두 모든 사람이 적응하고 있는 새로운 유럽이라는 혼합물의 일부분이지만, 가장 어려운 적응은 비무슬림과 무슬림 사이의 적응[조화]인 것으로 보인다. 이렇게 된 데는 여러 이유가 있겠지만, 자주 발생하는 것으로 보이는 한 가지 이유는 무슬림들이 지역의 인구보다 많아졌다는 인식이다.

유럽의 무슬림들은 실제로 EU 전역에서 인구 비율이 꽤 낮다. 최근의 이주민/난민 위기 이전 가장 철저한 연구는 2010년 퓨리서치센터가 진행한 것이다. 그 연구에 따르면, EU에서 무슬림 인구가 가장 많은 나라는 독일(480만 명)과 프랑스(470만 명)이다. 각각 인구의 5.8퍼센트와 7.5퍼센트를 차지한다. 영국은 290만 명(4.8퍼센트), 스웨덴 43만 명(4.6퍼센트), 그리스 61만 명(5.3퍼센트)이었다. 이 수치는 증가하고 있다. 지난 30년 동안 10년마다 1퍼센트씩 꾸준히 증가해왔기에, 2010년에는 EU 인구의 6퍼센트(1300만명)가 무슬림이었던 반면, 2030년에는 그 수치가 (2015년의 대량 유입 이전에는) 8퍼센트로 증가할 것으로 예측된다. 그러나 그 수는 많은 사람이 믿는 것보다 여전히 훨씬 낮다.

이러한 오해가 생기는 이유는 여러 가지일 수 있다. 예를 들어, 일부 무슬림 공동체 대표들(흔히 자칭)은 다른 어떤 공동체보다 종교 문제에 훨씬 큰 목소리를 내며, 따라서 언론 보도를 통해 더욱 눈에 띈다. 그러나 더 큰 요인은 아마도 도시 중심부에 매우 가시적인 민족적 집중이 존재한다는 점일 것이다. 스톡홀름 인구의 약 20

퍼센트, 암스테르담의 13퍼센트, 브뤼셀의 15퍼센트, 쾰른의 12퍼센트가 무슬림이다. 많은 사람이 주변에서 보는 것으로 그 나라의 나머지 지역도 비슷하리라고 추측하기는 쉬울 것이다. 예를 들어, 2016년 말 영국 정부의 보고서에 따르면, 브래드퍼드Bradford 같은 북부 도시 중 압도적으로 무슬림이 많은 지역들에서 무슬림들은 영국에 50퍼센트가 훨씬 넘는 무슬림들이 있다고 생각했다.

2010년에 실시된 여론조사 결과 역시 서유럽과 남유럽과 동유럽 사이에 무슬림을 대하는 태도에서 분명한 차이가 있다는 것을 보여주었다. 남쪽과 동쪽에서는 부정적인 태도가 우세했는데, 예를 들어, 72퍼센트의 헝가리인들은 무슬림에 부정적이었으며, 이탈리아인의 69퍼센트, 폴란드인의 66퍼센트, 그리스인의 65퍼센트가 그러했다. 북쪽과 서쪽으로 이동할수록 다수가 무슬림에게 호의적인 평가를 내린다. 영국에서는 '겨우' 28퍼센트의 응답자가 부정적인 태도를 보였으며, 독일에서는 29퍼센트가 그러했다.

그러나 서유럽 일부 지역에서도 반무슬림 정서가 늘어나고 있는 것으로 보인다. 이슬람에 대한 대중의 불안감은 아마도 프랑스에서 가장 높을 것이다. 예를 들어 2010년 여론조사에서 무슬림에 부정적인 태도를 보인 사람은 29퍼센트에 불과했지만, 이후 그 종교를 향한 적대감이 꾸준히 증가하고 있는데, 이는 프랑스가 겪고 있는 테러 공격의 물결 및 증가한 이민과 연결될 수도 있다. 입소스Ipsos가 발표한 〈프랑스의 분열 2017〉이라는 제목의 《르몽드》 조사에 따르면, 응답자의 60퍼센트가 "이슬람교는 프랑스 공화국의 가치와 양립할 수 없다고 믿는다." 이민 문제에 대해서는 65퍼센트가 프랑스에 외국인이 너무 많다고 답했다. 이 점에서는 태도에서 분명한 정치적 차이가 있었다. 국민전선 투표자의 95퍼센트가 동의한 것과는 달리 사회주의자는 46퍼센트가 동의했다. 몇 달 전, 당시 대통령이었던 프랑수아 올랑드François Hollande는 46퍼센트 중 한 명이었다. 《대통령이 해서는 안 될 말A President Shouldn't Say That》이라는 책에는 그가 다음과 같은 말을 한 것으로 인용된다. "나는 거기 있어서는 안 되는 너무 많은 이민자가 있다고 생각한다." 그는 또한 프랑스가 "이슬람의 문제"를 안고 있으며 "아무도 그것을 의심하지 않는다"는 것을 인정했다.

프랑스는 확실히 통합의 문제를 안고 있다. 현재 압도적으로 무슬림이 많은 프랑스 마을과 도시들이 곳곳에 있다. 그 이웃들은 도시 지역의 주변에 있는 경향이 있고, 거의 항상 마을의 가장 가난한 지역에 속한다. 우리는 전에 여기 와본 적이 있다. 찰스 램버트Charles Lambert가 1928년 《포린어페어스Foreign Affairs》에 기고한 매력적인 에세이에 있는 일부 단어들을 대체하면, 2018년에는 다음과 같이 쓰일 수 있었을 것이다.

프랑스로 이주하는 외국인들은 함께 모이는 경향이 있고, 우리 주들의 일부는 민족통일주의irredentism의 진정한 중심지가 되었다. 노르주Nord에 있는 몇몇 마을은 폴란드인들이 함께 데려온 아내, 자녀, 사제, 그리고 학교 교사로 완전히 채워져 있다. 폴란드에서 온 이민자들은 랑스Lens 인구의 20퍼센트, 쿠리에르Courrières 인구의 40퍼센트, 오스트리쿠르Ostricourt 인구의 68퍼센트를 차지한다. 3만 명의 이탈리아인이 남서부에 정착했다. 침투 과정에서 우리 국경 지역이 체계적으로 정복되고 있다. 리비에라Riviera 지역에서는 전체 인구의 거의 3분의 1이 외국인인 반면 니스Nice에서는 그 비율이 거의 절반에 이른다.

이 공동체들은 결국 동화되었지만, 문제는 무슬림 인구가 증가하면서 다시 일어날지도 모른다는 것이다. 그러나 최근에 밀려드는 이민에 대한 유럽인들의 경험 전반에 적용되는 차이점이 있다. 첫째로, 인종주의가 여전히 대륙 전역에 존재한다는 것을 받아들인다면, 대부분의 유럽 무슬림의 피부색이 그들을 사회적·경제적으로 막아설 수도 있다. 둘째로, 1920년대의 폴란드인과 이탈리아인 공동체와 달리, 무슬림 공동체 내부에는 그들이 사는 장소가 추악하고 따라서 저항해야 한다고 말하는 목소리가 있다. 종종 극단적 종교관을 설파하는 이러한 증오의 설교자들은 다수를 대표하지 않을 수도 있지만, 믿음이 중심적인 역할을 하는 공동체에서 그들은 상대방인 백인 극우파들보다 더 큰 기반과 영향력을 가지고 있다. 낯선 환경에 정착한 이민자 공동체는 원주민의 환영을 받기 어려우며, 이 공동체의 '지도자' 중 일부가 분리를 수용하라고 말한다면 이 투쟁은 더 심각해진다.

· · · ·

10년 전 대부분의 사람이 거명할 수 있던 유일한 유럽 극우 정당(자기 나라의 정당을 제외하고)은 아마도 프랑스 국민전선이었을 것이다. 지금은 유럽 전역에 몇 개가 있는데, 황금새벽당Golden Dawn(그리스), 스웨덴 민주당, 자유당(네덜란드), 자유당(오스트리아), 우파연합Jobbik(헝가리) 등이다. 대부분의 초국가주의 정당은 EU의 추가 통합에 반대하지만, 이 모든 정당의 중심적 교의는 이슬람에 대한 두려움이며, 이것은 분명히 많은 지지자들에게 추동력이 된다. 민족주의자들은 단지 정치적으로 급진적인 이슬람의 형태를 띤 이슬람주의에 반대한다고 주장하지만, 초국가주의자들은 자주 이 선을 넘어서 노골적인 이슬람공포증과 무슬림에 대한 인간적 혐오로까지 나아간다.

앙겔라 메르켈 총리가 2015년에 무슬림이 다수인 중동과 아프리카 국가 출신 이민자와 난민에게 독일의 문을 열었을 때, 확실히 그녀는 다른 EU 지도자들로부터 비판을 받았지만, 또한 독일 자체에서도 반대에 직면하기 시작했다. 이것은 독일이 그들을 환영하지 않았다고 말하는 것이 아니다. 국가는 새로 온 사람들을 수용하기 위해 전력을 다해왔고, 수천 명의 보통 사람이 난민 센터에서 자원봉사를 했으며, 언어 교육과 고용 멘토링을 포함한 광범위한 서비스를 제공해왔다. 그럼에도 점점 더 많은 이주민이 도착함에 따라 통합된 사회를 만드는 과제의 규모를 파악하기 시작했을 때 문제가 생겨났다. 2015년에만 거의 100만 명의 비 EU 시민들이 독일에 도착했다. 대부분은 시리아인이었고, 그다음이 아프가니스탄인, 이라크인, 이란인, 그리고 에리트레아인이었다. 독일인들은 제2차 세계대전이 끝난 이후 그런 규모의 이동을 경험한 적이 없었다.

이주자들은 이미 민족적으로 유사한 공동체가 확립되어 있는 지역에 끌리는 경향이 있으며, 이는 통합에 문제를 일으킬 수 있고 특정 구역의 인구통계학적·문화적 특성을 급격하게 변화시킬 수 있다. 이것이 초기의 문제 중 하나였다. 연방 이주난민국이 관찰한 바와 같이, "난민들은 그들 자신과 같은 사람들이 있는 곳으로 가길 원한다. 파키스탄인은 라인마인 지역으로 가고 싶어 하고, 아프가니스탄인은 함부르크로 이주하길 원하며, 시리아인은 베를린으로 가고 싶어 한다. 그러나 밀집 지역은 주거 공간이 부족하고 임대료가 비싸다. 빈민가는 빠르게 진화한다."

대중의 호의는 대체로 2015년 마지막 날 쾰른에서 발생한 것과 같은 수많은 성폭행 사건들(이 사건들은 이민자 탓으로 돌려졌지만, 유죄 판결이 내려지지는 않았다)을 기회로 가라앉기 시작했고, 그즈음부터 독일 전역에서 폭력이 꾸준히 증가하고 있다. 2015년에는 난민 보호소에 대한 공격이 1000건이 넘었다. 그것은 이주민 위기의 정점에 있었지만, 2016년 에게해 전역에서 흐름을 줄이기 위한 터키와의 협약의 결과로 도착하는 사람들의 수가 30만 명 아래로 현저히 감소했을 때에도 여전히 비슷한 수의 사건들이 있었다.

독일에서 장벽과 철의 장막이 남긴 윤곽은 음식과 억양이 아니라 더 심각한 문제에서 발견될 수 있다. 바로 이민에 관해서다. 이민자들에 대한 태도는 일단 엘베강을 건너면 훨씬 더 부정적이다. 간단히 말해서, (베를린을 제외하고) 동독보다는 서독에 이민자가 더 많은데, 이는 나라 전체에 난민과 망명 신청자들을 분배하는 할당제 때문이다. 동부 주들은 더 가난하고 인구가 적기 때문에, 새로 들어오는 사람들을 더 적게 받아왔다. 2015년과 2016년 두 해에 서부의 세 개 주(바이에른, 노르트라인베스트팔렌, 바덴뷔르템베르크)가 이주민/난민의 거의 50퍼센트를 받아들였다. 대조적으로, 2015년에 작센안할트주는 2.8퍼센트, 메클렌부르크포어포메른주는 2퍼센트, 브란덴부르크주는 3.1퍼센트를 받았다. 그러나 상황이 이러한데도, 이주민들에 대한 물리적 공격이 동부에서 더 많이 발생하는 경향이 있다. 독일 국내정보국(BfV)이 발표한 2016년 보고서에 따르면, 서부 주에서는 100만 명당 평균 10.5건의 극단주의 공격이 있었다. 반면 동부의 작센주는 49.6건, 브란덴부르크주는 51.9건, 메클렌부르크포어포메른주는 58.7건으로 나타났다. 이 세 지역은 가장 조직화된 신나치주의 집단들의 본거지이기도 하다.

2016년 독일 정부가 발표한 '독일 통일 상태'에 대한 연례보고서에서 연방 경제에너지부의 이리스 글라이케Iris Gleicke는 '동독의 사회적 평화' 확보의 어려움은 차별에 시달리는 사람에게 영향을 미칠 뿐 아니라 '경제 발전에 대한 매우 심각한 위협'을 초래한다. 그녀는 또한 "동독인 대다수는 외국인 혐오자나 우익 극단주의자가 아니다"라고 지적했다. 독일인들은 역사적 사건을 언급하는데 조심스럽지만, 글라이케는 그 공격들의 규모에서 1930년대와 히틀러의 갈색 셔츠에 대한 기억을 떠올렸다.[10] "우리 동독인들은 이 문제를 우리 손으로 가져와서 우리가 우리의 도시와 마을을 지키

10 '히틀러의 갈색 셔츠'는 넥타이 없이 갈색 셔츠를 제복으로 착용한 히틀러 유겐트를 가리킨다. 히틀러 유겐트는 10세에서 18세까지의 청소년들을 가입 대상으로 했으며, 나치즘을 전파하기 위한 선전, 선동 활동에 동원되었다.

길 원하는지 아니면 갈색 악몽에 맡길 것인지를 결정해야 합니다. 사람들이 공격을 받거나 난민 보호소에 불이 났을 때 사회가 외면해서는 안 됩니다." 그러한 논평은 독일인의 정신에 깊은 반향을 일으켰지만, 그 나라가 과거에 저지른 실수에 얽매여 어떻게 느껴야 하는지, 어떻게 말해야 하는지 정하기를 원치 않는 사람들이 늘고 있다. 그 결과 '서양의 이슬람화에 반대하는 애국적인 유럽인들 Patriotic Europeans Against the Islamization of the West(PEGIDA)'과 '독일을 위한 대안당Alternative for Germany Party(AfD, 이하 대안당)'이 탄생했다.

일찍이 2014년, PEGIDA 회원들은 드레스덴을 비롯한 동부 도시들에서 시위를 벌였다. 이러한 공공연한 적대감은 주류 정치의 영역 바깥에 있었지만, 2015년 초에는 엄청난 군중들을 끌어들였고 전국적으로 퍼져나갔다. 라이프치히에서 열린 한 시위에는 3만 명이 참가했고, 뮌헨에서는 2만 명, 하노버에서는 1만 9000명, 드레스덴에서는 1만 명이 참가했다. 정치가 주변부에서 더 넓은 사회로 옮겨갈 때 흔히 일어나는 일이지만, 시위에서 들리는 많은 함성은 축구 경기장의 관중석에서 처음 들려왔다. '거짓말 언론Lügenpresse'이라는 용어를 트럼프 대통령보다 못해도 1년 이상 먼저 사용한 디나모 드레스덴 울트라스Dynamo Dresen Ultras는 유명한 사례였다.[11] 드레스덴 경기장 관중석에서부터 구호가 거리로 퍼져나갔다. 군중들은 당국이 언론과 작당하여 그들에게 이민에 관한 진실을 말하지 않고 있다고 느꼈다.

---

11 디나모 드레스덴 울트라스는 드레스덴의 프로축구팀 디나모 드레스덴의 응원단인데, 스킨헤드, 네오 나치와 연관된 사건 등 많은 문제를 일으켰다.

이른 여름까지 당에 대한 지지는 '시위 피로감'과 운동의 창시자인 루츠 바흐만Lutz Bachmann이 히틀러와 같은 자세로 찍은 사진 및 PEGIDA 지도자들이 연루된 일련의 추문 탓에 떨어졌다. 하지만 저변에 깔린 정서는 사라지지 않았고, 2015년 여름 이주 위기가 최고조에 달했을 때 그들은 다시 수면 위로 떠오르면서 PEGIDA의 좀더 '구미에 맞는' 형태를 위한 정치적 공간을 만들었고, 그것은 강력한 영국독립당(UKIP)과 같은 대안당으로 나타났다.

대안당은 실제로 2013년에 결성되었으나, 그때는 유로화에 반대하는 캠페인을 벌이는 것에 중점을 두었다. 이민자 위기가 심화되면서 대안당은 이민 쪽으로 관심을 돌렸고, PEGIDA와 친교를 맺었다. 2016년 여름 무렵 PEGIDA가 휘청거리면서, 가장 큰 급진적 우파 운동의 자리를 이어받을 수 있었다. 대안당은 주의회 의석수와 대의권 모두에서 빠르게 성장했다. 메클렌부르크포어포메른주 선거에서 2위를 차지하며 21퍼센트의 득표율을 기록했고, 메르켈 총리의 기독교민주연합을 3위로 끌어내리자 정말로 경종이 울리기 시작했다. 2017년 말 총선 무렵에는 연방의회에 대거 진출할 정도로 잘 조직화되고 인기가 높았다. 1960년대 초 이후 처음으로 극우파가 연방의회 의원을 배출한 것이다. 앙겔라 메르켈의 당이 가장 많이 표를 얻었음에도 대안당은 특히 동부에서 상당한 소득을 올렸고, 전체 선거에서 3위를 차지했다. 유럽의 정치적 무게중심은 유지되지 않았다.

대안당의 정책에는 셍겐Schengen 지역의 거부와 국가 및 EU 차원의 영구적인 국경 통제권 조성이 들어 있다.[12] 대안당은 망명 신청자들에 대한 심사를 강화할 것을 지지하며, 당론에 따르면 만약 무슬림의 관행과 믿음이 '자유민주주의의 사회적 토대, 우리의 법, 그리고 우리 문화의 유대, 즉 기독교적이고 인본주의적인 기반'에 역행한다면 독일에는 그것들을 위한 장소가 없다고 말한다. 대안당은 태도를 다소 누그러뜨려 이슬람교도들이 '사회의 가치 있는 구성원'이 될 수 있다고 인정하지만, 다문화주의는 효과가 없다고 주장한다. 대안당은 또한 유로화에 반대하며 독일 마르크화의 복권을 위한 캠페인을 벌이고, 국민국가로 돌아가기를 원한다.

이 모든 생각이 대륙 전체에서 고스란히 메아리친다. 독일에서 볼 수 있는 지역적·정치적 균열이 모든 곳에서 발생하고 있다. 2017년 3월 네덜란드 총선에서 극우 자유당이 제2당이 되었다. 5월에 국민전선의 마린 르 펜Marine Le Pen은 프랑스 대선 2차 투표까지 진출하여 33.9퍼센트의 득표율을 올렸는데, 이는 2002년 아버지 장 마리Jean-Marie의 득표율보다 거의 두 배 가까이 높은 것이었다. 오스트리아의 자유당도 2017년 10월 선거에서 3위를 차지하며 높아진 지지세를 누렸다. 2018년 여름, 슬로베니아 선거는 극우파가 가장 많은 표를 얻는 것으로 귀결되었다. 심지어 메르켈 총리조차도 극우파의 성장을 막기 위해 노력하면서, 2017년 선거 운동에서 급격히 오른쪽으로 기울었다. 자유민주주의에는 다음과 같은 진리가 있다. 국내의 반민주 운동을 분쇄하지 못한다면, 그것을 관리할 방법을 찾아야 한다는 것이다. 몇몇 유럽 언론은 이러한 선거 결과에 예

---

12 유럽의 국가들 간에 입국 심사 없이 자유롭게 왕래가 가능하도록 하는 솅겐협정에 가입한 26개 국가들을 포함하는 지역을 솅겐 지역이라고 한다.

외적으로 안이하게 대처했다. 유럽은 본래 극단을 뒤로 밀어내는 경향이 있다는 믿음 때문이었다. 하지만 르 펜의 경우처럼, 두 배의 득표는 결코 국민전선이 뒤로 밀리는 것처럼 보이지 않는다.

일찍이 2014년에 이주 문제의 스트레스에 자극을 받은 헝가리 총리 빅토르 오르반은 '비자유 민주주의illiberal democracy'를 만들고 싶다고 말했다. 그 발언의 배경에는 자유주의 정책과 가치에 적대적인 민족주의 정당에 투표하는 유권자들에 의해 자유주의 정책과 가치가 거부될 수 있다는 생각이 있지만, 헝가리는 여전히 민주주의로 남아 있다. 2015년 선출된 폴란드 정부도 비슷한 견해를 보였다. 이 이데올로기는 EU의 이상과 상충되며, 연합을 분열시키려고 위협하는 점점 커지고 있는 분열들 중 하나이다. 브루킹스연구소Brookings Institute가 이주에 관한 보고서에서 밝힌 바와 같이, "위기는 유럽 대륙 전체의 정치를 불안정하게 만들었고, 개별 국가의 정치 체제를 혼란에 빠뜨렸으며, EU 전체의 연대를 위협했다."

이것은 분열된 유럽이 직면한 근본적인 도전이다. 단지 이민에 국한되는 것이 아니라, 경제, 무역, 주권, 자유주의 일반에 관한 문제이기도 하다. 그러나 대량 이민이라는 새로운 현실과 난민을 받아들여야 한다는 도덕적 필요성에 대처할 때 핵심 가치를 놓쳐서는 안 된다. 만일 그렇게 한다면, 미래의 모든 유럽인이 어떤 배경에서든, 현재보다 더 억압적인 사회에서 살게 될지도 모른다. 유럽에 새로 오는 사람들이 대부분 독재 정권으로부터 벗어나려 했다는 점을 기억하는 것은 가치 있는 일이다. 우리는 급진적인 이슬람주의에 대처하고, 대량 이주를 관리하며, 난민들을 돌보아야 할 필요가 있지만, 우리의 자유주의적 가치와 법치에 바탕을 둔 체제를 훼손하지 않는 방식으로 해야 한다.

그 법률, 가치 그리고 체제는 유럽에서 가장 최근에 발생한 커다란 분열, 1945년 이후 나타난 분열을 마침내 치유했다. 이제 새롭고 오래된 분열들이 다시 나타나고 있다. 향후 몇 년 안에 우리는 안전한 유럽의 집을 만들 수 있는지, 아니면 분열된 미래로 후퇴할지를 보게 될 것이다.

8

영국
대국의 고요한 신음

"각자는 자기 자신에게 섬이다.
그러나 차이의 바다가 우리를 갈라놓을지라도,
커다란 공통성이 그 밑바닥에 놓여 있다."

제임스 로조프 James Rozoff

북아일랜드, 벨파스트의 가톨릭 공동체와 개신교 공동체를 나누는 '평화의 벽'

당신이 서기 380년경에 하드리아누스의 성벽에 배치된 로마군 병사라고 상상해보라. 에트루리아/토스카나 지역 출신인 당신은 군단에서 복무하는 이탈리아 반도 출신의 비교적 적은 병사 중 한 명이다. 때는 2월이고, 꽁꽁 얼어붙는 추위에, 성벽에서 밖을 경계하며 야간 근무를 서고 있다. 구름이 끼고, 이슬비가 내리고 새벽이 다가오고 있어 별도 보이지 않는다. 상쾌한 바람이 당신의 튜닉을 부풀리고, 브라케(모직 바지)를 겨우 석 달만 늦게 도착하게 해준 주피터 신에게 감사하고 있다. 어느 쪽이 더 나쁜지, 그러니까 날씨가 더 나쁜지, 성벽 북쪽 야만인의 산발적인 공격이 더 나쁜지는 알기 어렵다. 성벽을 따라서 야간 감시를 하는 북부 갈리아 출신 동료는 친하지도 않은데다 라틴어도 제대로 못 하는데, 25년 동안 복무한 후에 로마 시민권을 얻기 위해 합류했다.

당신은 이 황량한 땅의 희미한 경계와, 바람 부는 황무지를 바라보며, 고향, 루카와 시에나의 마을, 시골, 해안선을 생각한다. 이때 당신은 무겁게 한숨을 내쉬며, "도대체 내가 여기서 뭐 하는 거지?"라고 혼잣말을 내뱉는다. 또는 비슷한 말을 한다.

하드리아누스의 성벽은 '미개한' 섬 부족들에게는 꽤 구경거리였다. 122년에 세워졌는데, 길이는 117킬로미터였고, 성벽의 일부는 높이 4.5미터, 두께 3미터였다. 그 앞에는 깊이 4미터, 폭 9미터의 '해자'가 파여 있었다. 둘 사이에는 못으로 덤불을 만들어 놓았다. 수많은 요새화된 성문이 있었고, 성벽을 따라 두 개의 작은 탑 사이마다 작은 보루가 있었다. 이 성벽의 한쪽에는 '문명'이 있었고, 다른 한쪽에는 '야만인들'이 있었다. 오늘날까지 일부 영국인과 스코틀랜드인은 비록 성벽이 더는 그들을 나누기 위해 존재하지 않음에도 여전히 이것이 사실이라고 농담을 한다.

1500년이라는 세월 동안, 로마제국의 넓은 세력권과 그 경계를 상징하는 하드리아누스의 성벽은 거의 사라졌다. 로마인들이 떠난 뒤, 성벽은 파손되었다. 농부들은 그 잔해를 가져다가 집과 우리를 지었고, 급성장하는 기독교 공동체는 교회를 위해 더 많이 가져갔고, 영국에서 로마인에 대한 기억이 희미해질수록 로마인의 성벽은 그들이 정복하려고 했던 풍경 속으로 부서져버렸다. 로마인들은 그 땅을 통일하는 데 끝내 성공하지 못했다.

하드리아누스의 성벽은 그들이 지배할 수 없던 지역들에 맞서 정복된 영토를 방어하기 위해 세워졌다. 서기 43년 로마인들이 영국 남동부에 처음으로 도착했을 때, 그들은 많은 철기 시대 부족을 발견했다. 이 부족들은 로마인들을 알고 있었다. 그들은 이미 로마 제국과 문화적·경제적 교류를 하고 있었고, 또한 거의 한 세기 전에 율리우스 카이사르Julius Caesar의 침입과 로마의 군사력에 대한 이야기를 들었다. 당시에는 격렬하게 저항했지만, 다시 로마 군단이

덮쳤을 때는 준비를 못했고, 결정적으로 단결되어 있지 않았다. 그들은 로마인에 의해 괴멸되었고, 로마인은 섬 전체를 점령할 준비를 마치자 콜체스터Colchester에 정착했다.

역사가들은 서기 47년에 남동부의 11개 부족이 항복했고, 로마인은 험버Humber의 남쪽으로부터 웨일스 국경 근처 세번강 하구까지 지배했다고 믿는다. 거기서부터 웨일스와 북부를 향해 힘겨운 밀어붙이기가 시작되었다. 84년경 그들은 지금의 스코틀랜드 안쪽 약 240킬로미터, 머리만Moray Firth까지 진격했다. 로마인들이 멀리 킨타이어Kintyre 반도까지 항해했고 군단들이 스코틀랜드 고지대the Highlands를 탐사했다는 증거가 있지만, 머리만은 영국에 정착한 그들 세력의 한계였다. 그들이 계속하여 섬 전체를 단일 통치하에 두고 남아 있을 수 있었다면 영국의 역사는 매우 달라졌을 것이다.

그러나 로마제국의 국경은 다른 곳에서 위협받고 있었고, 군대는 접경지대를 향해 밀어붙이는 데가 아니라 심장부를 방어하는 데 필요했다. 로마인들은 돌아왔고, 현대 영국-스코틀랜드 국경 부근에서 멈추었다. 멈추었을 때 그들은 성벽을 세웠다. 그것은 로마의 군사적 역량의 강도와 범위를 알려주는 가장 중요한 증거이다. 지리적으로 그 지역에는 자연 경계를 형성하곤 하는, 이를테면 강이나 산이 없다. 그런 곳에 로마인들은 군사적으로 선을 그었다.

성벽은 결국 영국이라고 알려지게 될 장소를 형성하는 데 일조했다. 두 세기 반 동안 그 경계선이 유지되었다. 그 선 아래쪽에서는 삶이 점점 더 로마화되었다. 그 위쪽에서는 켈트 문화가 지속되었다. 미래의 웨일스와 스코틀랜드는 결코 완전히 패배하지 않았고,

로마제국의 지배를 받아 로마식 도로와 마을이 건설된 브리타니아의 일부인 잉글랜드 지역과는 다른 느낌을 항상 유지하곤 했다.

서기 211년경 남부 잉글랜드는 로마와 더 가깝다는 이유로 '브리타니아 수페리어Britannia Superior'로 불렸다. 수도는 런던으로 옮겨졌다. 북부 잉글랜드는 '브리타니아 인페리어Britannia Inferior'(또 다른 구분이 오늘날에도 여전히 연관되는)였고, 요크가 수도로 선언되었다. 296년경 그 땅은 더 분할되었다. 이제 남부는 '브리타니아 프리마Britannia Prima'로 불렸고, 하드리아누스 성벽까지의 북쪽은 '막시마 카이사리엔시스Maxima Caesariensis'였으며, 미들랜즈는 '플라비아 카이사리엔시스Flavia Caesariensis'로 다스려졌고, 웨일스는 '브리타니아 세쿤다Britannia Secunda'로 알려졌다. 그중 어느 것도 이름이 이어지지는 않았지만, 그러한 구분의 대강은 오늘날에도 여전히 보인다.

그러나 마침내 대륙에서 로마에 대항하는 사건들이 벌어졌다. 우리의 로마 병사가 스스로 수사적인 질문을 던진 지 몇 년 후, 마그누스 막시무스Magnus Maximus 장군은 똑같이 물었고, 383년에 그는 군단들을 이끌고 귀국하여 로마 황제에게 도전했다. 몇 년 후에, 제국의 최북단 전초기지에 있는 전체 부대가 짐을 싸서 로마로 향했다.

막시무스가 떠난 후, '야만인들'(픽트족과 스코틀랜드인)이 침략해 왔고, 영국인들은 그들을 내쫓기 위해 군단을 파견해달라고 탄원했다. 로마는 그렇게 했다. 하드리아누스의 성벽은 당시 허물어져 있었기에, 로마인들은 북쪽의 침략자들을 막아내려면 국경 장벽을 쌓아야 한다고 영국인들에게 충고했다. 그러나 그들은 돌을 사용하는 방법을 제공하지 못했고, 영국인들은 잔디로 벽을 세웠다. '야만인들'은 곧바로 돌파했고, 로마에 재차 탄원했다. 이번에도 첫 번째와 같았다. "우리를 구해 달라!" 다시 군단이 돌아와서 침략자들을 격퇴했고, 이번에는 지역민들에게 돌 장벽을 건설하는 방법을 보여주었다.

소용이 없었다. 로만인들 없이는 돌 장벽도 북쪽에서 온 무리들을 저지할 수 없었다. 세 번째 탄원이 이루어졌고, 이것은 '영국인의 신음Groans of the Britons'으로 알려졌다. 이번 응답은 그들이 원하던 것이 아니었지만, 그것은 영국 역사의 연대기에 기록되었고, 오늘날까지 정치적 담론에서 사용된다. 로마는 "너 자신을 방어하는 데 유의하라"고 답신했다. 유럽에서 통합 세력은 영국인을 거부했고, 영국인은 통합 세력을 거부했으며, 그들은 실제로 그들 자신의 힘으로 '자신의 방어'에 유의하고 있었다. 브렉시트와 대비되는 면이 흥미롭지만, 반드시 적절하지는 않다. 그 당시 문제는 어떤 방책도 없다는 것이었다. 그림자가 길어지고 있었고, 로마제국 시대 영국의 황혼은 암흑시대로 접어들고 있었다.

600년대 후반 위대한 앵글로색슨 학자 성 비드the Venerable Bede가 타인강Tyne 근처 장벽의 일부분을 "너비 2.5미터, 높이 3.6미터로, 오늘날에도 구경꾼에게 분명할 정도로 동에서 서로 직선으로 뻗은"이라고 표현할 만큼 그 성벽은 여전히 서 있었다. 그러나 그것은 이미 위신을 잃은 구조물이었다. 1700년대까지 그것은 사람들에게 별로 의미가 없어져서 영국 역사에서 가장 큰 문화적 파괴 행위 중 하나로 보이는 일이 일어났다.

1745년 조지 웨이드George Wade 야전사령관은 보니 프린스 찰리 Bonnie Prince Charlie의 재커바이트Jacobite 군대가 남쪽으로 향할 때 이를 차단하는 임무를 부여받았다. 그의 부대와 포병대는 뉴캐슬에서 서쪽으로 행군했는데 단단한 도로가 부족해서 실패하였다. 결국 웨이드는 하드리아누스의 장벽의 오래된 루트를 따라서 칼라일Carlisle로 가는 도로를 새로 건설하였다. 그는 스코틀랜드에서 오랫동안 도로를 건설해온 고지식한 군인이라는 평판이 있었다. 손에 닿는 가장 가까운 건축 자재가 그의 시야에 들어왔다. 해야 할 일은 성벽의 커다란 부분들을 떼어내 그것들을 약 48킬로미터의 도로 바닥으로 사용하는 것이었음은 명백해 보였다.

성벽 파괴는 1800년대까지 계속되었고, 그때야 위대한 역사적 기념물로서 성벽의 가치가 더 넓게 인정받기 시작했다. 보존주의자들은 명분을 얻었고 길게 뻗은 성벽은 파편과 잎사귀들이 제거되고 보존되었다. 가장 잘 보존된 구역들은 헥삼Hexham과 홀트휘슬Haltwhistle 사이의 노섬벌랜드Northumberland의 3킬로미터 구간으로, 현재 영국 최고의 관광명소 중 하나이다. 여름 몇 달 동안 수천 명의 멋진 보행자들이 수 세기 전에 로마인들이 마주쳤던 모든 것과 같은 찬란하고 황량한 시골을 가로질러 오솔길을 따라 걷는다. 겨울에는 문명의 바깥 가장자리에 무엇이 있었는지 더 잘 느낄 수 있다. 대부분의 탑, 총안이 있는 흉벽, 성문은 사라져버렸지만, 성벽은 물리적으로 그리고 영국인의 집단적인 상상 속에 여전히 서 있다. 그것은 영국인들에게 유럽 대륙의 본토와 최초로 정치적으로 연결된 시대를 연상시키는데, 그때의 구분선이 섬의 가장 큰 두 선거구―잉글랜드와 스코틀랜드―사이에 그어졌다.

　그리고 성벽의 많은 부분이 오래전에 사라져버린 21세기, 그것의 대부분이 실제로 스코틀랜드의 국경 남쪽에 있을지라도, 로마의 요새는 여전히 역설적이게도 영국의 주요한 분열 중 하나를 상징한다.

· · ·

　유럽에서 국민국가와 그 국가가 대표하는 사람들을 하나의 깃발 아래 통합하는 것이 얼마나 어려운지 우리는 알고 있지만, 영국은 수백 년 동안 다양한 민족과 정체성을 통합해왔다.

　지금, 영국은 영국을 구성하는 국가들 사이에서 그리고 국민들 내부에서, '우리와 그들'로 분열되는 실제 순간을 겪고 있으며, 많은 사람이 그 어느 때보다 분열되어 있다고 느낀다. 이는 EU 탈퇴 투표와 그 여파로 최근 몇 년간 악화되었다. 문화와 정체성은 세계화, 민족주의, 그리고 EU의 더 큰 문제들과 새로운 방식으로 상호작용하면서 분화되고 있다.

　대다수 영국인은 법적, 언어적, 그리고 대부분 문화적으로 서로 결속되어 있다. 스코틀랜드와 잉글랜드는 역사의 많은 부분에서 별개의 나라였으며, 종종 껄끄러운 관계였다. 분란의 많은 부분은 잉글랜드의 에드워드 1세가 스코틀랜드에 대한 권리를 주장하려고 한 13세기에 시작되었다. 오랜 세월 영국의 침략에 맞서 싸운 후에, 스코틀랜드는 1314년 로버트 브루스 1세Robert the Bruce　때 다시 독립했다. 이후 수 세기에 걸쳐 국경은 종종 양측의 기습과 습격으로 뜨거운 분쟁 지대였다. 두 나라는 스코틀랜드의 제임스 6세가 영국의 제임스 1세가 되기도 했던 1603년에 서로 더 가까워졌고, 마침내 그들은 1707년 공식적으로 연합법Acts of Union에 동참하게 되었다.

스코틀랜드는 별개의 국민국가가 아닐 수 있지만, 스코틀랜드인은 잉글랜드인과는 상당히 다른 민족이며, 아마도 가장 중요한 점은 그들이 확실히 그렇게 느낀다는 것이다. 과장일 수 있겠지만, 그들 사이에 차이는 엄연히 존재하며, 이는 단지 국경 북쪽 남자들의 상당수가 스커트를 입기 때문만은 아니다.

몇 세기 전까지 미세한 민족적 차이가 있었다. 스코틀랜드인은 웨일스인, 콘월인과 마찬가지로 켈트족의 후손이었다. 그들은 약 4000년 전에 섬에 왔으며, 비록 점차 프리지아인Frisian, 앵글족Angles, 주트족Jutes, 색슨족Sanxon으로 대체되었지만, 지금의 잉글랜드에 거주하기도 했다. 잉글랜드인과 스코틀랜드인 사이의 유전적 차이는 현재 거의 눈에 띄지 않지만, 오늘날까지 잉글랜드인은 때때로 스코틀랜드인에 의해 '사세나흐스Sassenachs' — 게일어로 '색슨족' — 로 불린다.

게일어는 17세기 동안 스코틀랜드 북서부 사람들의 제1언어였다. 그러나 연합법이 시행되고 50년 만에, 약 23퍼센트의 사람만이 그 언어를 사용했다. 이 숫자는 1901년에 4.5퍼센트로 줄었고, 21세기에 접어들어 1.2퍼센트로 줄었다. 현재 약 6만 명이 게일어를 사용하며, 그들 대부분은 웨스턴아일스Western Isles에 살고, 이중언어를 구사한다. 스코틀랜드인은 현재의 모국어가 그들의 원래 언어에서 파생된 게 아님을 잘 알고 있다. 그들에게 남겨진 것은 역사적 기억, 즉 한때 그들은 매우 달랐다는 인식이다. 잉글랜드인은 그 관계에서 훨씬 더 크고 때로는 지배적인 세력이었다는 막연한 기억을 갖고 있으며, 스코틀랜드인은 훨씬 더 예민한 억압의 느낌을 받고 있다.

그러나 연합 내에서 스코틀랜드의 자주성이 늘어났음에도 자결의 문제는 사라지지 않았다. 잉글랜드와 스코틀랜드가 최초로 합병했을 때, 스코틀랜드는 교육제도와 법체계에 대한 통제력을 유지했다. 예를 들어, 잉글랜드의 법은 '유죄' 아니면 '무죄'를 허용하지만, 스코틀랜드의 법에는 '입증되지 않음'이라는 제3의 범주가 있었다. 이것이 때때로 "무죄다. 그리고 다시는 그러지 말라"로 번역된다는 농담을 한쪽으로 제쳐둔다면, 자기 자신의 사법 체계를 감시하는 자치의 근본 교리들 중 하나를 만족시킨다. 그러나 스코틀랜드와 잉글랜드는 대체로 하나로 통치되었다. 1885년에 비로소 스코틀랜드 장관이라는 직위가 만들어졌고, 그때도 그것은 여전히 하급 지위였다. 마침내 1926년 스코틀랜드 국무장관이라는 직함과 더불어 고위 내각 직책이 되었다.

1997년에 권력 이양 안건에 대한 국민투표가 있었고, 절대다수가 찬성에 투표했다. 1998년 스코틀랜드 법이 도입되었고, 분명하게 스코틀랜드의 사안으로 판단되는 것에 한해 런던으로부터 이양된 중요한 권한을 갖는, 에든버러에 근거지를 둔 스코틀랜드 행정부와 의회가 만들어졌다. 2007년 행정부는 자신의 이름을 스코틀랜드 정부로 바꾸었고, 이 용어는 2012년에 법적 승인을 받았다.

이듬해 스코틀랜드 정부는 2014년 독립 국민투표 실시를 요구했다. 영국의 분열은 이제 분명한 가능성으로 보였다. 투표를 불과 이틀 앞두고 영국의 세 개 주요 정당은 완전히 당황해서 '반대' 투표를 희망하며, 만일 독립이 거부된다면 '막대한 새로운 권한'이 스코틀랜드 의회에 주어지게 될 것이라고 말했다. 이것이 아마도 최종 결과의 이유 중 하나였을 것이다. 55퍼센트가 독립 반대에 표를 던졌다.

국민투표 이후 2016년 웨스트민스터는 스코틀랜드법을 추진했는데, 이 법은 스코틀랜드 의회에 광범위한 통제권을 부여했다. 여기에는 1998년 스코틀랜드 법을 개정할 자격, 스코틀랜드의 영국 교통경찰 관리, 인상된 부가가치세의 절반을 보유할 권리, 그리고 속도제한과 도로표지판에 대한 의사결정이 포함된다. 뒤의 두 가지는 교육과 법에 대한 권한에 비해 사소해 보인다. 하지만 국가 중대사뿐 아니라 작은 문제들에 대한 통제권은 자기 일로 인식되는 것을 통제하고자 하는 욕구를 만족시킨다.

아마도 이것이 독립에 대한 지지가 명백히 하락하는 이유일 것이다. 얼마 지나지 않아 두 번째 국민투표가 거론되었고, 2015년 총선에서 스코틀랜드 국민당에 대한 지지가 급상승했다. 하원 의석수가 6석에서 56석으로 늘어났다. 그러나 그 후 새로운 세력이 나타나면서 국민들의 관심이 낮아진 듯했고, 스코틀랜드 국민당이 제2차 국민투표에 집중한 것은 아마도 2017년 총선에서 21석을 잃으면서 지지세가 크게 빠졌기 때문일 것이다. 당분간 왕국은 통일을 유지할 것으로 보인다. 스코틀랜드의 정체성은 강하지만 독립국가로 보일 정도로 강하지는 않다. 개념적으로 영국은 여전히 영국을 구성하는 여러 국가 사이에 존재하는 정체성의 차이를 대체한다.

지금까지 스코틀랜드와 잉글랜드의 관계에 관해 이야기한 것은 많은 부분 웨일스와 잉글랜드의 관계에도 적용할 수 있다. 다시 말하자면, 잉글랜드인은 자신에게 책임이 있는 억압에 대해 웨일스인보다 덜 인식하며, 이는 결국 이따금씩 관계에 뚜렷한 우위를 제공한다. 그러나 이제 권한은 자치에 관한 질문에 답하는 데 크게 이바지한 웨일스 국민의회에 이양되었다. 웨일스어에 대한 억압은 오래전에 끝났다. 의회가 제정한 여러 법에 따라 웨일스어는 영어와 법적인 평등을 보장받았고, 웨일스어 텔레비전과 라디오 방송국들이 설립되었다. 이는 웨일스어 사용의 부활을 부추겼다. 대략 웨일스 사람들의 20퍼센트가 '심레이그Cymraeg'를 말하며, 그 수는 약 50만 명이다. 켈트 언어의 하나인 심레이그는 콘월어와 밀접한 관계가 있으며, 둘 모두 6세기에 그 지역들에서 말하던 언어로 거슬러 올라갈 수 있다.

콘월인들 역시 자신을 별개의 지역으로 본다. 콘월인 민족주의자들은 잉글랜드가 콘월과 데본Devon을 나누는 '타마르강River Tamar 동쪽'에서 시작된다고 말한다. 콘월인들은 2014년에 공식적으로 민족적 소수집단으로 인정받았다. 그럼에도, 콘월의 독립에 대한 지지는 아직 정치적 주변부를 넘어 확산되지 못했다.

그들은 자신의 정체성을 매우 강하게 인식하고 있는 반면, 영국 제도의 사람들 대부분은 동일한 가치와 모든 것에 우선하는 연합의 이념에 찬성하면서 잘 지내고 있다. 물론 웨일스와 스코틀랜드에서 표출되는 반잉글랜드 정서에 대한 이야기도 있고, 실제로 일어나기도 한다. 나는 한때 퍼스셔Perthshire에 있는 남자 노동자 클럽에서 사실상 서비스를 거절당했다. 그러나 그런 사건들은 드물며, 편협한 한 사람에 비해 보통 선의의 '놀림'이나 장난에 가담할 때를 빼고는 차이를 거의 생각하지 않는 수천 명의 다른 사람이 있다.

젊은 잉글랜드인으로서 나는 스코틀랜드와 웨일스의 경기를 보러 렉섬Wrexham으로 가는 수백 명의 스코틀랜드인들과 함께 기차를 타는 특권을 누렸다. 그 여행은 "네가 빌어먹을 잉글랜드인을 싫어한다면 손뼉을 쳐"라는 가사의 노래들이 간간이 끼어든 긴 술자리였다. 내 손은 열광적으로 박수를 치는 바람에 아팠지만, 나는 일부 축구 팬의 정서를 완전한 스코틀랜드 민족의 정서로 착각하지 않았다. '혐오'는 관람석에서 울려퍼지는 말이다. 운동장을 떠나면 대부분의 사람은 더 성숙한 태도로 행동한다. EU를 탈퇴하는 데 투표한 많은 영국인이 국수주의적이고 극단적인 민족주의적 사고방식에서 그렇게 한 것이 아니듯이, 영국을 탈퇴하는 데 투표한 매우 많은 스코틀랜드인이 반잉글랜드적인 것은 아니었다.

영국의 오래된 '부족들' 대부분은 서로 섞여져서 일하고, 살고, 놀고 있다. 이 비교적 과밀한 섬의 인구가 7000만 명에 육박해도 응집력이 유지된다는 것은 대단히 중요하다. 국민 중 하나가 법적인 관계를 끊기로 결정한다면, 평화적으로 행해지는 것이 중요하다. 지난 세기에 언제나 그렇지는 않았던 곳은 이 왕국의 한 구석—북아일랜드—이 유일했다.

북아일랜드는 영국의 4대 주요 지역 중 가장 작은 지역으로, 국토의 5.7퍼센트를 차지하며 인구는 전체 인구의 2.9퍼센트인 180

만 명이다. 북아일랜드는 영국 정부가 아일랜드를 두 개의 관할권으로 나눈 후 1921년에 생겨났다. '남아일랜드'는 1922년에 독립한 반면, 북아일랜드는 UK의 일원으로 남았다. 일부 사람들은 '연합왕국United Kingdom(UK)'이라는 용어와 '대영Great Britain'이라는 용어는 교환 가능하지만, 후자는 오직 잉글랜드, 스코틀랜드, 웨일스(그리고 몇 개의 작은 부속 도서들)만을 가리키는 반면, UK는 북아일랜드도 포함한다고 생각한다. 완전한 명칭은 '대영연합왕국과 북아일랜드The United Kingdom of Great Britain and Nothern Ireland'이다.

처음부터 북아일랜드의 인구는 개신교(대다수)와 가톨릭으로 분열되었다. 개신교도는 대체로 스코틀랜드 출신 정착민들의 후손이고, 잉글랜드 출신은 그보다 적었다. 대부분 과거와 현재의 '통일주의자'이며 영국(UK) 안에 머물기를 원한다. 반면 대부분의 가톨릭교도는 과거에 그랬듯 현재도 '민족주의자'이며, 비록 어떻게 달성할지에 관해서 의견이 불일치한다고 해도 통일된 아일랜드를 원한다. 두 공동체 사이에는 항상 일정한 증오가 있었고, 이는 자주 폭력으로 분출되었다. 그중 최악의 폭력은 '북아일랜드 분쟁Troubles'이 있던 30년 동안 일어났다. 1960년대 말에 시작된 분쟁으로 3500명 이상이 목숨을 잃었고, 5만 명이 부상당했다.

1998년 권력을 공유하는 성금요일협정Good Friday Agreement이 맺어져 대부분의 폭력을 끝냈고, 그 결과로 지급된 '평화 배당'은 경제 성장과 실업 감소를 추진하는 데 도움을 주었다. 그럼에도, 북아일랜드는 '우리와 그들'의 문화가 깊이 뿌리박힌 채 심각하게 분열된 곳으로 남아 있다. 교육과 주택처럼 양분된 삶의 요소는 거의 없는데, 수도 벨파스트에서는 양분된 것이 양측 사이에 세워진 물리적 장벽에 의해 매우 명백하게 드러난다. 그 장벽은 '평화의 벽'으로 알려져 있지만, 아이러니하게도 갈등을 상징한다. 이것은 요르단강 서안이나 사우디-이라크 국경과 같은 연속적이고 웅장한 장벽이 아니라 대부분 도시의 북쪽에 있는, 벨파스트의 가장 가난한 몇몇 지역을 지그재그로 통과하는 금방이라도 무너질 듯한 일련의 콘크리트와 금속 구조물이다. 그것은 북아일랜드 분쟁이 시작될 때 나타나기 시작했다. 많은 장벽이 겉보기에 이유 없이 시작하고 끝나지만, 지역 주민들은 그 이유를 알고 있다. 그것은 개신교와 가톨릭 영토의 분리를 표시하는데, 장벽이 없다면 폭력이 더 자주 일어날지도 모른다.

헨리 로빈슨Henry Robinson은 대부분의 사람들보다 이러한 분열의 폭과 깊이를 더 잘 이해하는 사람이다. 공식 아일랜드공화국군(IRA)의 전 회원인 그는 젊은 시절에 경쟁자인 임시 아일랜드공화국군 한 명의 무릎을 쏜(죽이지 않고 무릎 부근을 쏘는 테러범이 주로 하는 수법—옮긴이) 죄로 수감되었다. 그러나 크럼린로드 교도소에서 복역한 후, 그는 콜롬비아와 같은 세계 곳곳은 물론 북아일랜드의 분쟁 해결에도 일생을 바쳤다. 그는 그 장벽이 화해를 가로막고 있다고 믿는다. "나는 그것을 '분쟁의 벽' 또는 '증오의 벽'이라고 부릅니다. 갈등은 끝났지만 종파주의가 사회에 계속 뿌리내릴 수 있도록 허용되었고, 갈등이 끝난 이후 장벽의 수가 증가했다는 것이 그 증거입니다."

벨파스트에는 이러한 장벽이 모두 100개가량 있다. 심지어 여행자의 명소가 되었고, 여름 몇 달 동안 그것을 보기 위해 크루즈선에서 버스로 도착하는 관광객들을 볼 수 있다. 이상하게도, 장벽은 평화는 깨지기 쉽다는 사실을 상기시키고, '평화 배당'이 가져다준 경제적 이익도 상기시킨다. 장벽의 양쪽은 적대자들의 상징과 메시지로 장식되어 있다. 아일랜드나 영국 국기의 색깔로 그려진 포장도로의 연석에서 올려다보면, '진짜 아일랜드공화국군'를 지지하는 "영국인들은 사라지지 않았다-우리도 사라지지 않았다" 또는 "얼스터Ulster는 언제나 영국인으로 남아 있을 것이다-항복 반대"와 같은 슬로건을 자랑스럽게 내건 벽들이 보일 것이다. 일부 건물들의 전체 면에는 아일랜드공화국군과 얼스터자유투사들Ulster Freedom Fighters 같은 준군사 단체를 기리는 벽화가 그려져 있다. 헨리는 이 부족적 충성심에 감명을 받지 않았다. "나는 두 공동체가 테러를 쉽게 생각하고, 이 증오에 찬 기념물들에 비뚤어지고 잔학한 자부심을 가지고 있다고 생각합니다. 그것은 해결되지 않는다면 앞으로 일이 잘못될 수도 있음을 보여주죠."

분열은 전국에 존재하며, 비록 적은 수준이지만 런던데리/데리Londonderry/Derry 같은 다른 도시 지역에도 장벽이 있다. 소도시에서는 단층선을 발견하기가 더 힘들지만, 단층선은 거기에 있다. 한 주택단지는 대부분 개신교일 것이고, 또 다른 주택단지는 대부분 가톨릭일 것이다. 도시의 강이 경계선일지도 모른다. 주민의 90퍼센트가 통일주의자이거나 민족주의자인 구역들을 찾기는 쉽다. 일상생활에서는 많은 사람이 상호작용을 하며, 중산층이 더 많은 지역일수록 주거의 다양성이 더 크다. 많은 사람은 이웃과 통합하지 않으려고 의식적인 선택을 하지 않는다. 그러나 사회 안에 세워진 정치적·종교적 구조들은 그것들이 기능하는 방식을 형성하고 공동체가 평행하지만 분리된 삶을 살도록 보장한다.

이러한 자기 영속적인 분열을 깨뜨리는 방법을 찾기는 어렵다. 이웃들이 쪼개지는 것—특히 사회적 주택단지에서—과 마찬가지로 학교도 쪼개진다. 체제를 통합하려는 기획은 흔들렸고, 최근의 연구는 북아일랜드 학교의 거의 절반에서 95퍼센트의 학생이 종교가 같다는 것을 발견했다. 또 다른 세대의 아이들은, 북아일랜드의 총리 피터 로빈슨Peter Robinson이 2010년에 "근본적으로 우리 사회에 해악을 입히고 있는 아파르트헤이트의 온화한 형태"라고 묘사한 교육제도의 주요한 두 파벌 중 하나에 속한 채 성장하도록 되어 있다. 헨리 로빈슨은 이렇게 동의한다.

장벽은 대다수의 사람들이 자기 아이를 분리된 종교 학교에서 교육하는 비물리적인 장벽과 분열의 상징물입니다. 북아일랜드에는 분리의 문화가 있고, 통합의 정책이 있는데, 이것은 결혼하지 않습니다. …… 양쪽에 다리를 놓으려 해도 공동체의 지원이나 집중력이 충분하지 않습니다. 왜 종교와 교육 그리고 공동체의 화합에서 영국의 북아일랜드 예산에 부대 조건이 붙지 않습니까? 저 공동체들이 함께 사는 법을 배울 수 있는 독창적인 방법을 제안하는 데 많은 자원이 전용될 필요는 없을 것입니다.

균열을 끝내려는 노력이 곤경에 빠진 듯 보이는 한편에는 조만간 영향을 미치게 될 것, 즉 인구통계상의 변화가 있다. 1921년 아일랜드의 분할 이후 북아일랜드에서는 개신교도가 가톨릭교도보다 두 배나 많았고, 이 비율은 1970년대 초까지 지속되었다. 그러나 현재, 개신교도는 더 이상 전체 인구의 절반을 넘지 않는다. 2011년 인구조사에 따르면, 개신교도는 41.6퍼센트(다양한 교파에 걸쳐), 가톨릭교도는 40.8퍼센트였다. 종교적 갈등은 종교적 관행의 쇠퇴와 더불어 최근 수십 년간 희미해졌지만, 문화적 정체성 중 하나로 대체되었다. 어떤 사람이 가톨릭교도인지 개신교도인지는 그 사람이 통일주의자인지 민족주의자인지를 가리킨다. 출생률과 종교적 일체감이 개신교도 지역에서 더 빨리 낮아짐으로써 가톨릭교도가 다수가 될 가능성이 있으며, 이에 따라 영국에서 북아일랜드의 지위에 관한 정치적 함의와 질문들이 제기될 수 있다.

　북아일랜드의 지위는 이미 브렉시트 투표 이후에 문젯거리이다. 북아일랜드-아일랜드 국경은 영국에서 유일한 육지 국경이다. 이제 이것을 어떻게 해야 하는가? 그 지역에서 사람과 사업체는 국경을 넘어 자유롭게 이동하고 거래하는 것에 익숙하다. 이것이 어떻게 변할지는 광범위한 결과를 초래할 수 있으며, 북아일랜드와 아일랜드의 연합에 대한 지지를 증가시킬 뿐 아니라 깨지기 쉬운 평화를 망칠 위험도 있다. 영국 정부는 국경 통제소를 설치할 계획이 없다고 말했지만, 그것은 그 자체로 많은 문제를 야기한다. 이는 잠재적으로 영국과 EU 사이에 사람과 상품 모두를 위한 개방된 통로를 허용하는 것으로, 탈퇴하는 데 투표한 사람들이 통제하기를 원했던 바로 그것들 중 하나이다.

브렉시트는 영국 전역에 깊은 분열을 드러냈다. 그것은 해묵은 분열을 악화시켰지만—스코틀랜드와 북아일랜드의 대다수는 잔류하는 데 투표하였다—또한 인구 내에서 다양한 차이를 노출하였다.

. . .

영국 사회에서 가장 분명한 구분 중 하나는 언제나 계급 구분이었고, 이는 오늘날에도 여전하다. 과거보다는 덜 분명할지도 모르는데, 중산층 교사가 노동계급 배관공보다 수입이 적을 수도 있고, 열차 기관사가 중간 경영자보다 더 많이 벌 수도 있다. 그리고 사회적 이동성과 다양성이 더 커지고 있다. 그러나 대부분의 사회적 이동성 연구에 의하면, 사립학교에 입학하고 그다음에는 러셀 그룹Russell Group 대학(영국의 24개 일류 대학) 중 하나에 입학한 남성과 여성은 여전히 전체 인구의 비율보다 높은 수치로 가장 높은 지위를 차지하고 있는 것으로 나타난다. 이 사람들이 사실 가장 고학력이고, 많은 경우 그들의 직업에 가장 적합한 사람들이라고 할 수 있다. 하지만 이 시스템은 각 나라가 최선의 재능을 발견하고 활용하는 것을 방해한다고 주장할 수도 있다.

영국 인구의 불과 7퍼센트가 사립학교에 다니지만, 그들은 사법부, 군, BBC 방송사, 주요 기업, 공무원, 주요한 두 정당에서 최고위직을 장악한다. 예를 들어, 공직 사무관 중 55퍼센트가 사립 교육을 받았으며, 최상위 판사의 71퍼센트도 마찬가지다. 영국 신문 칼

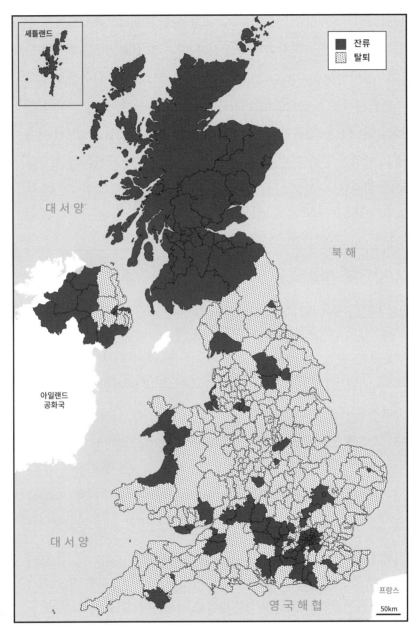

세틀랜드

잔류
탈퇴

대 서 양

북 해

아일랜드
공화국

대 서 양

프랑스

영 국 해 협

50km

2016년 EU 국민투표 당시 영국 여러 지역의 투표 양상

럼니스트의 약 절반 정도가 사립 교육을 받았다. 2014년 사회적 이동성 및 아동빈곤위원회의 보고서에 따르면, BBC의 영향력 있는 〈퀘스천타임Question Time〉 프로그램에 나온 게스트 중 43퍼센트가 옥스퍼드대학교 또는 케임브리지대학교를 졸업했다. 그리고 사회 전반의 불균형을 영속화하는 데 일조하는 다른 요인들도 있다. 많은 주요 기업은 무급 인턴십만을 제공하기에, 부모가 생활비를 보조해 주지 않으면 사실상 지원 자체가 불가능한 셈이다. 결과적으로 부유한 사람들, 그중 많은 사람이 사립교육을 받고, 직업 세계에서 성공하는 데 도움이 되는 경험과 접촉을 얻는다.

정치와 언론이 모두 사립 교육을 받은 사람들로 불균형하게 채워진 상황에서, 후자는 여론에 큰 영향을 미칠 수 있는 공적인 담론을 지배하는 경향이 있다. 그것은 또한 그들이 소수의 관점을 대변한다는 것을 의미할 수 있다. 이것은 반대 견해가 실제로 얼마나 인기 있는지 모호하게 만들 위험이 있고, 많은 사람이 자신의 목소리가 들리지 않는 것에 점점 더 좌절하게 되는 상황으로 귀결된다. 그것은 부분적으로 브렉시트에서 일어났던 일이며, 이런 이유로 2016년 6월 영국이 EU 탈퇴에 근소하게 찬성표를 던졌을 때 정치, 기업, 언론 계급은 큰 충격을 받았다. 덜 거만한 사람들은 잠에서 깨어 그들이 그동안 거대한 유권자들과 얼마나 유리되어 있었는지를 깨달았다.

브렉시트 이후, '뒤에 남겨진 사람들'에 대한 많은 이야기가 있었다. 이 표현은 대개 EU와 세계화 덕에 살림살이가 나아지기는 커녕 오히려 비숙련 일자리 경쟁과 때로는 실업으로 몰린 사람들을 가리킨다. EU를 탈퇴하는 데 투표한 사람들은 많은 이유에서 그렇게 했으며, 각계각층 출신이었지만 확실히 많은 사람이 이전에 노동계급 지역인 잉글랜드와 웨일스의 가난한 지역 출신이었다. 이는 부자와 빈자 간의 전통적인 계급 구분을 반영하고 있었다.

오래된 분열은 극복하기 어렵고, 동시에 일부 평론가는 사회의 새로운 균열을 확인하기 시작했다.

작가 데이비드 굿하트David Goodhart는 2017년 저서《어딘가로의 길The Road to Somewhere》에서 "세계를 어디서나anywhere 보는 사람과 세계를 어딘가에서somewhere 보는 사람 사이의" 주요한 차이를 특징지었다. 거기서 그는 이렇게 주장했다. "어디서나 보는 사람들Anywheres은 우리의 문화와 사회를 지배한다. 그들은 학교에서 잘 지내는 편이고, 대개 10대 후반에 집에서 기숙대학으로 옮기며 런던이나 심지어 한두 해 해외로 데려갈 수도 있을 직업에서 경력을 쌓는다." '어디서나 보는 사람들'은 베를린, 뉴욕, 상하이, 또는 뭄바이 등 어디를 가든 편안함을 느낄 수 있다. 반면에 '어딘가에서 보는 사람들Somewheres'은 정체성이 훨씬 더 분명하게 규정된 편이다. 영국의 대다수 사람처럼, 그들은 자신이 자란 곳 30킬로미터 안쪽에서 살며, 지방, 지역, 국가를 동일시한다. 그들은 더 "뿌리 박혀" 있다.

'어딘가에서 보는 사람들' 중에는 세계화와 연결된 경제적 변화의 결과로 일자리를 서서히 잃고 자신들의 노동계급 문화가 최근에 국가적 담론에서 소외된 많은 사람들이 있다. '코스모폴리탄cosmopolitan'이라는 말은 '세계 시민'을 의미한다. 우리는 실제로 모두 하나의 사람이지만, 자라난 곳 근처에서 살고 강한 지역적 정체성을 가지며, 모든 대륙에서 통하는 직업 기술을 갖지 못한 누군가에게 그들이 '세계 시민'이라고 설득하기는 어렵다.

굿하트는 영국 인구의 최대 25퍼센트가 '어디서나 보는 사람들'이고, 약 50퍼센트는 '어딘가에서 보는 사람들'이며, 나머지가 중간자들Inbetweeners이라고 말한다. 이것은 대략적인 수치지만, 현대 영국의 계급과 세계관을 이해하는 데 유용한 프리즘이다. 많은 '진보적인' '어디서나 보는 사람들'은 조국애를 표현하는 데 소극적일 수 있지만, '어딘가에서 보는 사람들'은 덜 그렇다. 그들의 세계관은 적어도 1970년대까지는 영국 사회에서 수용되는 '사실'이었지만, 다문화 사회의 부상, 평행적 문화, 고등교육의 보급은 그것에 도전하였다.

노동계급의 전통적 정당인 영국 노동당은 점점 더 중산층 '진보주의자들'의 정당이 되어가며, 그들 중 다수가 '어디서나 보는 사람들'의 세계관에 기대게 될 것이다. 1966년 총선에서 해럴드 윌슨Harold Wilson이 이끈 노동당은 대략 1100만의 노동계급 표와 200만의 중산층 표를 얻어 정권을 잡았다. 2015년 그 수치는 약 420만의 노동계급 표와 440만 중산층 표로 바뀌었다. 이런 양상은 다양한 요인에서 빚어진 것으로 보이는데, 전통적인 노동계급 일자리의 감소는 물론이고 전통적으로 노동계급에게 결정적으로 중요한 문제—일자리, 주택, 범죄—에 집중했던 당이 정체성 정책을 포함하는 다른 문제들에 더 집중한 것으로 보였기 때문이다.

세계적인 것이든 더 지역적인 것이든, 이렇게 상이한 정체성은 정체성, 민족주의, 그리고 브렉시트 투표 전후의 이민에 관한 논쟁에서 서로 충돌하였다. 정치계와 언론계가 관여하기를 거부하는 듯이 보였기 때문에, 수십 년간 이것은 많은 면에서 숨겨진 담론이었다. 그럼에도, 엄청나게 많은 사람이 방방곡곡에서 그것을 토론하고 있었다.

후임 정부들은 현재와 미래의 건강한 경제를 위해 영국에 대량 이민이 필요하다는 생각을 지지했다. 실제로 이를 뒷받침해주는 강력한 사례가 있다. 만약 영국의 모든 이민자가 동시에 휴업하게 된다면, 교통, 건강, 그리고 그 밖의 많은 산업이 마비될 것이라는 점은 분명하다. 그러나 부족한 것은 주택과 의료에 수반되는 재원조달이었고, 권력자들은 말을 제대로 들으려 하지도 않고 사람들의 걱정을 무시하는 경향이 있었다.

2010년 영국 총선 유세 때 일어난 일을 사례로 들 수 있다. 당시 수상 고든 브라운Gordon Brown은 로치데일Rochdale 북부 마을에서 평생 노동계급 유권자로 살아온 65세의 길리언 더피Gillian Duffy와 텔레비전으로 중계된 거리 대화에 참여했다. 더피 부인은 국가 부채, 교육, 보건 서비스에 대해 여러 가지 의견을 과감하게 내놓고 나서 이렇게 말했다. "당신은 이민자들에 관해 아무것도 말할 수 없어요. 이 모든 동유럽인들은 대체 뭐고, 어디서 몰려오고 있는 걸까요?" 그녀의 발언은 그녀 스스로 고향의 변화 속도에 확신이 없다는 생각을 표현하려는 것이었다면, 인종주의자로 여겨질 것임을 암시하는 듯했다. 부지불식간에 수상은 그녀의 견해를 확인하기 위해 계속 이야기했다. 그녀와 농담을 나누고 웃고 그녀의 등을 토닥이며 그녀의 행운을 기원한 후 차에 올라탔다. 그러고는 마이크가 아직

켜져 있다는 것을 잊은 채 보좌관에게 말했다. "끔찍하군. 글쎄, 그냥 …… 그 여자랑 엮이지 말았어야 했어. 누구 생각이었지?" 그러고 나서, 그녀가 무슨 말을 했는지 물어보는 한 보좌관에게 대답했다. "오, 모든 것. 굉장히 편협한 여자였어." 이 지점에서, 그들의 고향이 어떻게 변하고 있는지 걱정하던 수백만의 영국 사람들은 그들의 수상이 자신들을 편협한 사람이라고 생각한다는 것을 깨달았다.

많은 경제학자는 영국에 이민이 필요하다고 주장한다. 문제는 그것이 매우 빨리 일어났고, 정부는 2004년에 동유럽 열 개 나라가 EU에 합류한 후에 이민에 대한 기획을 평가할 때 그 결과를 고려하지 않았다는 것이다. 그 기획은 현실과는 동떨어진 것으로 판명되었다. 2003년 내무성 보고서는, 만일 독일을 비롯해 주요 EU 국가들이 노동시장을 개방한다면 폴란드와 헝가리 같은 국가에서 들어오는 사람이 한 해 1만 3000명은 넘지 않을 것이라고 주장했다. '만일'은 중요한 것으로 판명되었다. 영국 정부는 '들어오세요'라고 말했고, 다른 대부분의 EU 국가들은 '들어오지 마세요'라고 말했다. 실제로 겨우 세 나라(영국, 아일랜드, 스웨덴)만이 2004년에 노동시장에 대한 동유럽의 즉각적인 접근을 허용했다. 나머지 회원국들은 여러 해에 걸친 더 점진적인 과정을 생각하면서 다양한 제한을 도입했다. 2015년 중반까지 폴란드에서만 약 90만 명이 영국에 도착했다. 영국 국립통계청에 따르면, 2004년부터 2016년까지 영국으로의 순이주는 해마다 평균 25만 명이었다. 합산해보면, 리버풀 규모의 도시 여섯 개가 새로 생긴 셈이다.

이 통계를 감안하면, 2011년 유고브YouGov 여론조사에서 62퍼센트의 응답자가 "영국은 최근에 알아볼 수 없을 정도로 변화했다. 때때로 외국처럼 느껴지고 이것 때문에 불편하다"는 말에 동의한 것은 놀라운 일이 아니다. 일부 사람들은 그런 감정이 외국인 혐오증에 대한 증거이며, EU 가입과 세계화의 혜택에 대한 비이성적인 대응이라고 시비를 건다. 이것은 이웃이나 그들이 방문하는 도시 지역이 급격한 변화를 겪는 것을 본 보통 사람들에게 다소 불공평하다. 일부 지역이 변했다는 것은 사실이다. 이것에 일부 영국인이 불편해할 수 있다는 것은, 만약 많은 외국인이 갑자기 호치민의 몇몇 지역으로 이주한다면, 그 지역 주민들도 마찬가지로 불편을 느낄 것이라고 말하는 것만큼 명백하다.

노동계급 지역의 중산층 '젠트리피케이션Gentrification'을 비난하고, 어떻게 노동계급이 그러한 변화를 포용하지 않을 수 있는지를 정확히 이해하는 같은 유형의 사람이, 이민이 이웃을 변화시킬 수 있는 방식들에 불편해하는 사람들을 비판하는 것은 아이러니하다. 젠트리피케이션은 때때로 '사회적 정화'라고 불리기도 하는 반면, 이민은 '다양화'라고 불린다. 거의 언제나 사실인 것은 이러한 용어를 사용하는 사람 중 다수가 그 자리에 살고 있는 사람들보다 그 용어의 영향을 덜 받는다는 것이다. 상대적으로 동질적인 문화를 향유했고 현재 세계에서 그들의 자리를 확신하지 못하는 사람들을 무시하는 것은, 단지 그들의 근심을 이용할 사람들, 즉 진짜 편협한 자들의 품으로 그들을 몰아넣을 뿐이다.

대부분의 영국인은 이제 민족 평등, 성 평등, 동성 결혼에 대한 생각을 받아들인다. 이민에 반대하는 것이 이민자들을 반대하는 것과 반드시 일치하지는 않는다. 변화에 불편함을 느끼는 것과 인종주의자가 되는 것이 다른 것처럼, 애국심과 민족주의도 마찬가지다. 나는 전자를 부분적으로 '자신의 조국에 대한 사랑과 타인의 조국에 대한 존경'으로 정의하고, 후자를 '자신의 조국에 대한 사랑과 타인의 조국에 대한 경멸'로 정의한다. 역사는 우리가 '타자'에게 편안함을 느끼는 데 시간이 걸리지만 또한 적절하게 관리한다면 우리와 그들을 모두 포용하는 방법을 배울 수 있다는 점을 보여준다.

이것은 까다로운 종교 문제에도 마찬가지다. 2011년 인구조사에는 잉글랜드와 웨일스의 수십 개의 종교 목록에 '제다이 기사단', '헤비메탈', '사탄주의'가 들어갔다. 이러한 신앙은 기독교, 이슬람교, 힌두교와 함께 총 6500만 명의 인구 중 소수가 신봉하고 있다.

영국에서는 약 3분의 2의 사람들이 종교나 예배 장소에 참여하지 않는데, 이것은 북아일랜드가 얼마나 비정상적인지 보여준다. 그곳의 강한 종교적 정체성은 영국 내 다른 지역의 현실을 반영하지 못한다. 교회 출석은 전반적으로 매년 계속 감소하고 있으며, 이는 1950년대에 시작되어 가속화된다. 기독교가 급격히 쇠퇴하는데도 2011년 인구조사에서 응답자의 59.3퍼센트인 3300만 명이 '기독교인'이라고 주장했다. 이것은 분명히 거의 나라 전체가 기독교 신앙을 공언했을 때부터 이어진 문화적 유물이며, 많은 사람이 신앙의 교리를 받아들이지 않더라도 문화적으로 그것의 역사 및 전통과 동일시한다는 것을 보여준다. 그러나 이것 역시 희미해져가고 있다. 2001년 인구조사에서는 72퍼센트가 기독교인으로 확인되었다.

2011년 인구조사에 따르면, 59.3퍼센트의 기독교인 외에도 4.8

퍼센트는 이슬람교도, 1.5퍼센트는 힌두교도, 0.8퍼센트는 시크교도, 0.5퍼센트는 유대교도인 것으로 나타났다. 그것은 대략 270만 명의 이슬람교도, 80만 명의 힌두교도, 42만 3000명의 시크교도, 26만 3000명의 유대인이 있음을 뜻한다. '무종교'와 함께 이들은 숫자 면에서 상위 여섯 개 범주에 속한다. 공식적으로, 제다이 기사단은 17만 6000명의 지지자 또는 아마도 특별한 유머 감각을 지닌 사람들로 7위를 차지했다. 자칭 사탄주의자는 1800명에 불과했다.

제다이 기사단, 그리고 실제로 악마를 믿는 신자들이 앞으로 얼마나 늘어날지 예측하기는 어렵겠지만, 주요 종교의 경우에는 덜하다. 영국에서 가장 빠르게 성장하는 신앙은 이슬람교인데, 부분적으로 출생률, 이민, 헌신 때문이다. 대부분의 영국인이 종교적이지 않은 반면—실제로 7퍼센트 미만의 인구가 자신을 실천하는 기독교인으로 생각한다—2014년 여론조사에 따르면 이슬람교도의 93퍼센트는 자신들의 종교를 실천한다. 대부분의 무슬림 문화에서 무신론에 대한 '믿음'을 선언하는 것은 용납될 수 없기 때문에, 이 중에 얼마나 많은 사람이 독실한지 혹은 문화적 압력에 따라 대답한 것인지 판단하기는 어렵다. 그것을 추종하는 신도의 수와 영국 무슬림 세 명 중 한 명이 15세 미만이라는 사실을 고려하면, 영국에서 두 번째로 큰 종교로 공표된 이슬람교의 상승은 계속될 것 같다. 그리고 계속되는 이민과 기독교 공동체의 교회 출석률이 감소함에 따라, 이슬람교는 아마도 이 나라에서 가장 많이 실천되는 종교가 될 것이다.

하지만 그것은 무슬림 인구의 실제 규모와는 다르다. 2011년에는 영국에서 20명 중 1명 정도가 무슬림이었지만, 유럽 전역에서 그렇듯이, 이 비율에 대한 대중의 인식은 매우 다르다. 입소스모리Ipsos Mori가 수행한 여론조사는 대부분의 영국인이 무슬림의 수를 세 배로 과대평가한다는 것을 보여주었다. 비무슬림 인구와 무슬림 인구 모두 그렇게 생각하는데, 이는 부분적으로 도시 지역에 이슬람교도가 집중되었기 때문일 수 있다. 80퍼센트의 무슬림이 단지 네 개 지역에 산다. 요크셔Yorkshire, 노스웨스트the north-west, 웨스트미들랜즈the West Midlands, 그레이터런던Greater London.

이러한 집중은 평행사회parallel societies가 출현할 상황을 초래하여 사회적 응집력이 분열되고 흐트러질 수 있다. 압도적인 수의 무슬림이 근처의 비무슬림 이웃들과 거의 접촉하지 않는 일부 도시 지역(예컨대 루턴Luton, 번리Burnley, 맨체스터Manchester, 올덤Oldham)이 있다. 다문화주의는 이러한 측면에서 도움이 되지 않았다. 그것은 동화를 막고 사회적 응집력을 약화시킨다. 우리 사회는 상이한 문화, 강화된 '우리와 그들' 사고방식과 생활방식을 가진 수많은 사회로 분열될 위험이 있다.

전후 몇 년간 영국은 일부 지역에서 다문화 사회가 되는 것에 익숙해지려고 애썼다. 영국은 현재 가속화된 대량 이주 시대에 어울리는 조정에 관여하고 있지만, 북아일랜드에서 보았듯이 중요한 요소인 종교는 치유하기 가장 어려운 균열 중 하나가 될 수 있다. 대부분의 신앙이 자신의 길이 참된 길이며 다른 길은 잘못되었다고 주장한다. 이 때문에 종교는 사람들을 분리하는 경향이 있는데, 일부 종교 지도자는 이를 적극적으로 부추긴다. 특히 이슬람교가 그러하다. 이슬람 단체는 다른 종교에 비해 정치적 관여도가 더 높고, 언론의 관심도 따른다. 확실히 종파를 초월한 수많은 종교적인 여성들과 남성들이 차이를 메우려고 애쓰지만, 무척 많은 이슬람 사원의 설교자들이 '우리와 그들'의 사고방식을 조장하는 문화를 설파하고 있다. 영국 정치의 우파 쪽 사람들도 같은 죄를 짓고 있다.

영국에는 오랫동안 이슬람교가 존재해왔다. 1641년의 한 문서는 '마호메트교의 종파'를 언급하고 있으며, 1649년에는 처음으로 《코란》이 번역되었다. 그러나 50년 전 이슬람교 인구의 추정치는 5만 명이었는데, 지금은 급속히 증가해 300만 명에 육박하고 있다. 거의 모두 지난 50년 동안 영국의 사회적 태도의 급격한 변화와 함께 일어났다. 우리가 보았듯이, 교회의 출석률은 감소했고, 믿음은 퇴색했으며, 종교적 자유는 점점 더 넓어졌다. 낙태는 동성애처럼 합법화되었다. 동성 결혼과 동성애자들에 의한 자녀 입양은 이제 일상이 되었고, 일부 기독교인들의 말과 무관하게 대다수 사람은 대부분의 변화를 받아들인다.

현대의 자유로운 생활방식이 신앙의 근본 교리와 어긋난다는 이유로 받아들이지 않는 많은 종교 추종자와 지도자가 있다. 이들 종교가 성장할수록 긴장이 발생한다. 2016년 ICM리서치가 실시한 여론조사에 따르면, 영국 무슬림 응답자의 52퍼센트가 동성애를 다시 불법으로 만들기 위해 영국법을 바꾸어야 한다고 믿는 것으로 나타났다. 이러한 태도는 그 추종자들의 수가 너무 적어서 현재 상황을 바꿀 힘이 없을 때는 문제가 되지 않는다. 예를 들어, 영국의 작은 '초정통파' 하시디 교파Hasidic 유대인은 대다수 인구의 문화

전쟁에 가담하지 않는 경향이 있으며, 자신의 공동체 내에서 자신의 의제를 추구하는 것으로 만족한다. 그러나 이슬람은 지금, 그리고 점점 더 자신의 견해를 알리고 주목받는 위치에 있다. 이는 그것이 어떤 형태의 이슬람인지에 따라 사회에 주요한 영향을 미칠 수 있을 것이다. 즉 다원적이고 다수 문화와 조화되는 이슬람이냐, 아니면 모든 사람을 위한 자유주의적 변화를 뒤집으려는 이슬람이냐, 아니면 상이한 사람들을 위한 상이한 법을 주장하는 이슬람이냐에 따라 영향을 미칠 것이다.

영국 그리고 다른 곳에서는 이슬람의 유럽화, 또는 유럽 도시 지역의 작은 부분들의 이슬람화가 이루어질 것인가? 현재 둘 모두를 보여주는 사례가 있다. 무슬림이면서 유럽 국가의 시민으로 완전하게 참여하며 국가 조직의 일부가 된 수백만의 현대 유럽인들이 있다. 그러나 또한 (종종 폭력적인) 이슬람주의 이데올로기에 따라 한 지역을 통제하고자 하는 사람들이 전파하는, 무슬림이 압도적인 도시 지역도 있다. 후자가 더 많이 확산될수록 전자가 그것에 저항하기 더 어려워질 것이다.

"내 종교가 당신과 무슨 관계가 있는가?"라는 질문에 대한 답은 다음과 같다. 우리는 모두 영국인이며, 따라서 우리에게는 어떤 종류의 사회를 원하는가에 대한 견해를 갖고 설명할 권리가 있다. 종교가 인간이 만든 법의 정치적인 장과 충돌하는 순간 우리는 모두 이렇게 말할 권리가 있다. 동성애자의 출입을 금지하려는 숙박업소의 기독교인 사장은 곧 이것을 알게 될 것이다. 이제껏 만들어진 비교적 진보적인 사회를 지지한다고 주장하는 사람들이 이전 세대가 맺은 정치적 노고의 결실을 계속 누리려면, 그 진보의 정당성에 자신감을 표현해야만 한다. 이러한 자신감은 '문화적 관련성'의 증가와 다른 문화에 대한 어떠한 비판도 인종주의자로 낙인찍힐 것이라는 두려움으로 인해 수년 동안 약화되어온 것으로 보인다. 당연히 이런 불안을 알아채고 그것을 이용해 논쟁을 종결시킬 만큼 영리한 사람들이 있다. 인종주의는 점점 더 던져버려야 할 쉽고 얕은 용어가 되어가며, 많은 경우 실제로 우리 사회에서 일어나고 있는 일에 대한 우리의 상식에서 빗나간다.

　　그 근저에서 이 두려움은 식민주의의 무수한 폐해에 대한 압도적인 당혹감, 어쩌면 죄책감에서 비롯된 것으로 보인다. 따라서 영국 국기를 게양하는 것은 문제가 될 수 있지만, 영국의 문화 행사에서 영국의 과거 식민지 깃발을 게양하는 것은 문화에 대한 정당한 자부심의 표현일 것이다. 어떤 형태의 애국심은 나쁜 것, 다른 형태의 애국심은 좋은 것. 이런 태도는 죄책감, 온정주의, 권위주의의 흥미로운 혼합이다. 많은 영국인은 지배적인 서사를 전파하는 사람들의 지적인 배경을 모르기에 이러한 문화적 비굴함에 당황한다. 조지 오웰George Orwell은 이 모든 것을 알고 있었다. 일찍이 1940년대에 그는 에세이 「사자와 유니콘the Lion and the Unicorn」에서 이렇게 썼다.

　　영국은 아마도 지식인들이 그들 자신의 국적을 부끄러워하는 유일한 대국일 것이다. 좌익들은 영국인이라는 것을 약간 불명예스러워하고, 경마에서부터 수에트 푸딩에 이르기까지 모든 영국의 제도를 비웃는 것이 의무라고 느낀다. 이상한 사실이지만, 거의 모든 영국 지식인이 헌금을 훔치는 것보다 영국 국가(〈신이여 왕을 수호하소서〉)가 연주되는 동안 차렷한 채 서 있는 것을 더 부끄러워하리라는 것은 의심의 여지가 없는 사실이다.

오웰은 특히 영국에 대해 언급하고 있었으며, 아마도 그의 관찰은 영국의 일부 브렉시트 찬성 유권자들, 즉 국가의 정체성과 긍지에 강한 감각을 가지며, 보통 사람들의 생활과는 거리가 있어 보이는 정치 및 언론 계층에 의해 당혹한 상황에 빠진 사람들의 논리적 근거를 푸는 실마리를 제공해줄 것이다. 오웰은 그 표현을 쓰기 전부터 일종의 분석가였다. 그때도 그는 지금과 같은 이유로 특이한 사례였다. 그는 많은 사람이 살아가는 그대로의 영국 문화를 일부러 경험하였다. 이를 통해 그는 더 잘 이해하려고 노력하는 법을 배웠다.

영국은 과거 민족주의 정서와 계급과 종교적 분열에 직면했을 때 단결했다. 그것은 다시 시험받고 있다. 그런 분열을 극복하고 20세기의 비교적 응집력 있는 사회를 다시 만들어낼 수 있을지는 아직 알 수 없다. 하드리아누스의 장벽은 우리의 분열이 얼마나 멀리 거슬러 올라가는지, 벨파스트 장벽은 우리가 여전히 얼마나 멀리 가야 하는지 그리고 상황이 얼마나 심하게 잘못될 수 있는지를 보여준다.

현대 영국 사회의 균열과 경쟁하는 서사들을 살펴봄으로써 상이한 당파들의 합리적인 이해관계의 균형을 잡는 것이 얼마나 중요

한지 깨달을 수 있다. 영국, 북아일랜드, 스코틀랜드 또는 웨일스에
서 공동체는 국민국가를 구성하는 누적되고 공유된 경험으로—정
의하기는 어렵지만 어느 정도 공유하는 가치로—결속되어야 한다.
최악의 그림은 다양한 고립 지역으로 후퇴하는 것, 부분들의 합이
전체와 같은 것이 아니라, 전체를 약화시키는 것이다.

사이의 공간들

"있던 것이 있게 될 것이며,
행해진 것이 행해질 것이며, 태양 아래 새로운 것은 없다."

〈전도서Ecclesiastes〉1장 9-10절

폭파와 납치 작전이 한창이던 2000년대 초, 기자로 일하던 나는 두 명의 동료와 함께 바그다드의 그린존 밖으로 걸어 나갔다. 당시 그린존 바깥에서는 색유리창이 달린 낡아빠진 자동차의 뒷좌석에 누운 채 앞에 돌격용 소총을 든 두 명의 남성과 함께 여행하는 것이 행동 방식이었다. 미군 병사들이 지키는 마지막 검문소를 지날 때부터 모든 발걸음이 중요해지기 시작했다. 한 발짝 뗄 때마다 안전과 도움에서 한 걸음씩 더 멀어지는 셈이었다.

그곳은 사람이 거의 없고 실제로 아무도 책임지지 않는 이상한 공간이다. 구조도 법도 없다. 이 '사람 없는 땅'을 모험하는 사람들은 매우 단호하게 '우리' 또는 '그들'이라는 범주로 빠져든다. 언론인들은 중립적이라고 인정되기도 했지만, 그런 시절은 대부분 사라졌다. 많은 분쟁에서 우리는 보복의 대상 또는 팔아치우거나 비싼 몸값을 받아내는 존재로 여겨진다. 이번에 우리는 몇백 미터를 가서 한 무리의 민간인과 이야기를 나눈 뒤 점점 초조해져서 서둘러 비교적 안전한 구역으로 돌아왔다. 그 당시에는 정기적으로 박격포 공격을 받았지만, 우리 모두는 아부 무사브 알-자르카위Abu

Musab al-Zarqawi — 초기의 이라크 내 알카에다 — 의 칼보다는 포탄 파편에 빨리 머리를 잃는 것이 낫다는 데 동의했다.

이 이상한 장소들 — 사이의 공간 — 은 종종 우리의 갈등과 분열에 의해 만들어진다. 때로는 여전히 분쟁지역이고 때로는 상호 합의된 완충지대가 되기도 한다. 어느 쪽이든 그 장소들에 발을 들여놓는 것은 불안한 경험이 될 수 있다. 당신은 위험을 무릅쓴 채 그렇게 하며, 당신이 나아갈 때 종종 양쪽이 당신을 향해 무기를 겨누고 있다는 것을 매우 잘 알고 있다.

현대에는 많은 예들이 있다. 키프로스는 178킬로미터의 완충지대를 기준으로 그리스계 키프로스와 터키계 키프로스로 나뉜다. 가장 삭막한 부분은 파마구스타Famagusta의 바로샤Varosha 지역이다. 1974년 주민들은 터키군의 학살이 두려워 도망쳤으며, 다시는 돌아오지 않았다. 바로샤는 현재 철조망, 감시탑, 터키군에 의해 봉쇄되었다. 이 유령도시 안은 새소리를 제외하고는 대부분 조용하다. 거리는 텅 비었고, 포장도로에는 잡초가 무성하며, 버려진 건물들은 1974년 터키의 침략에 이은 전쟁으로 아직도 폐허인 채로 있다. 밤이 되면 도시는 어둠 속으로 사라진다. 사람이 없기 때문에 빛이 없다. 당신은 바로샤의 분열을 넘을 수 없다. 비록 지금 섬에는 한쪽에서 맞은 편으로 가는 몇 백 미터 사이에 일곱 곳의 검문소가 있지만, 다른 쪽에 도착하면 다시 여권을 제시해야 한다. 양쪽 모두 사이의 공간을 주시한다. 그늘진 장소, 안전과 안락함의 경계 바깥, 당신이 주시받고 있는 곳, 그리고 그 너머에 '다른 곳'이 있다.

강제적 분리와 폭력적 대립은, 장벽을 세우거나 장벽이 대변하는 분열을 명백히 극복할 수 없을 때 발생하는 극단적인 결과이다. 아무도 이것을 원치 않는다. 그러한 공간과 상황은 무시무시하고 비인간적이다. 조사와 위협을 받으며 이쪽에서 저쪽으로 가는 것은 불안한 일이다.

이스라엘과 가자지구 사이를 이동하는 것은 차갑고 고립된 경험이다. 마치 공상과학의 악몽과 실험 사이 어딘가에 낀 것처럼 느껴진다. 이스라엘에서 건너려면 이스라엘 검문소 두 곳을 통과해야 한다. 무장한 경비원들이 방탄유리 뒤에서 지켜보고 있다. 소지품은 철저히 검사받는다. 긴 도로 끝에서 당신은 버저를 누른다. 감시 카메라는 문이 열리기 전부터 당신을 오랫동안 쳐다본다. 이제 바깥쪽, 당신은 가자지구에 있다. 그러나 여기에는 사람이 없다. 당신은 울타리가 쳐진 도로에 있다. 폭이 900미터가 넘지만(어떤 곳은 더 넓다) 사람 하나 없다. 마침내 당신은 눈부신 햇빛과 관목지대 안으로 완전히 모습을 드러낸다. 수백 미터 더 가면 덜 철저하기는 하지만 팔레스타인 검문소 하나가 기다리고 있다. 돌아오는 길에는 이스라엘 측이 훨씬 더 엄격하게 점검한다. 국경수비대들은 색칠된 창문 뒤에서 카메라로 둑을 감시하고, 벽을 따라서 그리고 벽 근처에는 소리와 촉각 감지기가 장착되어 있으며, 현재 공항에 있는 것과 같은 종류의 전신 스캐너가 있고, 폭발물의 흔적을 찾기 위해 짐을 검색한다.

이것은 적대적이거나 지나치게 엄격한 일상으로 보일 수도 있지만, 분명히 효과가 있다. 이 장벽은 가자지구로부터 자살 폭탄 테러범들이 이스라엘로 들어올 기회를 줄이고, 사람 없는 땅은 이스라엘로 발사되는 로켓의 타격 범위를 최소한 900미터 뒤로 밀어낸다. 이것은 불편한 진실이다. 그렇다. 가자지구 장벽, 방글라데시 주변의 장벽, 헝가리와 세르비아 사이의 철조망은 우리의 감성을 해치고, 우리가 차이를 해결하지 못함을 증명한다.

장벽을 세우는 추세를 비난하기는 쉽다. 그리고 장벽은 실제로 어려운 문제들을 해결해준다는 그릇된 생각을 불어넣을 수 있다. 그러나 장벽이 인간 담론에서는 실패의 사례일지도 모르지만, 국가 혹은 분쟁 지역에서 더 지속적인 해결책을 모색할 때조차 장벽은 일시적이고 부분적으로 문제를 완화할 수도 있다. 가자 장벽은, 예를 들어 아이언돔Iron Dome 미사일 방어체계 같은 다른 많은 조치들과 함께, 그 충돌로 인한 이스라엘 측의 희생자를 극적으로 줄였다. 사우디와 이라크의 장벽은 IS의 침투를 막는 데 도움이 되었다. 장벽은 불쾌하지만 종종 효과가 있다. 올바른 생각을 하는 사람들은 모든 장벽이 무너지기를 원한다. 그리고 그들은 천사의 편에 있다. 하지만 북아일랜드에서 화염병 공격을 받기를 원치 않는 누군가에게 그것을 말하려고 노력해보라.

때로는 단결하는 것보다 분열하는 것이 더 쉬워 보인다. 가령, 남북한을 둘러싼 무수한 복잡성을 예로 들어보자. 이 특별한 분열이 그렇게 오래 지속된 이유 중 하나는 게임에 다섯 명의 선수가 있고 각각 미래에 대해 다른 견해를 가지고 있기 때문이다.

북한의 핵무기 보유를 막는 것이 미국의 급선무지만, 서해와 그 너머에서 성장하는 중국의 해군력에 맞서려면 한국에 군대를 주둔시키는 것도 중요하다. 이는 중국의 전략과 한반도 전체를 지배하려는 북한의 계획—이는 결국 한국의 이익에 반하는 것이다—모두와 충돌한다. 한편 미군 기지를 유치하고 있는 일본은, 한반도를 일본과 중국 사이의 완충지대로 간주하고 있기 때문에, 통일 한국이 특히 중국의 영향을 받게 될 것이라는 전망에 경악할 것이다. 여기에 얽힌 어려움들은 왜 정치적 차원에서 분열을 극복하는 것이 그렇게 힘들 수 있는지를 일깨워주는 역할을 한다.

그리고 분쟁이 없는 지역의 장벽은 어떤가? 헝가리의 철조망 정책은 물리적·정치적 의미 모두에서 사람들 내부의 흐름을 감소시켰지만, 이를 완전히 막지는 못할 것이다. 그리고 집단 이주는 가까운 미래에 끝나지 않을 것이다. 이동 중인 사람들은 가난과 폭력으로부터 벗어나 부유하고 더 안정된 나라로 향하고 있다. 이런 수준의 빈곤과 갈등은 중동과 아프리카 전역에서 계속될 것으로 보인다. 이주자들의 물결은 계속해서 늘어날 것이고, 어쩌면 더 커질 수도 있다. 세계의 인구는 여전히 증가하고 있다. 이미 널리 퍼진 빈곤의 본거지인 아프리카에서 인구는 현재의 12억에서 약 30년 내에 24억으로 두 배나 증가할 것으로 예상된다. 그래서 빈곤율이 감소하고 있음에도, 인구가 증가하기 때문에 환경을 바꿀 희망이나 기회가 거의 없이 전반적으로 빈곤에 갇힌 사람들이 더 늘어날 가능성이 있다.

많은 부자 나라는 이주자들을 막는 데 도움이 되는 장벽을 세우는 일을 계속할 것이다. 그러나 일부 사람들은 우리가 단순히 장벽만이 아니라 국경 자체를 없애고, 누구라도 지구상 어디로든 갈 수 있도록 완전히 자유로운 이동을 허용해야 한다고 주장한다.

2017년《포린어페어스》의 에세이에서, 프레즈노퍼시픽대학교 경영대학 부교수 네이선 스미스Nathan Smith는 이 '열린 국경' 아이디어를 이렇게 기술했다.

테러나 전염병의 확산을 막기 위한 드문 경우를 제외하고는, 전 세계적으로 거의 완전한 이주의 자유를 가진 정권 …… 이런 식으로 이민 통제를 종식하는 것은 자유를 증대시키고, 세계적인 빈곤을 감소시키며, 경제 성장을 가속화할 것이다. 그러나 좀더 근본적으로, 그것은 주권을 자의적으로 해석해 이주를 규제하는 정부의 권리에 도전할 것이다. …… 노동력의 더 효율적인 배분은 세계적인 생산성 증가를 가져오고, 세계 경제를 거의 두 배 규모로 이끌 것이다. 게다가 이처럼 경제 활동이 증가하면 세계 최빈곤층이 더 많은 혜택을 입게 될 것이다.

스미스는 국경을 개방함으로써 우리가 세계의 빈곤을 끝낼 수 있을 것이며, 따라서 그렇게 하는 것이 서방 세계 사람들의 도덕적 의무라고 주장한다. 심지어 한 국가 안에서만 시민권을 부여하는 것은 노예무역처럼 폭력적이고 차별적이라는 견해까지도 존재한다. 왜냐하면 그것은 시민권을 인권보다 우위에 놓으며, 따라서 어떤 사람들은 다른 사람들보다 더 인간적이라는 생각을 정당화하기 때문이다. 그렇게 된다면, 서양의 자원에 대한 부담은 막대할 것이다. 예컨대 복지국가 시스템은 효과적으로 해체될 것이다. 스미스는 '열린 국경이 아마도 서양의 눈에는 빈곤의 커다란 증가로 보일 것'이라는 점을 인정하지만, '서양의 기준에 따른 빈곤은 세계의 많은 부분에는 부유함처럼 보이며', 수백만 명의 이득은 서양인들의 불편함과 불리함을 능가한다고 받아친다.

열린 국경을 이야기하는 많은 저술은 서양의 폭력적이고 제국주의적인 역사로 말미암아, 서양에 대한 깊은 혐오 또는 최소한 당혹스러움을 드러낸다. 대량 유입을 허용하는 것이 역사적 과오를 바로잡는 길로 나아가는 것이라고 공공연히 언급된다. 열린 국경 옹호자들은 일본, 인도, 남아프리카공화국 같은 곳에서는 그들의 생각이 거의 영향을 끼치지 못함을 알지만 거의 항상 북아메리카와 유럽에 기대를 건다. 그들 자신의 그룹 내에서 그들은 열린 마음을 가진 인도주의자임을 자신하지만, 이것은 때때로 다음과 같은 스미스의 언급으로 배신당할 수 있다. "언론의 자유 같은 개인의 권리는 어떤 의미에서 비민주적이다. 왜냐하면 그것은 아무리 많은 사람들이 누군가가 말한 내용을 싫어하더라도 그 사람을 침묵시킬 수 없다는 것을 의미하기 때문이다." 이것은 미국 학계에 널리 퍼져 있는 새로운 검열 정신의 반영이다.

순수하게 실용적인 측면에서, 만일 이동이 완전히 자유롭다면 상황이 '평등하게' 될 인도주의적 사례를 만드는 것이 어느 정도는 가능하다. 그러나 이 이론은 두 가지 결정적인 요인을 고려하지 않은 것으로 보인다. 첫째는 그러한 대량 이동이 버려진 나라들에게 어떤 영향을 미칠 것인가이다. 초기의 이주자들은, 밀입국을 주선하는 자들에게 휘둘리거나 사막과 바다를 건너는 위험을 감수할 필요 없이, 그것을 감당할 수 있는 사람들일 것이다. 의사, 교사, 그리고 그밖의 교육받은 사람들이 별로 없는 나라들은 진보에 대한 어떤 전망도 없이 쇠퇴하고, 어쩌면 심지어 붕괴하고 완전히 빈곤에 빠지게 될 것이다.

둘째 문제는 인간의 본성, 좀더 구체적으로 집단 정체성이다. 낙관적인 견해는 이민자를 받는 국민국가들이 분투하고 대처할 것이며 새로 오는 사람들을 흡수할 것이라고 주장한다. 그러나 역사를, 그리고 현재를 살펴보면 인간성에 대한 좀더 조심스러운 관점을 취할 필요가 있다. 실제로 사람들의 대량 이동은 이미 불안을 촉발했다. 수많은 외부인이 몰려들 때 현지 주민들은 행복해 보이지 않는다. 유럽의 정치는 우파와 극우파로 급격하게 이동했다. 상황은 전 세계적으로 비슷하다. 세계에서 가장 엄격한 이민법과 최고 수준의 인종주의에 대해 서구 국가들을 비난하는 기사들은 흔하다. 다른 지역들도 반이민적이고, 폭력적이며, 종교적으로 비관용적이고, 인종차별적일 수 있다는 것을 그들은 더 잘 안다. 세계화와 증가하는 인구의 압박이 전 세계적으로 감지되고 있으며, 우리는 그 결과 세속적이고 종교적인 민족주의의 증가를 목도하고 있다. 예를 들어, 인도에서는 현재 수준에서 북동부 주로 향하는 이민자들에 대한 일반적인 태도를 감안할 때, 방글라데시 이주민의 급격한 증가로 인한 마찰이 줄어들 것 같지는 않다.

다른 곳에서는, 2014년부터 파라과이 마을 엔카르나시온 Encarnación 주민들이 포사다스Posadas의 아르헨티나 이웃들과 아르헨티나 쪽 강을 따라 4.5미터 높이, 1.6킬로미터 길이의 콘크리트 벽으로 갈라졌다. 장벽을 세우는 공식적인 이유는 모호했지만 맥락은 명확했다. 남아메리카에서 가장 자유주의적인 국가 중 하나에서 이주에 대한 불안이 증가한다는 것이었다. 파라과이 옆에는 볼리비아가 있는데, 거기에서 아르헨티나로 이주하는 경우도 있다. 이로 인해 아르헨티나 북부 살타주Salta 하원의원 알프레도 올메도Alfredo Olmedo는 "우리는 장벽을 쌓아야 합니다. …… 나는 트럼프에 100퍼센트 동의합니다"라고 말했다.

현재 분위기에서는, 심지어 가까운 미래에도 열린 국경은 작동하지 않을 것이다. 그러나 당신이 이 특별한 울타리의 어느 쪽에 속할지 보려는 생각은 검토할 만한 가치가 있다. 만약 실험이 효과가 있을 것이라는 이 대담한 믿음을 당신이 지지하지 않는다면, 아마도 지형을 감안할 때 국경은 필수적이다. 만약 당신이 그 견해를 받아들인다면, 어떤 형태의 국경인가, 그리고 얼마나 많은 사람이 움직일 수 있는가 하는 질문들이 남겨지게 된다.

간단한 해결책은 없지만, 명확한 것은 우리가 대부분의 사람들이 있는 곳으로 더 많은 돈을 보내지 않는다면, 많은 사람들이 돈이 있는 곳으로 움직이려고 할 것이라는 점이다. 가까운 장래에 해외 원조 예산은 늘어나야 한다. 가까운 미래에는 개발도상국 세계가 전 지구적인 부의 재분배를 통해 G20 국가 집단의 부를 이용하도록 하는 21세기 마셜 플랜이 필요할 것이다. 제2차 세계대전의 파괴 후 마셜 플랜은 유럽을 재건했다. 그것은 양쪽 모두에게 이득이 될 거라는 것을 알고 미국인들이 추진하고 수행한 엄청난 노력이었다. 이제 우리에게는 그것이 모두에게 이득이 될 거라는 것을 알고 실행하는, 훨씬 더 큰 범위와 야망을 가진 계획이 필요하다.

그것은 개발, 인프라, 무역, 교육, 건강, 기후 변화를 망라해야 한다.

우리는 이미 그러한 조치들이 없을 때 무슨 일이 일어날지 맛을 보았다. 이주는 계속되고, 실제로 증가할 것이다. 그들 자신의 번영과 안정에 대한 이러한 '위협'에 직면하여 부유한 국가들은 자신들의 것―영토, 서비스, 문화―을 더욱 보호하게 될 뿐이며, 민족주의 운동과 장벽 건설에 대한 열광에 더욱 불을 붙일 것이다. 기후변화 전문가들 대다수가 옳다면, 해수면 상승은 수백만 명 이상이 이동하리라는 것을 의미한다. 해수면이 단지 기후 문제만은 아니다. 기후 과학자 캐서린 해이호Katharine Hayhoe는 다양한 방식으로 지구 대부분의 지역에 영향을 미치는 이상한 날씨 패턴을 가진 '글로벌 위어딩global weirding'의 시대가 도래하고 있다고 말한다. 예를 들어, 어떤 강들은 더 자주 범람하는 반면 다른 강들은 완전히 말라가고 있다. 중국에선 수천 개의 강이 이미 사라졌다.

이런 종류의 변화들이 미치는 영향에서 사람들이 벗어나려고 할 때 비로소 이주율이 증가할 것이다. 합의된 국제적 행동이 없다면, 국가 정치는 더 고약해질 것이고, 장벽은 더 높게 세워질 것이며, 벽을 넘어오는 이들을 물리적으로 저지하기 위해 점점 더 많은 폭력이 시도될 것이다. (종종 동일한 사람인) 많은 강경파와 외국인 혐오자는 이민이 없어지길 원한다. 이것은 인도주의적 관점이나 경제적 관점 모두에서 바람직하지 않다.

서구 국가들이 자신들의 중기적인 미래를 지탱하려면 이민자가 있어야 한다. 여기서 '중기'라고 표현한 이유는 기술이 많은 일자리를 대신할 것으로 예상되기 때문이다. 로봇의 출현 덕에 향후 수십 년 안에 산업에 더 이상 엄청난 수의 사람이 필요하지 않게 될 것이다. 인간의 독창성이 무엇이든, 우리가 아직 생각조차 못한 새로운 직업들이 새로운 시대로 조금이나마 부드럽게 통과하게 해주겠지만, 그것은 다가오고 있고, 험난할 것이다. 티핑포인트에 도달할 때—자동화의 정점이 이주의 정점과 만날 때—발생할 문제에 대한 전문가의 해결책을 나는 아직 듣지 못했다. 그러나 당분간 세계는 지속 가능한 수준의 이주가 필요한데, 이는 예컨대, 인도가 불안정해질 수준으로 방글라데시를 비우지 않는 것이다. 그러나 그것을 어떻게 통제할지는 분명하지 않다. 누구를 허용해야 하는가? 국가의 번영에 이로운 경제적 이주자들인가, 아니면 전쟁과 박해를 피해 탈출하는 난민들인가? 누가 후자의 범주에 드는지 누가 결정하는가?

새로 온 사람들은 어떻게 현지 주민들과 문제를 일으키지 않으며 통합될 수 있을까? 대부분의 서구인은 다양성을 받아들였고, 일부 사례에서는 포용했다. '인종적 순수성'이라는 관념은 오래전에 사라졌고, 2017년 미국 샬러츠빌의 백인 우월주의자 시위에서 보았듯이 변두리에 한정된다. '타자'에 대한 어떤 수준의 폭력도 허용할 수 없다. 예를 들어, 독일의 이주민 센터에 가해진 화염 폭탄 공격은 수치스러운 일이다.

대부분의 서구인이 이런 식의 극단적인 행동에 관여하지 않지만, 그들은 그들 문화의 기본적인 가치를 보존하고, 공동체에 대한 어떤 감각을 보존하기를 원한다.

많은 경우 국민국가는 분열로부터 단결을 만들어내면서 사람들을 한데 모으는 데 현저하게 성공적인 방식이었다. 그 모든 결점에도 불구하고 마을, 도시, 지역으로 구성된 이 대규모 부족들은 현대 세계를 창조했다. 힐러리 클린턴의 책 제목《마을이 필요하다It Takes a Village》는 "한 아이를 키우는 데 한 마을이 필요하다"라는 나이지리아에서 유래한 것으로 생각되는 아프리카 속담에서 빌려왔다. 아이를 키우는 것에 대한 책임은 더 큰 '가족'과 공유된 공동의 노력이다. 모든 사람이 책임지는 문화를 창조하려면 마을, 도시, 지역, 그리고 국가가 필요하다.

국민국가를 '가족'으로 보는 관념은 당연하게도 그것이 공유한 문제들을 야기했다. 그 관념은 특히 '옳든 그르든 내 조국'이라고 믿는 사람들에 의해 난폭한 민족주의로 유도될 수 있다. 조지 프리드먼George Friedman은, '자기 자신에 대한 사랑'을 '인간의 행동방식과 그 행동의 예측 가능성에 대한 어떤 이해의 중심에 있는 문제'로 기술한다. 프리드먼은 자기 자신에 대한 사랑은 인간 존재의 불가피한 부분이라고 주장한다. 어떤 면에서 민족주의는 이런 감정에 기초하고 있는데, 이 때문에 그것은 종종 의심스럽고 부정적인 것으로 간주된다. 그러나 민족의 자결은 어떤 맥락에서는 정당하고 긍정적인 것으로 보인다. 19세기 아일랜드 민족주의, 20세기 코소보 민족주의, 21세기 팔레스타인 민족주의는 자기 자신에 대한 사랑에 기초하고 있을지라도 고귀한 대의명분으로 간주된다.

국민국가의 종언은 다음과 같은 이유로 다양하게 예견되는데, 세계화나 EU 같은 연방제 방식의 상부구조, 도시국가들의 부상, 그리고 가장 최근에는 비트코인과 같은 가상화폐의 부상 등이 그것이다. 그러나 민족과 국가는 계속 생존한다. 더 나아가 우리가 살고 있는 국민국가들의 세계는 상대적 안정성을 얻게 되었다. 가야 할 길이 멀더라도, 우리는 먼 길을 왔다. 제2차 세계대전 후의 시대와 전쟁 75년 전을 비교해보면 우리가 얼마나 많이 진보했는지 알 수 있다. 전 세계적으로 문자 해독률은 상승했고 빈곤율은 하락했다. 이러한 진보는 과학, 민주주의, 훌륭한 지도력으로 지속될 수 있다. 그리고 종종 볼테르Voltaire의 것으로 잘못 여겨지는 격언을 고수한다. "나는 당신의 말에 동의하지 않는다. 하지만 나는 그것을 말할 당신의 권리를 죽을 때까지 지켜줄 것이다."

수 세기에 걸친 유혈 사태, 제국주의, 그리고 수많은 병폐 이후, 서구 국가들은 이제 민주주의에 대한 믿음을 공유하고, 성 평등, 종교의 자유, 언론의 자유로 지탱된다. 당연하게도, 때때로 국가는 그 자신의 문명화된 가치에 따라 행동하지 않기도 하지만, 이러한 위선이 그 가치의 부재를 의미하지는 않는다. 대다수 사람이 원하는 것은 그들의 공동체로 오는 사람들이 그들의 가치를 공유하는 것 혹은 최소한 그 가치를 관용하고 방해하지 않는 것이다. 상당수 현대 유럽인은 동성애 커플이 이웃으로 이사 온다면 반대하지 않겠지만, 동성애 혐오증을 퍼뜨리는 이웃은 달가워하지 않을 것이다. 따라서 우리는 새로 온 사람들이 공동체의 가치를 훼손하지 않으면서 공동체에 합류할 방법을 찾을 필요가 있다. 이것은 인종이나 종교의 문제 또는 단순히 친절한 태도의 문제가 아니다. 손님이 접시를 부술 수 있는 유일한 곳은 그리스 레스토랑이다.[13] 이 관계에서, 손님을 환영하는 것은 주인의 책임이기도 하다. 이것은 전 세계의 국가와 문화에서 손님과 주인에게 적용된다. 이런 방식으로 양쪽 모두 다리를 놓아 서로 닿을 수 있다.

· · ·

인류는 우주 공간의 소유권에 대한 UN의 법률인 우주조약 Outer Space Treaty을 작성할 때, 그 한계를 인정한 것으로 보인다. 거기에는 이렇게 쓰여 있다.

달과 그밖의 천체를 포함하는 우주 공간은 주권 주장, 이용이나 점유, 또는 다른 어떤 수단에 의해 국가적인 전유의 대상이 되지 않는다.

그 조약은 우주 공간의 탐험과 이용을 '모든 인류의 활동 영역'으로 확립한다. 달 협정은 다음과 같이 명시함으로써 이 조항들을 확장한다.

달[또는 태양계의 다른 천체]의 표면이나 표면 아래, 또는 그 일부나 그 자리의 천연자원은 어떤 국가, 국제적인 정부간 기구 또는 비정부기구, 국가의 조직 또는 비정부기구 또는 자연인의 재산이 되지 않는다.

---

13 그리스에서는 특별한 날 식당에서 손님들이 접시를 깨는데, 이것이 행운을 가져다준다고 한다. 식당 규모에 따라 적게는 10여 장에서 많게는 수백 장까지 깨기도 한다

지구에도 이런 조항을 적용하기에는 너무 늦었다. 지구와 인간 거주자들은 너무 복잡해서, 국민국가를 해체하고 세계가 '모든 인류의 활동 영역'이 되는 세계정부로 급작스럽게 전환할 수 없다.

그래서 인간의 보편적인 형제애를 받아들일 때까지, 그리고 자원 경쟁이 없는 세계가 존재할 때까지, 우리는 장벽을 세운다. 언제나 그랬다. 우리는 동물이다. 멋지고, 때로는 아름답고, 때로는 추하고, 믿을 수 없는 능력을 갖고 있고, 무한한 상상력을 펼치지만, 여전히 이 세계의 피조물이고, 다른 모든 피조물처럼 자기만의 공간이 필요하다.

'태초부터' 우리는 너무 일찍 일을 망쳐버렸다. 새로운 출발, 백지 한 장, 우리가 지금껏 해온 방식에 대한 지식을 고려할 때, 우리는 아마도 나누는 방식과 살아가는 방식에 관한 일련의 규칙을 세우게 될 것이다. 인간의 조건은 우리가 결코 완벽한 통일에 이르지 못할 수 있음을 의미하지만, 노력해야 할 의무를 없애지는 않는다.

대부분의 언어에 "좋은 울타리는 좋은 이웃을 만든다"는 격언이 있다. 이것은 진부한 속담이 아니다. 그것은 물리적이고 심리적인 한계에 관한 피할 수 없는 진실을 담고 있다. 우리는 최선을 희망하고 최악을 두려워하기에 미래를 위해 계획하며, 두려움 때문에 장벽을 세운다.

그러나 그것이 인간성에 대한 암울한 견해로 보인다면, 긍정적인 면도 있다. 생각할 수 있고 만들 수 있는 우리의 능력은 또한 우리에게 장벽 사이의 공간을 희망으로 채울 수 있는—다리를 놓을 수 있는—가능성을 준다. 국가들 사이의 모든 벽에 정보 초고속도로가 있고, 모든 알카에다에 종교간 봉사단체가 있고, 모든 미사일 방어 체계에 국제우주정거장이 있다. 부자 나라들은 수십억 달러를 원조한다. 인권법은 적어도 이론적으로는 인간은 모두 평등하게 창조되었음을 인정한다. 우리는 만나고 토론하고 차이를 해결하기 위해 노력할 훌륭한 장을 마련했다. 국제연합, 유럽연합, 아프리카연합, 아세안, 남아메리카공동시장(MERCOSUR), OPEC, NATO, 세계은행, 그리고 수백 개의 범국가적, 세계적 기관이 모두 우리를 통합하고 갈등을 중재하는 데 도움을 주기 위해 만들어졌다. 그것들은 인간의 조건에 대한 공식적인 인정이며, 그것들을 통해 거대 부족들은 자신들의 장벽을 유지하는 동시에 더 지속적인 해결책을 찾으면서 차이를 해결하려고 한다. 내가 가장 좋아하는 단어 중 하나는 '타협compromise'이다.

따라서 비록 지금은 민족주의와 정체성 정치가 다시 한번 부상하고 있지만, 역사의 궤적이 다시 통합을 향해 구부러질 가능성이 있다.

존 레논John Lennon의 노래 〈이매진Imagine〉에서 우리는 천국도, 국가도, 소유물도 없는 세상을 꿈꾸는 몽상가의 이야기를 듣는다. 국가가 없다면 국경도 장벽도 없을 테지만 지금 현재를 살아가는 우리, 특히 70여 년간 분단된 땅에서 살아가고 있는 우리에게 이 노래는 한낱 몽상에 지나지 않는 것으로 치부될 수 없다.

이 책《장벽의 시대》는 전 세계에 걸쳐 국가 간에 세워진 장벽들을 통해 얼마나 많은 분쟁과 분열, 갈등이 벌어졌는지를 생생하게 보고한다. 그 분쟁과 분열, 갈등은 국가 사이에만 있는 것이 아니라 한 국가 내에서도 종교적, 계급적, 민족적, 부족적 차이 등을 이유로 끊임없이 벌어지고 있다.

이 책에서 다루는 내용의 큰 줄기는 다음과 같다. 중국에서는 외부 세계와 분리된 '거대한 방화벽', 미국에서는 멕시코와의 국경선 장벽과 내부의 인종적, 정치적 분열, 중동 지역에서는 이스라엘과 팔레스타인의 분쟁, 수니파와 시아파 사이의 대립, 남아시아에서는 인도와 그 주변 국가들 간의 분쟁과 이주민 문제, 아프리카에서는 끊임없는 국가적, 민족적, 부족 간의 갈등, 유럽에서는 유럽

통합 세력과 민족주의적 분리 세력의 갈등과 난민 문제, 영국에서는 브렉시트를 둘러싼 갈등과 내부적 분열.

위의 내용들은 우리가 국제면 뉴스를 통해 종종 접한 문제들이지만, 대부분 피상적인 이해에만 머물 뿐 구체적이고 좀더 심층적으로 이해하기에는 한계가 있었다. 이 책에서 저자 팀 마샬은 오랫동안 저널리스트로 활동한 경력을 십분 발휘하여 깊이가 있으면서도 생생한 현장감을 살린 서술을 통해 '장벽의 시대'를 살아가는 우리에게 세계를 더 잘 이해해야 할 필요가 있음을 보여준다. 현 시대에 장벽은 우리에게 피할 수 없는 것이고, 때로는 안전과 유익함을 주기도 하지만 언젠가는 극복해야 할 것으로 그려진다.

우리에게 장벽은 한반도를 갈라놓고 있는 휴전선만이 아니다. 시민들 사이를 갈라놓고 있는 여러 정치적, 경제적, 계급적 장벽이 존재한다. 이 장벽들을 극복해나가는 데는 이루 헤아리기 힘든 곤경이 있을 것이다. 전 세계에 걸쳐 존재하는 수많은 장벽에 대해 깊이 이해함으로써 우리는 장벽들을 극복해나가는 방법을 찾아나가는 데 적지 않은 도움을 얻을 수 있을 것이다.

"세계는 넓고, 장벽은 많다."

참고문헌

1. 중국: 만리장성과 방화벽

Bandurski, David, 'China's "positive" prescription for dissent', *China Media Project*, 17 November 2014(cmp.hku.hk/2014/11/17/37177/)

ChinaKnowledge.de(www.chinaknowledge.de/Literature/Historiography/shiji.html)

'China's urban-rural divide', OECD Observer, October 2016(oecdobserver.org/news/fullstory.php/aid/5669/China_92s_urban-rural_divide.html#sthash.4EDnG-CMf.dpuf)

Clapp, Frederick G., 'Along and across the Great Wall of China', *Geographical Review*, vol. 9(April–June 1920), pp. 221–249

Denyer, Simon, 'China's scary lesson to the world: censoring the Internet works', *Washington Post*, 23 May 2016

Goh, Chor-ching; Luo, Xubei; and Zhu, Nong, 'Income growth, inequality and poverty reduction: a case study of eight provinces in China', *China Ecoic Review*, vol. 20, no. 3(September 2009), pp. 485–496

Man, John, *The Great Wall*(London: Bantam Press, 2008)

Piketty, Thomas, and Zucman, Gabriel, 'Capital is back: wealth-income ratios in rich countries 1700–2010', *Quarterly Journal of Economics*, vol. 129, no. 3, 2014, pp. 1255–1310

Waldron, Arthur N., 'The problem of the Great Wall of China', *Harvard Journal of Asiatic Studies*, vol. 43, no. 2(December 1983), pp. 643–663

Whiteley, Patrick, 'The era of prosperity is upon us', *China Daily*, 19 October 2007

Wong, Sue-Lin, and Martina, Michael, 'China adopts cyber security law in face of overseas opposition', *Reuters*, 7 November 2016

2. 미국: 세계 제국의 폐쇄성

Channick, Robert, 'Illinois contractor bidding to build Trump's border wall – with a tourist draw', *Chicago Tribune*, 3 April 2017

Cook, Lindsey, 'US education: still separate and unequal', *US News*, 28 January 2015

Dear, Michael, *Why Walls Won't Work: Repairing the US–Mexico Divide*(New York: Oxford University Press, 2015)

'Education at a glance 2012: OECD indicators', OECD Publishing, September 2012(www.oecd.org/edu/EAG%202012_e-book_EN_200912.pdf)

Goodhart, David, *The Road to Somewhere*(London: Hurst Publishers, 2017)

Hershbein, Brad, 'A college degree is worth less if you are raised poor', Brookings Institution, 19 February 2016

Martinez, Oscar J., 'Border conflict, border fences, and the "Tortilla Curtain" incident of 1978–979', *Journal of the Southwest*, vol. 50, no. 3, 'Fences'(autumn 2008), pp. 263–78

Mexico's Constitution of 1917 with Amendments through 2015, Constitute(www.constituteproject.org/constitution/Mexico_2015.pdf?lang=en)

Neeley, Jenny, 'Over the line: Homeland Security's unconstitutional authority to waive all legal requirements for the purpose of building border infrastructure', *The Arizona Journal of Environmental Law & Policy*, 11 May 2011

Nowrasteh, Alex, *Guide to Trump's Executive Order to Limit Migration for 'National Security' Reasons*(Washington, DC: Cato Institute, 26 January 2017)

Obama, Barack, 'Floor statement on immigration reform', speech, 3 April 2006(obamaspeeches.com/061-Immigration-Reform-Obama-Speech.htm)

'Political polarization in the American public', Pew Research Center, 12 June 2014(www.people-press.org/2014/06/12/political-polarization-in-the-american-public/)

Stovall, Preston, 'Reassessing cultural divisions in the United States', *Quillette*, 13 January 2017

Yearbook of Immigration Statistics(Washington, DC: DHS Office of Immigration Statistics, 2015)

3. 이스라엘과 팔레스타인: 장벽을 둘러싼 여러 사정

'Behind the headlines: facts and figures –Islam in Israel', Israel Ministry of Foreign Affairs, 9 June 2016(mfa.gov.il/MFA/ForeignPolicy/Issues/Pages/Facts-and-Figures-Islam-in-Israel.aspx)

'A document of general principles and policies', Hamas, 1 May 2017(hamas.ps/en/post/678/a-document-of-general-principles-and-policies)

'Internal fight: Palestinian abuses in Gaza and the West Bank', Human Rights Watch, July 2008(www.hrw.org/report/2008/07/29/internal-fight/palestinian-abuses-gaza-and-west-bank)

'OECD reviews of labour market and social policies: Israel', OECD, January 2010(www.oecd-ilibrary.org/employment/oecd-reviews-of-labour-market-and-social-policies_20743408)

Starr, Kelsey Jo, and Masci, David, 'In Israel, Jews are united by homeland but divided into very different groups', Pew Research Centre, 8 March 2016

Vallet, Elisabeth(ed.), *Borders, Fences and Walls: State of Insecurity?*(Farnham: Ashgate Publishing, 2014)

4. 중동: 아랍의 봄은 올 것인가?

Al Homayed, Tariq, 'Interview with His Majesty King Abdullah II', *Asharq Al Awsat*, 23 January 2007(kingabdullah.jo/en/interviews/interview-his-majesty-king-abdullah-ii-71)

'The Berm', GlobalSecurity.org, accessed 4 December 2017(www.globalsecurity.org/military/world/gulf/kuwait-the-berm.htm)

Tomkins, Richard, 'Airbus, Saudi Arabia finish Northern Border Security project',

United Press International, 23 September 2014

5. 인도: 곪아드는 내부와 외부의 갈등

Ambedkar, B. R., and Anand, S.(eds), *Annihilation of Caste: The Annotated Critical Edition*(London and New York: Verso, 2014)

Coudere, Hanne, 'India: violence against Dalits on the rise', *The Diplomat*, 19 May 2016

Hanson, S.; Nicholls, R.; Ranger, N., et al., 'A global ranking of port cities with high exposure to climate extremes', *Climatic Change*, vol. 104, no. 1(January 2011), pp. 89–111

Hasnain, Lieutenant General Syed Ata, 'Why the fence on the line of control', *South Asia Defence and Strategic Review*, May 2014

Jones, Reece, *Violent Borders: Refugees and the Right to Move*(London and New York: Verso, 2016)

Lindley, Mark, 'Changes in Mahatma Gandhi's views on caste and intermarriage', Hacettepe University(Ankara) *Social Sciences Journal*, vol. 1(1999)

Roy, Arundhati, 'India's shame', *Prospect Magazine*, 13 November 2014

Shamshad, Rizwana, 'Politics and origin of the India–angladesh border fence', paper presented to the 17th Biennial Conference of the Asian Studies Association of Australia in Melbourne, 1–3 July 2008

'Skin colour tied to caste system, says study', *Times of India*, 21 November 2016

Sukumaran Nair, P., *Indo-Bangladesh Relations*(New Delhi: APH Publishing, 2008)

Tripathi, Sanjeev, 'Illegal immigration from Bangladesh to India: toward a comprehensive solution', *Carnegie India*, 29 June 2016

6. 아프리카: 식민주의가 남긴 장벽

Agyemang, Felix, 'The emergence of gated communities in Ghana and their implications on urban planning and management', *Developing Country Studies*, vol. 3, no. 14(July 2013), pp. 40–46

Aisien, Ebiuwa, and Oriakhi, Felix O. U., 'Great Benin on the world stage: reassessing Portugal–Benin diplomacy in the 15th and 16th centuries', *IOSR Journal of Humanities and Social Science*, vol. 11, no. 1(May–June 2013), pp. 107–115

Beegle, Kathleen G.; Christiaensen, Luc; Dabalen, Andrew L.; and Gaddis, Isis, *Poverty in a rising Africa: overview*(Washington, DC: World Bank Group, 2015)

Breetzke, Gregory D.; Landman, Karina; and Cohn, Ellen G., 'Is it safer behind the gates? Crime and gated communities in South Africa', *Journal of Housing and the Built Environment*, vol. 29, no. 1(March 2014), pp. 123–139

Ediagbonya, Michael, 'A Study of the Portuguese–enin trade relations: Ughoton as a Benin port(1485–1506)', *International Journal of Humanities and Cultural Studies*, vol. 2, no. 2(July–September 2015), pp. 206–221

Fisher, Max, 'The dividing of a continent: Africa's separatist problem', *The Atlantic*, 10 September 2012

Global Study on Homicide 2013, United Nations Office on Drugs and Crime(UNODC), March 2014

'International Court of Justice gives judgment in Cameroon–igeria boundary dispute', International Court of Justice Press Release, 10 October 2002(www.un.org/press/en/2002/icj603.doc.htm)

'Land and Maritime Boundary between Cameroon and Nigeria', The Hague Justice Portal(www.haguejusticeportal.net/index.php?id=6220)

Onuoha, Mimi, 'A 5-mile island built to save Lagos's economy has a worrying design flaw', *Quartz Africa*, 18 March 2017

Pearce, Fred, 'The African queen', New Scientist, 11 September 1999 'Yoruba kingdoms –Benin and Ife', GlobalSecurity.org, accessed 12 December 2017(www.globalsecurity.org/military/world/africa/yoruba.htm)

7. 유럽: 포용과 폐쇄, 통합과 분열 사이

'Attitudes towards immigration in Europe: myths and realities', European Social Survey, European Parliament, 19 June 2017(www.europeansocialsurvey.org/docs/

findings/IE_Handout_FINAL.pdf)

Judt, Tony, *A Grand Illusion? An Essay on Europe*(New York and London: New York University Press, 2011)

Katz, Bruce; Noring, Luise; and Garrelts, Nantke, 'Cities and refugees: the German experience', Brookings Institution report, 18 September 2016

Lambert, Charles, 'French immigration problems', *Foreign Affairs*, January 1928

Leuenberger, Christine, 'Constructions of the Berlin Wall: how material culture is used in psychological theory', *Social Problems*, vol. 53, no. 1(February 2006), pp. 18–37

Pew-Templeton Global Religious Futures Project, Pew Research Center report, 2010

Ross, Corey, 'East Germans and the Berlin Wall: popular opinion and social change before and after the border closure of August 1961', *Journal of Contemporary History*, vol. 39, no. 1(January 2004), pp. 25–43

Stein, Mary Beth, 'The politics of humor: the Berlin Wall in jokes and graffiti', *Western Folklore*, vol. 48, no. 2(April 1989), pp. 85–108

Steinmetz, Vanessa, 'Das sollen Fluchtlinge kunftig leisten', *Spiegel Online*, 24 May 2016

8. 영국: 대국의 고요한 신음

Bruce, John Collingwood, *The Roman Wall*(London: J. R. Smith, 1851)

Divine, David, *Hadrian's Wall: North-west Frontier of Rome*(New York: Barnes and Noble, 1995)

Nolan, Paul, 'Two tribes: a divided Northern Ireland', *Irish Times*, 1 April 2017

'Population of the UK by country of birth and nationality: 2015', Office for National Statistics, 25 August 2016

Torney, Kathryn, 'How integrated are the schools where you live?', *The Detail*, 23 November 2012

United Kingdom 2011 Census, Office for National Statistics(www.ons.gov.uk/census/2011census)

찾아보기

장벽의 시대

| 초판 1쇄 발행 | 2020년 3월 20일 |
| 초판 4쇄 발행 | 2023년 1월 16일 |

지은이	팀 마샬
옮긴이	이병철
책임편집	정일웅
디자인	고영선

펴낸곳	(주)바다출판사
주소	서울시 종로구 자하문로 287
전화	322-3675(편집), 322-3575(마케팅)
팩스	322-3858
E-mail	badabooks@daum.net
홈페이지	www.badabooks.co.kr

| ISBN | 979-11-89932-49-7 03900 |